国家重点研发计划课题"5G和超高清环境下全媒体信息传播理论模型建构"(课题编号：2020YFB1406601)

  国家治理研究丛书

网络信息内容治理研究

张 权 著

中国社会科学出版社

图书在版编目（CIP）数据

网络信息内容治理研究/张权著 . —北京：中国社会科学出版社，2024.9
ISBN 978-7-5227-3583-2

Ⅰ.①网… Ⅱ.①张… Ⅲ.①网络信息资源—信息法—研究—中国 Ⅳ.①D922.84

中国国家版本馆 CIP 数据核字（2024）第 101584 号

出 版 人	赵剑英	
责任编辑	许　琳	
责任校对	苏　颖	
责任印制	郝美娜	

出　　版	中国社会科学出版社	
社　　址	北京鼓楼西大街甲 158 号	
邮　　编	100720	
网　　址	http://www.csspw.cn	
发 行 部	010-84083685	
门 市 部	010-84029450	
经　　销	新华书店及其他书店	
印　　刷	北京君升印刷有限公司	
装　　订	廊坊市广阳区广增装订厂	
版　　次	2024 年 9 月第 1 版	
印　　次	2024 年 9 月第 1 次印刷	
开　　本	710×1000　1/16	
印　　张	13	
插　　页	2	
字　　数	201 千字	
定　　价	78.00 元	

凡购买中国社会科学出版社图书，如有质量问题请与本社营销中心联系调换
电话：010-84083683
版权所有　侵权必究

总　　序

2013年，中共十八届三中全会通过的《中共中央关于全面深化改革若干重大问题的决定》庄严宣示，全面深化改革的总目标是"完善和发展中国特色社会主义制度，推进国家治理体系和治理能力现代化"，从而在全面深化改革的意义上，确定了国家治理现代化的目标。2019年，中共十九届四中全会通过的《中共中央关于坚持和完善中国特色社会主义制度、推进国家治理体系和治理能力现代化若干重大问题的决定》，把国家治理现代化提升到"五位一体"总体布局和"四个全面"战略布局层面，进一步明确中国的国家治理现代化，就是坚持和巩固中国特色社会主义根本制度、基本制度和重要制度，完善和发展中国国家治理的体制机制，并且提升运用国家制度科学、民主、依法和有效治理国家的能力，由此使得坚持和完善中国特色社会主义制度、推进国家治理体系和治理能力现代化成为国家建设、改革和发展战略的重要构成内容。

基于对于中华民族伟大复兴和中国人民幸福的伟大事业、中国特色社会主义建设、改革和发展历史进程和中国特色社会主义现代化宏伟工程的初心使命和责任担当，北京大学国家治理研究院协同兄弟院校、科研机构，紧紧围绕国家治理现代化的重大迫切需求，通过与国家机关、地方政府、企业事业、社会组织的合作，促成政治学、行政管理学、法学、经济学、财政学以及相关学科的协同创新，承担科学研究、人才培养、学科建设和社会服务的重要任务，建成"国家急需、世界一流、制度先进、贡献突出"的一流科研和教学机构，为推进国家治理现代化培养一流人才、贡献智力支持。

在新时代，根据坚持和完善中国特色社会主义、推进国家治理体系和治理能力现代化事业的本质内涵、实现目标、战略部署、实际内容、方略路径和方针政策，我们具有以下认知：

1. 坚持和完善中国特色社会主义、推进国家治理体系和治理能力现代化，是决定当代中国命运的关键抉择，是实现中华民族伟大复兴的必由之路，同样也是世界和中国现代化历史进程的重大命题。在人类社会现代化发展的历史长程中，在共产党执政规律、社会主义社会发展规律和人类社会发展规律的结合上，探索国家治理现代化的发展规律和中国国家治理现代化的基本特点，是坚持和完善中国特色社会主义、推进国家治理体系和治理能力现代化的理论视野和认识使命。

2. 坚持和完善中国特色社会主义、推进国家治理体系和治理能力现代化，必须坚持马克思列宁主义、毛泽东思想、邓小平理论、三个代表重要思想、科学发展观和习近平新时代中国特色社会主义思想为指导。马克思主义是科学的理论、人民的理论、实践的理论和不断发展的开放的理论，它创造性地揭示了人类社会发展规律，第一次创立了人民实现自身解放的思想体系，指引着人民改造世界的行动并且始终站在时代前沿。

中国共产党人坚持马克思列宁主义政治学基本原理，并把它与中国革命、建设、改革的具体实践紧密结合起来，在领导人民在长期的革命、建设和改革实践中，积极推进马克思主义中国化，实现了两次历史性飞跃，形成了毛泽东思想和中国特色社会主义理论体系。这些理论成果蕴含着丰富的政治思想，在中国的社会主义政治实践中丰富和发展了马克思主义政治学理论。

党的十八大以来，以习近平同志为核心的党中央运用辩证唯物主义和历史唯物主义方法，深刻分析了世情、国情、党情、民情及其发展变化，深入阐发了党在改革发展稳定、治党治国治军和内政外交国防等领域的新理念、新思想、新战略，从理论和实践结合上系统回答了新时代坚持和发展什么样的中国特色社会主义、怎样坚持和发展中国特色社会主义这一主题，促进了我国社会的根本性历史变化，创立了习近平新时代中国特色社会主义思想。习近平新时代中国特色社会主义思想，是对马克思列宁主义、毛泽东思想、邓小平理论、"三个代表"重要思想、科学发展观的继承和发展，是马克思主义中国化最新成果，是党和人民实践经验和集体智慧的结晶，是中国特色社会主义理论体系的重要组成部分，是全党全国人民为实现中华民族伟大复兴而奋斗的行动指南。

3. 坚持和完善中国特色社会主义、推进国家治理体系和治理能力现代化，必须坚持党的全面领导。中国共产党的领导是中国政治发展历史逻辑、理论逻辑和实践逻辑的必然，是中国特色社会主义最本质的特征，是中国特色社会主义制度的最大优势。

党是最高政治领导力量，必须坚持和加强党对一切工作的全面领导。必须坚持和完善党的领导制度体系，提高党科学执政、民主执政、依法执政水平。必须坚持党政军民学、东西南北中，党是领导一切的，坚决维护党中央权威，健全总揽全局、协调各方的党的领导制度体系，把党的领导落实到国家治理各领域各方面各环节。要建立不忘初心、牢记使命的制度，完善坚定维护党中央权威和集中统一领导的各项制度，健全党的全面领导制度，健全为人民执政、靠人民执政各项制度，健全提高党的执政能力和领导水平制度，完善全面从严治党制度。

4. 坚持和完善中国特色社会主义、推进国家治理体系和治理能力现代化，必须坚持中国特色社会主义现代化的根本方向。这就是说，国家治理现代化必须在中国共产党领导下，在坚持和完善中国特色社会主义制度的前提下推进。与此同时，国家治理现代化，必须在推进社会生产力发展、实现中华民族伟大复兴和人的全面解放的方向和轨道上展开。

这就是说，在新时代，推进国家治理现代化，必须在中国共产党领导下，以人民为中心，优化和创新国家治理的主体格局、体制机制和流程环节，提升治国理政的能力，把我国的根本制度、基本制度和重要制度内含的价值内容、巨大能量和潜在活力充分释放出来，使得这些制度显著优势转化为国家治理的效能。

5. 坚持和完善中国特色社会主义、推进国家治理体系和治理能力现代，必须清醒认识到，我国仍然并将长期处于社会主义初级阶段，社会主义初级阶段是我国的基本国情和最大实际。中国特色社会主义新时代与我国社会主义长期处于初级阶段，构成了我国社会发展的时代历史方位与社会主义发展历史阶段的有机统一。

关于我国社会所处历史阶段和历史时代的判断，为人们把握我国政治发展形态确定了历史背景和时代坐标，我们必须切实基于社会主义初级阶段政治的经济基础、本质特征、基本形态和发展规律，认识我国政治的社会基础、领导力量、依靠力量、拥护力量、根本属性和阶段性特性，按照国家治理现代化方向，统筹推进政治建设与经济建设、社会建设、文化建设、生态文明建设一体发展。

6. 坚持和完善中国特色社会主义、推进国家治理体系和治理能力现代化，必须立足于现实中国看中国。同时，也需要立足于历史和世界看中国，借鉴人类文化和文明的优秀成果，通晓其他国家和地区的积极经验和做法，在马克思主义指导下，在古往今来多种文明的相互交流、比较甄别和取舍借鉴中，进行创造性转换和创新性发展，不断开拓视野、验证选择、吸取经验教训并形成思路和举措。

7. 坚持和完善中国特色社会主义、推进国家治理体系和治理能力现代化，涉及经济、政治、社会、文化、生态五位一体的总体布局和四个全面的战略布局，涉及党的领导、人民当家作主和依法治国有机统一，涉及利益、权力、权利、制度、法律、组织、体制、机制和价值等多方面要素，涉及社会主义市场经济条件下政府与市场、政府与社会、中央与地方、治理体系与治理能力、效率效益与公平正义等多方面关系，需要研究和解决的问题具有复杂性、综合性和高难性，改革需要思维、制度、机制、政策和路径的系统性、整体性和协同性创新，因此，多主体、多学科、多层面、多角度和多方法的科学协同创新，是深化改革思想认知，形成科学合理、现实可行的理论和对策成果的重要方式。

8. 坚持和完善中国特色社会主义、推进国家治理体系和治理能力现代化，在现实性上，必然体现为重大问题及其解决导向，因此，"全面深化改革，关键要有新的谋划、新的举措。要有强烈的问题意识，以重大问题为导向，抓住重大问题、关键问题进一步研究思考，找出答案，着力推动解决我国发展面临的一系列突出矛盾和问题"，这就需要把顶层设计和基层实践、整体推进和重点突破有机结合起来，需要准确把握全面深化改革面临的突出问题和矛盾，把这些重大问题和矛盾转变为研究的议题和课题，围绕这些议题和课题，从理论与实践、规范与实证、体制与机制、战略与政策、规则与价值、体系与能力多方面有机结合出发展开专门研究，形成专项成果，从而不断积累跬步，以助力于国家治理现代化的长征。

基于这样的认知，北京大学国家治理研究院整理、征集和出版"国家治理研究丛书"，期望对于坚持和完善中国特色社会主义，推进国家治理体系和治理能力现代化有所助益，对于加快构建中国特色政治学科体系、学术体系和话语体系有所助益，对于形成中国特色、中国风格和中国气派的政治学研究成果有所助益，对于中华民族伟大复兴和人的全面发展有所助益。

丛书的编辑出版得到北京大学校领导、社会科学部领导的指导和支持，得到中国社会科学出版社领导和编辑的鼎力相助，特此表达衷心的谢忱！

北京大学国家治理研究院欢迎各位同仁积极投稿于丛书，具体可见北京大学国家治理研究院网（http：//www.isgs.pku.edu.cn）《"国家治理研究丛书"征稿启事》。同时，任何的批评指正都会受到挚诚的欢迎！

北京大学国家治理研究院

2020 年 7 月 10 日

前　言

我与互联网治理研究结缘于2013年。彼时，互联网普及率正高速增长，公众网络问政方兴未艾，如同一根杠杆般"撬动"着政治形态的变革。适逢博士学位论文开题，在导师周志忍教授的支持与指导下，我决定对这个新事物、新现象一探究竟。自那以后，用互联网行业"黑话"来讲，我便未曾离开过这条"赛道"。

我先后重点关注了网络舆论引导、网络信息传播、网络内容建设、网络平台治理等议题，申请并主持了中国博士后科学基金项目、国家重点研发计划课题、国家社会科学基金项目、教育部人文社会科学重点研究基地重大项目（子课题）等科研项目。为了求解一些困惑，还尝试跨界开展交叉学科合作研究，学习应用（或者更严谨地说是力图理解）模拟仿真、大数据、人工智能等新技术方法。截至目前，整个历程不可谓不艰辛，但真正令人难以忘怀的还是沿途的风景与满载的收获。

我将本书视作一次"瞻前顾后"的总结，之所以这样讲，原因在于它是我最近两三年在课题任务牵引下所启动的新研究，与过去十一年间陆续形成、分散在不同问题域的一些"碎片化"思考产生了某种逻辑"共振"而着手撰写的，若不是反复尝试去提炼那条串联"前""后"的隐蔽线索，或许便不会形成当前这个针对中国互联网信息内容治理的系统研究。

本书的主体内容由对一些问题的解释与澄清所构成，它们分布在全书（除导论和结论与讨论部分以外）的五个章节中，具体包括：

- 国家为什么要治理信息内容？从国家的视角看（或者说在国家治理视阈下），信息内容到底是什么？治理的必要性和重要性何在？（第一章）
- 从信息内容到网络信息内容经历了什么"蜕变"过程？作为国家治理的环境与对象，网络信息内容及相关生产与传播活动呈现出什么新的样态？（第二章）
- 作为治理的主导者（暨委托人），国家为了回应所谓"蜕变"是如何调适的？具体到实际治理场景中，国家政治系统内部相关党政机构是如何履行各自职责的？又是如何协同行动的？（第三章）
- 作为治理的代理人，平台的本质是什么？开展网络信息内容治理活动为何非依托于平台不可？它是如何将国家赋予的治理责任进行转化，并在日常运营中予以贯彻执行的？（第三章）
- 国家与平台之间围绕网络信息内容治理而建立的委托—代理关系稳固吗？相对于预设的目标状态而言，治理在什么程度上是有效的？是否有意料之外的"副作用"产生？（第四章）
- 是否能够将国家与平台的行动逻辑相统一？如何消解治理过程中产生的"副作用"，推动网络信息内容治理更进一步的现代化转型？（第五章）

值本书付梓之际，我想郑重地对一直以来无条件支持我并为我默默负重的亲人、给予我无私指导和帮助的师友、为我提供宽松科研环境和丰富学术资源的学院与学校表示衷心感谢。希望明确致谢（按姓氏拼音首字母排序）方晓恬、刘安安、刘婧、张虹、赵璐、朱萌等同仁，柏艾辰、陈晴、陈晓仪、程天民、丁广昊、雷华美、强宇豪、阎晓阳、杨婷婷、黄献尹等同学在书稿写作、数据采集与处理、调研等方面提供的大力支持和协助。尤其要感谢周志忍教授、燕继荣教授、孙代尧教授、黄璜教授在结构、理论、观点表述等方面对本书提出宝贵修改意见；感谢王浦劬教授对本书的认可并将其纳入"国家治理研究丛书"出版规划；感谢中国社会科学出版社的信任与成全，以及责任编辑许琳老师的精心编审与大力推介。

受水平、精力、时间限制，书中难免存在纰漏，敬请读者同仁不吝批评指正！

于燕园

2024年8月

目 录

导 论 ……………………………………………………………… (1)
  一　研究背景 …………………………………………………… (1)
  二　研究述评 …………………………………………………… (4)
    （一）如何定位网络信息内容治理 ………………………… (4)
    （二）如何开展网络信息内容治理 ………………………… (9)
    （三）有待进一步研究的问题和方向 ……………………… (22)
  三　研究设计 …………………………………………………… (25)
    （一）研究问题 ……………………………………………… (25)
    （二）研究方法 ……………………………………………… (27)
    （三）概念界定 ……………………………………………… (29)
    （四）章节安排 ……………………………………………… (30)

第一章　治理的内在需要：信息内容治理的多重属性 ………… (32)
  一　宣传动员：对作为大众观念候选项的信息内容进行
　　　治理 ……………………………………………………… (32)
  二　新闻报道：对作为拟态环境碎片的信息内容进行治理 …… (36)
  三　舆论监督：对作为治国理政尺度的信息内容进行治理 …… (40)
  四　问政咨询：对作为国家治理资源的信息内容进行治理 …… (44)
  五　政务公开：对作为减少不确定性之公共品的信息内容
　　　进行治理 ………………………………………………… (48)

六　舆论引导：对作为社会整合工具的信息内容进行治理 …… (51)
　七　信息监管：对作为意见气候构成要件的信息内容
　　　进行治理 ……………………………………………… (54)

第二章　治理的外部条件：信息生产与传播活动的发生样态 …… (58)
　一　T-S-C 模型建构：一个理解传播演化的分析框架………… (60)
　二　大众传播的历史演进与样态更新 ………………………… (64)
　　（一）经典"一对多"大众传播模式 ……………………… (64)
　　（二）多中心"一对多"大众传播+"多对多"交互
　　　　　传播 ………………………………………………… (68)
　　（三）"一"对多重"多"的精准分众传播 ……………… (72)
　三　延续与创新：进入5G时代大众传播样态的变与不变 …… (76)
　　（一）传—受关系结构的延续 ……………………………… (77)
　　（二）媒介技术应用的创新 ………………………………… (78)

第三章　治理的体系运行：国家管平台，平台管内容 ………… (82)
　一　挑战与调适：从信息内容治理到网络信息内容治理 ……… (87)
　　（一）技术化社会的挑战：互联网平台的崛起及其社会
　　　　　影响 ………………………………………………… (87)
　　（二）国家的调适：委托—代理关系与发包制治理模式的
　　　　　形成 ………………………………………………… (98)
　二　国家"发包"：网络信息内容治理委托方的具体行动 …… (104)
　　（一）网络信息内容治理中的党政主体 …………………… (104)
　　（二）网络信息内容治理中的党政关系 …………………… (108)
　三　平台"承包"：网络信息内容治理代理方的具体行动 …… (122)
　　（一）信息内容的审查与认证 ……………………………… (124)
　　（二）用户的偏好识别与特征描摹 ………………………… (129)
　　（三）信息—用户的特征匹配 ……………………………… (131)

（四）信息内容的分发推荐 …………………………………（133）

第四章 治理的结构性矛盾：关键主体权责错位与行动逻辑冲突 …………………………………………………（137）
一 治理效果的落差及其诊断框架 ……………………………（137）
二 发包制治理模式中的问题与症候 …………………………（142）
（一）强激励的消解：政府失灵与非常态参与 ……………（142）
（二）自由裁量的重负："政治局限"与避责策略 …………（144）
（三）剩余控制权的扰动：马太效应与信息倦怠 …………（147）

第五章 治理的现代化转型：更进一步调适与治理效能提升 ……………………………………………………（150）
一 从"负面清单"到"正面清单"：一个"镜像"式改革思路 …………………………………………………………（151）
二 "正面清单"建构：价值认证依据的操作化 ……………（155）
（一）建构方法 …………………………………………………（156）
（二）建构原则 …………………………………………………（158）
（三）指标体系的结构与内容 …………………………………（159）
（四）指标体系的功能与测试 …………………………………（171）
三 "正面清单"应用：正面内容建设的改善方案 …………（180）
（一）将算法嵌入既有内容审查流程 ………………………（181）
（二）优化特征匹配策略 ………………………………………（182）
（三）分发推荐的定量定类调控 ………………………………（184）

结论与讨论 ……………………………………………………（186）

导　　论

一　研究背景

信息（社会信息），即人类社会在生产和交往活动中所交流或交换的信息，[1]是物理载体与意义构成的统一体[2]——若仅有意义而无载体则不能向外传递，仅有载体而无意义则无异于噪音。所以，本书使用"信息内容"这一表述，即是为了突出信息的两位一体性，以其中的"信息"指代"物理载体"，以其中的"内容"指代"意义"。除此之外，为了区别于生物信息（如生物电）和物理信息（如能量），它还包括"物理载体与意义"背后人的相关行动、互动、关系、过程等。[3]概言之，信息内容是一个包括物质讯号、精神内容、社会活动的集合概念。

信息内容本身，构成了人类认知世界的共享意义系统，开拓了人类交流互动的共通意义空间；信息内容背后的生产与传播活动，是基本的

---

[1] 郭庆光：《传播学教程》（第二版），中国人民大学出版社2011年版，第9页。
[2] "纯粹从物理学角度而言，信息就是按一定方式排列的信号序列，但仅此一点尚不足以构成一个定义。毋宁说，信息必须有一定的意义。……由此可见，信息是由物理载体和意义构成的统一整体。"（［德］G. 克劳斯：《从哲学看控制论》，梁志学译，中国社会科学出版社1981年版，第68—69页。）
[3] 沙莲香：《传播学：以人为主体的图象世界之谜》，中国人民大学出版社1990年版，第27—30页。

社会过程,① 它生成了社会②并深刻影响社会关系结构与社会运行方式。③ 为此,国家自古便积极开展信息内容治理,④ 不仅主动参与意义系统的建构,同时尝试赋予相关社会过程以某种秩序,⑤ 例如"天视自我民视,天听自我民听""尧有欲谏之鼓,舜有诽谤之木""防民之口,甚于防川"等皆为与之密切相关的表述。现代国家更是将对信息内容的治理视作"治国理政、定国安邦的大事",⑥ 从宣传部门到文化、教育部门,从党报到国家通讯社、国家广播电台与国家电视台,从领导人公开讲话到召开新闻发布会、民意测验等,建立起一整套针对信息内容的完备的治理体系,在此基础上持续开展包括正面信息内容建设和负面信息内容监管的治理实践。

以互联网、大数据、人工智能等为代表的新技术出现,改变了信息内容的生产与传播,乃至信息内容本身,例如 AR/VR 对物理载体的重构,⑦

---

① [美] E. M. 罗杰斯:《传播学史——一种传记式的方法》,殷晓蓉译,上海译文出版社 2002 年版,第 1 页。

② 施拉姆:"传播是社会得以形成的工具。传播(Communication)一词与社区(Community)一词有共同的词根,这绝非偶然。没有传播,就不会有社区;同样,没有社区,也不会有传播。使人类有别于其他动物社会的主要区别是人类传播的特定特性。"([美] 威尔伯·施拉姆、[美] 威廉·波特:《传播学概论》,陈亮、周立方、李启译,新华出版社 1984 年版,第 2—3 页。)

③ "权力要基于对传播和信息的控制,无论是国家和媒体公司等宏观权力还是各种组织等的微观权力,皆是如此。"从另一个角度讲,"权力依赖于对传播的控制,反权力需要的是对这种控制的突破"。"传播权力正是社会结构和社会动力的核心。"因此,从社会传播的形式和过程入手,是理解与把握权力关系的重要视角。([西] 曼纽尔·卡斯特:《传播力》,汤景泰、星辰译,社会科学文献出版社 2018 年版,第 2—3 页。)

④ 舆论场是行动者围绕符号资本竞争、角逐的场域……"政治人"(指公民以及在政治公民中产生的行政管理人员和政治家)一直把公共舆论作为政治行动的重要资源。很多时候,"政治人"通常也是积极的舆论行动者。(张涛甫:《两大舆论场:从竞争到融合》,《新闻与写作》2019 年第 4 期。)

⑤ 荆学民、于淑婧:《自媒体时代的政治传播秩序及中国调适》,《政治学研究》2020 年第 2 期。

⑥ 《提高党的新闻舆论传播力引导力影响力公信力》(2016 年 2 月 19 日),载《习近平谈治国理政》(第二卷),外文出版社 2017 年版,第 331 页。

⑦ 周逵:《沉浸式传播中的身体经验:以虚拟现实游戏的玩家研究为例》,《国际新闻界》2018 年第 5 期。

网络语言对意义的重构①等。随着互联网普及率不断提升、互联网应用时间不断延长、②应用场景不断扩展，③这种改变对既有信息内容治理体系造成愈发强烈的冲击，而既有治理体系在应对深度伪造、④"低级红，高级黑"、⑤去意识形态化⑥等问题表现出各种失灵现象，令社会秩序甚至国家安全面临威胁。为此，习近平总书记在不同场合指出，"没有网络安全，就没有国家安全"；"过不了互联网这一关，就过不了长期执政这一关"；"我们要本着对社会负责、对人民负责的态度，依法加强网络空间治理，加强网络内容建设"……党的二十大报告强调，"加强全媒体传播体系建设，塑造主流舆论新格局。健全网络综合治理体系，推动形成良好网络生态。"

在此背景下，网络信息内容治理近年来成为学界关注的、兼具理论与现实意义的重要议题，传播学、法学、社会学、公共管理等各学科学者就此展开大量讨论，积累了丰富成果。接下来，将对既有相关研究进行系统综述，在此基础上进行简要评析并指出有待进一步探究的方向。

---

① 隋岩：《从网络语言透视两种传播形态的互动》，《北京大学学报》（哲学社会科学版）2015年第3期。

② 截至2023年12月，我国网民规模为10.92亿，互联网普及率达77.5%，人均每周上网时长为26.1个小时。（中国互联网络信息中心：《第53次中国互联网络发展状况统计报告》，2024年3月22日）

③ 牛津大学路透新闻研究所发布的《2021数字新闻报告》（*Reuters Institute Digital News Report* 2021）揭示，在全球范围，人们（尤其是青年）获取信息的主要渠道是网络社交媒体平台。（Newman, N., Fletcher, R., Schulz, A., Andi, S., Robertson, C. T., Nielsen, R. K., *Reuters Institute Digital News Report* 2021, https://reutersinstitute.politics.ox.ac.uk/digital-news-report/2021, June, 2022.）习近平总书记也多次指出，"互联网越来越成为人们学习、工作、生活的新空间""亿万网民在上面获得信息、交流信息""网络空间是亿万民众共同的精神家园"。

④ 张爱军、王芳：《人工智能视域下的深度伪造与政治舆论变异》，《河海大学学报》（哲学社会科学版）2021年第4期。

⑤ 张权、宋庆宇：《5G技术、"灰色区域"与网络信息内容治理》，《新媒体与社会》2020年第2期。

⑥ 杨嵘均：《论网络虚拟空间的意识形态安全治理策略》，《马克思主义研究》2015年第1期。

二 研究述评

(一) 如何定位网络信息内容治理

网络信息内容治理和信息内容治理有质的区别,这是前者值得专门研究的根本原因。从这个意义上讲,两者之间区别的核心在于"网络"。网络即互联网,对网络(互联网)是什么的理解,决定了对两者区别的把握,进而奠定了不同学者研究网络信息内容治理的本体论基础。既有研究对于互联网的理解可以概括为三个方面:媒介、空间、社会(系统),三者分别对应将网络信息内容治理置于新闻舆论工作、专门治理、社会治理的语境下开展研究。

1. 不同的网络(互联网)观

关于学界对"互联网是什么"的定位,可以概括为以下三类[①]。

一是区别于传统媒介的"新媒介"。早在1998年,联合国新闻委员会将互联网称作报刊、广播、电视之后的第四媒介,这种说法一度得到国内外学界的广泛接受。[②] 赵星植认为,互联网(与计算机等终端为一体)是"媒介的媒介",即其他所有媒介类型原生于或寄生于其中的元媒介。它能够以一种"再媒介化"的方式实现对现有媒介传播方式的升级,并对当前整个符号表意结构以及传播方式产生根本影响。[③] 卡斯特提出,互联网是一个去中心的、在任何节点都可以沟通的信息网络媒介。[④] 它能够让最小单元的个人与事物实现高度连通。[⑤]

[①] 何明升、白淑英:《网络治理:政策工具与推进逻辑》,《兰州大学学报》(社会科学版) 2015年第3期。
[②] 张允若:《关于网络传播的一些理论思考》,《国际新闻界》2002年第1期。
[③] 赵星植:《元媒介与元传播:新语境下传播符号学的学理建构》,《现代传播》(中国传媒大学学报) 2018年第2期。
[④] [西] 曼纽尔·卡斯特:《网络社会的崛起》,夏铸九、王志弘等译,社会科学文献出版社2003年版。
[⑤] 邱泽奇:《连通性:5G时代的社会变迁》,《探索与争鸣》2019年第9期。

二是有别于现实社会的"异时空"。如杨嵘均认为,由于网络技术、计算机技术、信息技术、人工智能技术以及虚拟现实技术等的长足发展,人类社会活动、社会交往和社会行为由"真实"进入"虚拟"、由物质时空进入虚拟时空已经成为事实。[1] 常文认为,信息技术与人类社会协同演化,扩展出互联网这个继陆地、海洋、天空、太空之后的第五维空间。[2] 聂静虹和刘璨从国家主权视角出发,认为互联网是互联网媒介技术打破传统国家空间而生成的一个新型国家空间。[3] 熊光清从社会运行角度提出,网络行为主体之间、网络行为主体与网络软硬件要素之间相互作用形成了虚拟生态系统,即网络社会。作为人类生存的第二空间,网络社会具有独立性与独特性,但并不能完全独立于现实社会而存在。[4] 蔡文之提出,网上活动进一步推动网络空间作为一种独特的反场所(counter-site)而出现,它成为一种向我们传统的物理性的社会空间发出挑战的异位空间。[5]

三是现实社会延伸出来的"亚社会"。如戴汝为和操龙兵从系统科学出发,认为互联网是一个典型的、具体的开放的复杂巨系统,它是由 {人、组织、机构},{主机系统},{互联设备,协议},{介质},{信息资源} 组成的五元变量组,具有自组织机制和系统动力学特征。[6] 何明升基于社会有机体理论和复杂性科学,提出互联网是一个信息生态系统,它是由"人"和"网"这两个"核心"交织驱动的,相

---

[1] 杨嵘均:《政治体系的网络化与网络政治学的发展》,《南京大学学报》(哲学·人文科学·社会科学)2017 年第 1 期。
[2] 常文:《第五维空间的出现与国家安全》,军事科学出版社 2011 年版。
[3] 聂静虹、刘璨:《国家空间嬗变下网络传播框架对主权的冲击及规制》,《浙江学刊》2017 年第 5 期。
[4] 熊光清:《网络社会的兴起与治理变革:中国的问题与出路》,《学习与探索》2017 年第 9 期。
[5] 蔡文之:《网络:21 世纪的权力与挑战》,上海人民出版社 2007 年版,第 69—70 页。
[6] 戴汝为、操龙兵:《Internet——一个开放的复杂巨系统》,《中国科学 E 辑:技术科学》2003 年第 4 期。

互之间的协调适应和共生共享是自然进行的。① 阙天舒从生命政治出发，提出关于互联网的虚拟生命隐喻。他认为互联网是一个不断变化的将人、关系网络、外部环境都纳入其中的有机整体。所谓网络生命体本质是既包括虚拟世界的个体生命关系存在，也包括围绕互联网而存在的复杂社会系统。②

2. 不同网络观下的网络信息内容治理定位

(1) "新媒介"观下的新闻舆论工作

不同媒介之间并非替代关系，而是像蛋糕的奶油涂层一样逐层覆盖、叠加。③ 互联网媒介的出现，相当于传播媒介作为一个集合的外向扩展和内向整合。"新媒体"观下的网络信息内容治理，就是将新闻舆论工作的既有要求进行移植（包括一定程度的变革），对以互联网为媒介的新闻舆论内容与实践进行调控。它是舆情管理，即建立一套搜集网络民意和干预网络舆论的机制，其核心是在自由表达与风险控制之间保持平衡。④ 它是信息失真治理，即与网络谣言等由信息失真而产生的不良信息相竞争的传播过程。⑤ 它是贯穿于网络信息的生产、传播、使用等所有环节的质量监控，直接指向有害信息、不良信息、非法信息等"不合格"网络内容。⑥ 它是政治传播，包括面向公众，以数据和技术为支撑的新型网络政治广告投放；⑦ 面向政府，在互联网技术环境下以主动塑造自身形象、能力与公信力为核心的声誉管理；⑧ 面向国

---

① 何明升：《网络内容治理的概念建构和形态细分》，《浙江社会科学》2020年第9期。
② 阙天舒：《"网络生命体"视域下的网络治理术》，《南国学术》2021年第1期。
③ 胡泳、陈秋心：《弥合鸿沟：重思网络传播的"去区隔效应"》，《新闻界》2019年第6期。
④ 邹军：《中国网络舆情综合治理体系的构建与运作》，《南京师大学报》（社会科学版）2020年第2期。
⑤ 张彬、黄莹莹、石佩霖：《基于竞争性信息传播模型的信息失真治理研究》，《中国管理科学》2021年第2期。
⑥ 何明升：《网络内容治理的概念建构和形态细分》，《浙江社会科学》2020年第9期。
⑦ 叶俊、张佳佳：《新型网络政治广告：互联网时代政治传播的一种新形态》，《新闻爱好者》2021年第3期。
⑧ 周敏：《声誉管理视角下的互联网治理研究》，《中国特色社会主义研究》2020年第1期。

家（执政党、政府、政治家、政策项目等）与社会的互动关系,在大数据与社会化媒体平台支持下建立某种深刻且独特的形象与观念的政治品牌运作;① 等等。

（2）"异时空"观下的专门治理

互联网不仅是信息传播媒介,也是一种与现实社会相异的技术时空,是由信息通信技术构建起来的可以承载人类生命内涵的实践场域。② 人们在网络虚拟空间中必然会形成自己独特的政治意识与政治心理,并进而形成自己独特的政治价值、政治信念、政治信仰以及与之相应的政治行为。③ "异时空"观下的网络信息内容治理,是将网络空间中的信息内容生产与传播活动视为异质性的特殊对象而开展的一种专门治理。它呈现为专门回应网络舆论的"网络发言人"制度设立;④ 专门负责统筹网络安全与信息化事务的领导小组（后改为网络安全与信息化委员会,笔者注)⑤ 及其办事机构（中央网信办）成立;专门的网络空间立法活动,⑥ 以及互联网法院以促进网络空间依法治理为目的向 2.0 版本转型;⑦ 专门面向网络安全的文化安全治理、⑧ 意识形态安全治理;⑨ 专门针对网络社群在互动基础上的信息传播和舆论凝集基础上的双向/多向互动⑩而推进的思维与

---

① 苏颖:《国外政治传播新转向:政治品牌的发生、运作与争议》,《国外社会科学》2020 年第 4 期。
② 何明升、白淑英:《网络治理:政策工具与推进逻辑》,《兰州大学学报》（社会科学版）2015 年第 3 期。
③ 杨嵘均:《政治体系的网络化与网络政治学的发展》,《南京大学学报》（哲学·人文科学·社会科学）2017 年第 1 期。
④ 谢金林:《网络舆论的政府治理:理念、策略与行动》,《理论探讨》2010 年第 2 期。
⑤ 汪玉凯:《网络安全与信息化发展进入新的历史阶段》,《中国信息安全》2014 年第 5 期。
⑥ 徐汉明:《我国网络法治的经验与启示》,《中国法学》2018 年第 3 期。
⑦ 刘哲玮、张弛:《从"网上审理"到"网络治理":互联网法院职能转型前瞻》,《法律适用》2022 年第 10 期。
⑧ 廖祥忠:《总体国家安全观视阈下网络文化安全的内涵特征、治理现状与建设思考》,《现代传播》（中国传媒大学学报）2021 年第 6 期。
⑨ 杨嵘均:《论网络虚拟空间的意识形态安全治理策略》,《马克思主义研究》2015 年第 1 期。
⑩ 张文宏:《网络社群的组织特征及其社会影响》,《江苏行政学院学报》2011 年第 4 期。

制度变革;① 专门针对网络言论自由与言论犯罪,② 表达自由与国家利益、社会秩序和私人权益之间界限的法律判定;③ 专门为良性网络言论信息得以通畅、有序、合理表达而开展的环境塑造;④ 等等。

(3)"亚社会"观下的社会治理

互联网技术的发展将人类社会发展引领到信息文明阶段,引发社会形态跃升。网络空间并非外在于现实社会,而是整个社会的一隅亦即现实社会的延伸。⑤ "亚社会"观下的网络信息内容治理,本质上就是社会治理,是针对社会公共事务的特定内容而实施的管理。它包括对于不良网络内容泛滥、网络空间虚假信息传播与博弈的治理,⑥ 对内容生产与社会互动的规范,⑦ 对网络舆论中存在对立和不满情绪的纾解,⑧ 对网络舆情的风险预警,⑨ 对突发公共事件中网络舆情的应急处置,⑩ 对灾难事件中网络谣言的监管阻断,⑪ 等等。值得一提的是,有学者借助物理学中的"熵定律"来解释社会问题的产生与治理,提供了一种新的理论视角。所谓"熵"代表一种无序混乱的状态,认为网络信息内容治理就是

---

① 陈氙:《构建创新型网络社会治理体系——以网络社群治理为分析对象》,《中国特色社会主义研究》2017 年第 6 期。
② 姜涛:《网络谣言的刑法治理:从宪法的视角》,《中国法学》2021 年第 3 期。
③ 张燕、徐继强:《论网络表达自由的规制——以国家与社会治理为视角》,《法学论坛》2015 年第 6 期。
④ 陈曦:《网络言论信息的治理机制:功能分区、内容分级与场景化动态调控》,《电子政务》2020 年第 8 期。
⑤ 何明升、白淑英:《网络治理:政策工具与推进逻辑》,《兰州大学学报》(社会科学版)2015 年第 3 期。
⑥ 王平辉、裴红斌、赵俊舟、秦涛、沈超、刘东亮、管晓宏:《网络社会现代治理的挑战与对策》,《中国科学院院刊》2022 年第 12 期。
⑦ 何艳玲、张雨睿:《线上社会治理论纲》,《东岳论丛》2022 年第 8 期。
⑧ 熊光清:《网络社会的兴起与治理变革:中国的问题与出路》,《学习与探索》2017 年第 9 期。
⑨ 沈费伟、杜芳:《风险治理视角下政府网络舆情防控的创新实践与优化策略——基于杭州市"瞭望哨"工程的探索》,《电子政务》2022 年第 11 期。
⑩ 林振:《突发公共事件网络舆情协同治理机制建构研究》,《华中科技大学学报》(社会科学版)2019 年第 2 期。
⑪ 曾润喜、魏冯:《政媒共治:灾难事件中网络造谣与辟谣的信息行为研究——基于"8·12 天津爆炸事故"谣言的内容分析》,《电子政务》2016 年第 5 期。

以政治传播加大社会系统（网络空间）中有效能量（负熵流）的输入，[①]或是以制度化手段抑制和延缓社会系统（网络空间）内部舆论熵的积聚，[②] 目的是实现熵减效应，避免熵最大的"热寂"状态所造成社会结构的崩溃与瓦解。

（二）如何开展网络信息内容治理

1. 多元共治的格局形成

中国的网络社会逐步建立了多元互动、共治共享的治理新格局。[③]政府、市场、社会主体先后以不同方式参与互联网信息内容治理，在不同角度、不同层次、不同领域发挥积极作用。有学者指出，指涉所有网络社会主体的多元治理，正日益成为基本共识，并将其类比为"合作"之于建造"巴别塔"一样的必要条件。[④]

不同学者关注到实现多元共治所遵循的路径不同，或者说多元共治存在两个维度：一条路径（维度一）是关于主体的成分。荆学民和于淑婧提出，自媒体时代，中国的主动调适是确立政治传播秩序由"一元主体"主导到"多元主体"共享的总体理念。[⑤]涂凌波以中国共青团网络政治传播活动变迁为例，指出中国的政治传播活动从"一体化"宣传模式转向建立一种"混合型"的网络政治传播体系。[⑥]另一条路径（维度二）是关于主体间关系，方兴东认为，中国互联网治理一开始便形成了

[①] 宋红：《政治传播在国家治理中的熵减作用解析》，《传媒》2022年第22期。
[②] 陈龙：《舆论熵的控制与防范：一种关于网络治理的认识方法论》，《新闻与传播研究》2018年第8期。
[③] 熊光清：《网络社会的兴起与治理变革：中国的问题与出路》，《学习与探索》2017年第9期。
[④] 杜骏飞：《数字巴别塔：网络社会治理共同体刍议》，《当代传播》2020年第1期。
[⑤] 荆学民、于淑婧：《自媒体时代的政治传播秩序及中国调适》，《政治学研究》2020年第2期。
[⑥] 涂凌波：《从"一体化"宣传到"混合型"传播——以中国共青团网络政治传播活动变迁为中心的讨论》，《新闻大学》2019年第11期。

多部门参与、去中心化的"九龙治水"模式。① 魏娜等提出,在中国互联网信息服务政策领域,治理机构间形成了分散而各有侧重的治理结构。在与我国互联网信息服务发展情势及治理资源变迁的适应过程中,治理机构间的合作网络不断演化与发展,② 呈现出从零散分治到综合协同的趋势③——向彼此独立,又相互依赖、相互影响的一个辩证的统一体④靠拢。

2. 多元共治的理念分野

20世纪90年代开始,网络空间治理逐渐形成多边主义(Multilateralism)和多方主义(Multistakeholderism)两种不同理念。前者以主权国家为决策核心,主张政府在互联网事务中起主导作用,其他团体协同参与。后者更注重互联网各参与方的利益诉求,提倡将决策权力交给各利益攸关方,强调了私营部门和公民社会的平等参与,有意弱化主权国家的政府权力。⑤ 承袭不同理念,关于参与网络信息内容治理的多元主体之主辅关系,不同学者持有不同看法。

一部分学者主张一定程度的国家退却。认为互联网从诞生开始就有自组织的属性。⑥ 网络社会中的自组织形态一般是隐而不现的,能够在特定条件下迅速形成并发挥传统组织功能。⑦ 从这个角度讲,互联网秩序是在构建规则框架基础上自发生成的。⑧ 周恒将互联网社会的自我

---

① 方兴东:《中国互联网治理模式的演进与创新——兼论"九龙治水"模式作为互联网治理制度的重要意义》,《人民论坛·学术前沿》2016年第6期。
② 魏娜、范梓腾、孟庆国:《中国互联网信息服务治理机构网络关系演化与变迁——基于政策文献的量化考察》,《公共管理学报》2019年第2期。
③ 尹建国:《我国网络信息的政府治理机制研究》,《中国法学》2015年第1期。
④ [美]劳伦斯·莱斯格:《代码:塑造网络空间的法律》,李旭译,中信出版社2004年版,第108—111页。
⑤ 崔保国、刘金河:《论网络空间中的平台治理》,《全球传媒学刊》2020年第1期。
⑥ 彭兰:《自组织与网络治理理论视角下的互联网治理》,《社会科学战线》2017年第4期。
⑦ 陈氚:《隐性网络自组织——互联网集体行动中的组织状态和治理困境》,《教学与研究》2017年第11期。
⑧ 陈曦:《互联网匿名空间:涌现秩序与治理逻辑》,《重庆社会科学》2018年第8期。

秩序化在形式上概括为三种：互联网行业组织的自我管理、网络服务平台的自我管理以及网络社群的自我管理。① 喻国明指出，这种自组织的"涌现现象"理应是网络治理所追求的目标。② 网络辟谣平台便是典型案例。③ 基于此，政府应逐步从现行的主导角色步入后台。④ 由互联网社会下的组织与其成员，通过民主协商订立互联网自治规范（包括网络平台用户协议、网络社区自治规则以及互联网行业协会自治规范三类），国家强制力仅在事后起到保障作用，为网络自治预留最大化空间。⑤

另一部分学者认为，网络空间治理固然要给予社会足够充分的空间，同时也要能发挥国家的权威作用，对社会进行必要的监管，或在多元主体间扮演协调者和推动者等角色，⑥ 在治理结构上实现两者之间的均衡与协调。首先是党的领导，阙天舒认为，中国网络空间中的国家治理主要指的是在中国共产党领导下的多元参与、多向互动和多制并举的国家治理。⑦ 荆学民等认为，政治统摄传播是中国政治传播的特质。⑧ 政党领导是决定中国政治传播运行特质的重要制度力量，执政党在中国政治传播的交流中扮演着"主体"角色，是维护交流秩序的主导者。⑨ 郭海威和黄楚新认为要发挥党的舆论引导能力，包括理论创新能力、议程设置能力、网络

---

① 周恒：《互联网社会的自我秩序化：可能、形式及其意义》，《新闻界》2020年第3期。
② 喻国明：《人工智能与算法推荐下的网络治理之道》，《新闻与写作》2019年第1期。
③ 徐琦、罗雪丹：《从中心化辟谣到人机协同：中国网络辟谣平台的范式升级——基于1228条新冠疫情辟谣数据》，《全球传媒学刊》2021年第3期。
④ 尹建国：《我国网络信息的政府治理机制研究》，《中国法学》2015年第1期。
⑤ 李明发、胡安琪：《论互联网社会自治在规则层面的实现》，《电子政务》2018年第3期。
⑥ Ansell, C., Gash, A., "Collaborative Governance in Theory and Practice", *Journal of Public Administration Research and Theory*, Vol. 18, No. 4, 2008, pp. 543–571.
⑦ 阙天舒：《中国网络空间中的国家治理：结构、资源及有效介入》，《当代世界与社会主义》2015年第2期。
⑧ 荆学民、赵洁：《特质与效能：中国政党政治基础上的政治传播析论》，《学术界》2019年第12期。
⑨ 于淑婧、荆学民：《政党领导的交流秩序：自媒体时代中国政治传播的运行特质》，《行政论坛》2021年第4期。

舆论事件的应对处置能力及网络舆论空间的综合治理能力。① 其次是政府主导，② 张军认为应当由政府承担元治理角色，与市场社会行动者保持互动而非强制关系。建构网络社会治理的"国家中心关系型"模式。③ 陈国权与孙韶阳提出线上政府的概念，即基于网络社会需求，职能面向网络社会治理，辖区辐射网络空间，从事线上活动管理、维护网络社会运行秩序的政府架构。④ 按照朱垚颖和张博诚的概括，在网络内容治理领域，政府主体经历了信息化部门参与管理、宣传部门主导管理、国家网信办主导治理的演进阶段，初步建立了"1中央部门+1行政机构+N协助部门"治理模式。⑤ 在此基础上，还设立了地方省市县三级网信管理机构，建立起一套以属地管理原则为基础，逻辑自洽的运行模式。⑥

3. 多元共治的体系建设

（1）协同机制

正如有学者提示，政府、服务商、社会机构、网民共同参与互联网治理，并不必然产生"协同效应"，也可能产生治理"碎片化"问题。⑦ 其中所谓"协同效应"，指的是局部之间相互匹配，不同主体联合行动，实现整体功能大于局部功能之和，完成多个主体难以分别完成的任务。⑧ 协同治理就是跨越公共机构、政府等级以及公共、私人与

---

① 郭海威、黄楚新：《论中国共产党的网络舆论引导能力》，《传媒》2021年第9期。
② 王芳：《论政府主导下的网络社会治理》，《人民论坛·学术前沿》2017年第7期。
③ 张军：《网络社会治理中的"国家中心关系型"政府角色定位研究》，《福建师范大学学报》（哲学社会科学版）2020年第3期。
④ 陈国权、孙韶阳：《线上政府：网络社会治理的公权力体系》，《中国行政管理》2017年第7期。
⑤ 朱垚颖、张博诚：《演进与调节：互联网内容治理中的政府主体研究》，《人民论坛·学术前沿》2021年第5期。
⑥ 李佳伦：《属地管理：作为一种网络内容治理制度的逻辑》，《法律适用》2020年第21期。
⑦ 赵玉林：《协同整合：互联网治理碎片化问题的解决路径分析——整体性治理视角下的国际经验和本土实践》，《电子政务》2017年第5期。
⑧ ［德］哈肯·赫尔曼：《协同学：大自然构成的奥秘》，凌复华译，上海译文出版社2001年版。

市政领域的边界，以实现其他方式无法达到的公共目标的公共政策决策与管理的过程，[1] 它被认为是多方主义与多边主义有机结合，相对于两者而言"扬长避短"的第三种网络空间治理模式。[2] 基于此，部分学者跳出关于主辅关系的规范性讨论，围绕如何实现有效协同展开研究。

谢新洲和石林认为，多元主体间的协同关系形成于内行政体系和外行政体系两个层面。[3] 关于前者，在政府内部存在以权威为依托的等级制纵向协同、以"部际联席会议"为代表的横向协同和围绕专项任务开展的条块间横向协同等多种模式，[4] 如成立中央网络安全与信息化领导小组（网信办），成立国家经济信息化联席会议（联席办），七部委联合开展整治互联网低俗之风专项行动[5]等。关于后者，政府与非政府部门之间的协同关系涉及多个层面。梁正重视价值，认为多元治理主体形成价值共识，是主体间合作和协同治理的根基。[6] "构建网络空间命运共同体"可以作为互联网协同治理在价值理念层面的一种解决方案。[7] 冯建华聚焦责任，提出应在体系化、均衡化、动态化原则下动态调整不同网络服务提供者的权责配置。[8] 范如国强调利益，认为协调多元利益是实现协同治理的关键，[9] 权衡主体之间的利益关

---

[1] Emerson, K., Nabatchi, T., Balogh, S., "An Inegrative Framework for Collaborative Governance", *Journal of Public Administration Research and Theory*, Vol. 22, No. 1, 2012, pp. 1 – 29.
[2] 周建青：《"网络空间命运共同体"的困境与路径探析》，《中国行政管理》2018 年第 9 期。
[3] 谢新洲、石林：《基于互联网技术的网络内容治理发展逻辑探究》，《北京大学学报》（哲学社会科学版）2020 年第 4 期。
[4] 周志忍、蒋敏娟：《中国政府跨部门协同机制探析——一个叙事与诊断框架》，《公共行政评论》2013 年第 1 期。
[5] 方兴东：《中国互联网治理模式的演进与创新——兼论"九龙治水"模式作为互联网治理制度的重要意义》，《人民论坛·学术前沿》2016 年第 6 期。
[6] 梁正：《互联网平台协同治理体系构建——基于全景式治理框架的分析》，《人民论坛·学术前沿》2021 年第 21 期。
[7] 顾洁、栾惠：《互联网协同治理：理论溯源、底层逻辑与实践赋能》，《现代传播》（中国传媒大学学报）2022 年第 9 期。
[8] 冯建华：《存异而治：网络服务提供者权责配置的进路与理路》，《新闻与传播研究》2022 年第 4 期。
[9] 范如国：《复杂网络结构范型下的社会治理协同创新》，《中国社会科学》2014 年第 4 期。

系，建立激励制度可以满足利益诉求，在此基础上，为各主体利益诉求寻找共同点，能够避免利益对抗。[1] 谢新洲和宋琢认为促进资源流动是协同在网络内容治理中的核心作用，[2] 通过联合倡议、自律公约等自愿性政策工具，可以为面向资源综合利用的协同治理体系构建奠定基础。[3] 张权和燕继荣关注行动，提出网络舆情治理中简化治理网络层级、重新定位治理主体角色、设定行动优先级，是通向多元主体协同合作的善治路径。[4]

需要指出的是，越来越多的学者观察到，近年来，平台已经成为人们生活的基础设施，覆盖了公众数字生活的基础操作、搜索、社交与消费等方方面面，且对当下的社会运作与制度安排实现了深度渗透。[5] 它逐渐超越传统纯粹的服务提供者、媒介联络者等被动性、中立性角色，实具充分能力且已积极参与到对平台信息流动的控制，成为网络空间中那只"看不见的手"。[6] 因此，对于平台的治理在本质上已成为内容治理的核心手段，[7] 处理与平台之间的关系则成为网络信息内容治理中最重要的协同关系。在平台资本主义[8]实践屡遭批判，平台国有化[9]主张面临争议的背景下，国家

---

[1] 林振：《突发公共事件网络舆情协同治理机制建构研究》，《华中科技大学学报》（社会科学版）2019 年第 2 期。

[2] 谢新洲、宋琢：《构建网络内容治理主体协同机制的作用与优化路径》，《新闻与写作》2021 年第 1 期。

[3] 谢新洲、石林：《基于互联网技术的网络内容治理发展逻辑探究》，《北京大学学报》（哲学社会科学版）2020 年第 4 期。

[4] 张权、燕继荣：《中国网络舆情治理的系统分析与善治路径》，《中国行政管理》2018 年第 9 期。

[5] Van Dijck, J., Poell, T., De Waal, M., *The Platform Society: Public Values in a Connective World*, New York, NY: Oxford University Press, 2018.

[6] Cheung, A., Weber, R. H., "Internet Governance and The Responsibility of Internet Service Providers", *Wisconsin International Law Journal*, Vol. 26, 2009, pp. 403–478.

[7] ［美］劳拉·德拉迪斯：《互联网治理全球博弈》，覃庆玲、陈慧慧等译，中国人民大学出版社 2017 年版，第 17 页。

[8] Srnicek, Nick, *Platform Capitalism*, Oxford: Polity Press, 2016, p. 36.

[9] Howard, P. N., "Let's Nationalize Facebook: Only Then Will the Social Network Protect Users' Rights and Share Valuable Data with Researchers", *Slate*, https://slate.com/technology/2012/08/facebook-should-benationalized-to-protect-user-rights.html, August, 2012.

与平台之间围绕网络信息内容治理建立起委托—代理式合作关系,[①] 对此不同学者给出了侧重不同的理论刻画:如于洋和马婷婷提出政府发包、平台承包的政企发包制;[②] 方兴东和钟祥铭提出政府管平台、平台管用户的双层管理模式;[③] 韩新华提出政府针对平台内部规制机制而开展规制的元规制;[④] 等等。

(2) (其他) 主体分工

除了前面提到的党和政府以及平台,主流媒体、社会组织、网民等其他主体也不同程度参与到网络信息内容治理中,在治理体系中各司其职并发挥相应作用。

首先是主流媒体。罗昕和张瑾杰提出,主流媒体在网络内容治理中发挥作用的关键在于促进多元主体的原则性接触。其独特行动路径包括:以开展舆论监督的新闻生产路径揭示问题、以提供决策参考的智库运作路径贡献方案、以整合多方观点的公共服务路径凝聚共识。[⑤] 李鲤和吴贵认为,搭建自主可控的媒体平台,深度嵌入互联网内容生产、分发与审核等诸环节,是主流媒体回应新时代网络内容治理的重要举措。主流媒体平台参与网络内容治理的方式包括:通过内容供给侧改革引领主流价值,或搭载数据技术盘活用户资源,或深耕本地打造聚合生态,推动个体与公共、个人与政府、媒体与社会的多维关联。[⑥] 典型案例就是学习强国平台。[⑦] 与之相反,喻国明指出主流媒体平台化转型所面临的内

---

① [美] 劳拉·德拉迪斯:《互联网治理全球博弈》,覃庆玲、陈慧慧等译,中国人民大学出版社2017年版,第15—16页。
② 于洋、马婷婷:《政企发包:双重约束下的互联网治理模式——基于互联网信息内容治理的研究》,《公共管理学报》2018年第3期。
③ 方兴东、钟祥铭:《互联网平台反垄断的本质与对策》,《现代出版》2021年第2期。
④ 韩新华:《平台时代网络内容治理的元规制模式》,《中国出版》2022年第5期。
⑤ 罗昕、张瑾杰:《主流媒体参与网络内容治理的行动路径——以南都大数据研究院为例》,《中国编辑》2022年第7期。
⑥ 李鲤、吴贵:《主流媒体平台嵌入网络内容治理的价值效能与实践进路》,《中国编辑》2022年第10期。
⑦ 强月新、刘亚:《从"学习强国"看媒体融合时代政治传播的新路径》,《现代传播》(中国传媒大学学报)2019年第6期。

生障碍,提出了主流媒体在社会传播体系中新的角色与使命定位,即作为"提供 To B 服务的新型社会整合者",以为内容生产提供支持与价值服务、指导的方式,实现其塑造社会视野、设置社会议题、进行社会舆论引导等价值与功能。①

其次是社会组织。刘美萍认为,网络社会组织可以充当网络空间问题的预警器与解决者。② 通过承担政府部分公共服务职能,包括监督互联网企业遵守法律规范和承担社会责任、引导网民参与治理并培养自治能力、创造良好网络文化环境等,有效弥补在网络社会治理中政府主导型管理模式存在的缺陷。③ 例如行业协会,充当国家与市场的"调和人",在能动的调适过程中积极发挥着利益调适、荣誉分配等结构性功能,平衡国家的媒介治理和行业利益的制度化表达之间的张力。④ 除此之外,网络社团还能在促进政社关系良性互动、现代公民塑造、创造多元理性包容的舆论场域和积累社会资本等方面发挥社会价值。⑤

最后是网民(包括意见领袖、网评员和普通公众)。意见领袖作为即时环境下能够影响他人的个体,⑥ 参与互联网信息传播,能够对网络集群行为产生感性动员与理性动员。⑦ 意见领袖经行政吸纳过程,发生

---

① 喻国明:《新型主流媒体:不做平台型媒体做什么?——关于媒体融合实践中一个顶级问题的探讨》,《编辑之友》2021年第5期。

② 刘美萍:《网络社会组织参与网络空间治理的价值、困境及破解》,《云南社会科学》2020年第3期。

③ 张小锋、张涛:《社会组织在中国网络社会治理中的作用》,《哈尔滨工业大学学报》(社会科学版)2017年第6期。

④ 周逵、黄典林、董晨宇:《国家与市场之间的"调和人":传媒转型与治理中行业协会的角色功能》,《新闻与传播研究》2020年第12期。

⑤ 欧阳果华、王琴:《治理网络谣言:网络社团的社会治理路径探析》,《学习与实践》2017年第7期。

⑥ Katz, E., Lazarsfeld, P. F., *Personal Influence: The Part Played by People in the Flow of Mass Communication*, Glencoe: Free Press, 1955.

⑦ 青平、张莹、涂铭、张勇、陈通:《网络意见领袖动员方式对网络集群行为参与的影响研究——基于产品伤害危机背景下的实验研究》,《管理世界》2016年第7期。

了由治理对象到治理主体的角色转变①：从政治秩序的挑战者和破坏者变为维护者，由危机舆论的诱发器和扩散器变为危机化解的助推器。②另外，郭凤林等研究发现，意见领袖的观点具有扁平结构，这在客观上为网民增加了看待问题的视角，有利于引导网民之间的讨论，分散极端意见，使得网络舆论在网民内部能够进行一定的消化和溶解，③起到"解压阀"的作用。网评员在网络舆论引导中发挥重要作用，他们以普通网友身份发言，任务是在大型商业网站的新闻跟帖评论板块和若干重点论坛上参与评论，发布有利于官方的正面信息，积极跟帖回应，抵制负面信息、批驳虚假言论，尤其是在发生突发事件时，及时引导网络舆论以求"占领舆论制高点"。④但也有学者通过实证研究指出，网评员的主要目标是分散网民注意力和转移话题以回避争议或避免潜在争议。⑤普通公众是信息治理不可忽视的主体，可通过参与立法、监督平台及自我规制等方式发挥治理功能。⑥另外，根据富兰克林的说法，"技术的世界就是人们所行之事的总集，对它的拯救只可能从改变人们所行之事——无论是个人的还是集体的——或者避免人们做出某事开始。"⑦增强主体意识，提升算法素养，成为具有理性批判能力的用户而非技术附庸，是公众参与网络内容生态治理的一种方式，

---

① 郭小安：《从运动式治理到行政吸纳——对网络意见领袖专项整治的政治学反思》，《学海》2015 年第 5 期。
② 靖鸣、王勇兵：《新浪大 V 传播行为的变化与思考——以突发公共事件为例》，《现代传播》（中国传媒大学学报）2016 年第 5 期。
③ 郭凤林、邵梓捷、严洁：《网络舆情事件中的意见领袖网络结构及其政治参与意涵》，《东北大学学报》（社会科学版）2015 年第 2 期。
④ 马书权：《匿名网评员舆论引导效果探析——基于"柠檬市场"的研究视角》，《青年记者》2012 年第 12 期。
⑤ King, G., Pan, J., Roberts, M. E., "How the Chinese Government Fabricates Social Media Posts for Strategic Distraction, not Engaged Argument", *American Political Science Review*, Vol. 111, No. 3, 2017, pp. 484–501.
⑥ 魏小雨：《新媒体时代公众参与网络信息治理的实现路径》，《新闻爱好者》2021 年第 1 期。
⑦ ［加］厄休拉·富兰克林：《技术的真相》，田奥译，南京大学出版社 2019 年版，第 176 页。

包括增强偏好标签的洞察力、增强信息环境的批判力、增强低俗信息的脱敏力、增强个人隐私的保护力等方面。① 目前，普通网民以数据归类与数据干预，或数据隐藏和数据阻断等方式抵抗算法，便是一种具有治理意味的引导策略，② 是对由算法支配的数字生存空间的反向规训与控制。③

（3）治理工具

治理工具指的是达成治理目标的手段与途径，它既包括相对于治理主体而言的"客体（object）"，也包括治理主体所采取的特定行为活动（activity）。④ 政策科学家们，尤其是工具主义者主张，工欲善其事，必先利其器。如萨拉蒙和隆德（Salamon & Lund）提出，公共事务管理不善而导致许多问题，或许正是工具选择不当的后果。在这种情况下，去探索不同类型治理工具的特性和运行特征具有重要意义。⑤ 受到学界重点关注的治理工具分布在不同层面。

首先是行政层面。包括第一，运动式治理。不同学者结合整治互联网低俗之风专项行动、⑥ 网络"扫黄打非"运动、⑦ 集中打击网络违法犯罪专项行动⑧等案例，揭示运动式治理的发生条件和运行机制，指出其作为一种针对特定重点难点问题，集中投入治理资源的非制度化治理措

---

① 许加彪、付可欣：《智媒体时代网络内容生态治理——用户算法素养的视角》，《中国编辑》2022年第5期。

② 洪杰文、陈崧伟：《意识激发与规则想象：用户抵抗算法的战术依归和实践路径》，《新闻与传播研究》2022年第8期。

③ 张萌：《从规训到控制：算法社会的技术幽灵与底层战术》，《国际新闻界》2022年第1期。

④ Hood, C., *The Tools of Government*, London: Macmillan, 1983.

⑤ Salamon, L. M., Lund, M. S., *Beyond Privatization: The Tools of Government Action*, Washington D. C.: The Urban Institute Press, 1989.

⑥ 曹龙虎：《中国网络的运动式治理——"专项整治"研究》，《二十一世纪》2013年第6期。

⑦ 杨志军：《运动式治理悖论：常态治理的非常规化——基于网络"扫黄打非"运动分析》，《公共行政评论》2015年第2期。

⑧ 郭小安：《从运动式治理到行政吸纳——对网络意见领袖专项整治的政治学反思》，《学海》2015年第5期。

施，能够弥补依托于官僚制组织的常态治理的不足，在短时间促进效率，提升绩效。第二，行政约谈，即当违法违规情形发生时，国家或地方网信机构依据《互联网新闻信息服务单位约谈工作规定》（"约谈十条"），约见相关负责人，进行警示谈话、指出问题、责令整改纠正。[1] 行政约谈是以将公法监管任务从政府转移至市场化的互联网平台为前提，它作为治理工具的设计带有"回应性规制"的外观，有助于节省组织资源与行政资源，并能够降低监管规则的繁文缛节，由此削弱被监管市场主体的抵触意识。[2] 第三，敏感词屏蔽，即对那些通过网络散布的不符合法律、有违社会伦理与道德，并对社会产生不良影响的信息的局部特征进行提炼，建立相应词库，并通过人工设置、大数据、人工智能、算法等手段对敏感词进行实时跟踪、抓取和屏蔽。[3] 其中敏感词库也是负面清单[4]，通过列明哪些互联网产品不能生产、哪些互联网信息不能传播、哪些网络内容不能使用，能够对网络信息内容的生产与传播行为形成制度性的引导。第四，实名制，包括由接入实名制、用户实名制、网站实名制、网吧实名制、名义实名制、后台实名制等组成的谱系。[5] 实名接入并应用互联网，既可以对通过网络发布、传递信息的个体产生责任约束，也便于管理者对不良信息发布者查询追究，提高管理和执法效率。[6]

其次是文化与制度层面。包括第一，诉诸法律，即将网络社会治理要素、治理结构、治理程序、治理功能纳入法治范围及运行轨道，[7] 涉及明

---

[1] 李佳伦、谢新洲：《互联网内容治理中的约谈制度评价》，《新闻爱好者》2020年第12期。
[2] 卢超：《互联网信息内容监管约谈工具研究》，《中国行政管理》2019年第2期。
[3] 张爱军：《再治理：网络技术对敏感词的屏蔽及其政治语言转向》，《河南社会科学》2019年第8期。
[4] 何明升：《网络内容治理：基于负面清单的信息质量监管》，《新视野》2018年第4期。
[5] 姜方炳：《制度嵌入与技术规训：实名制作为网络治理术及其限度》，《浙江社会科学》2014年第8期。
[6] 蔡德聪、刘素华：《"网络实名制"与网络不良信息治理》，《中国行政管理》2012年第11期。
[7] 徐汉明、张新平：《网络社会治理的法治模式》，《中国社会科学》2018年第2期。

确网络表达权的边界、[1] 区分言论自由与言论犯罪的合理界限、[2] 确定处于道德与法律中间地带的不良信息的法律认定标准[3]等。第二，诉诸道德，作为一种"以人为本"的治理策略，关注的是道德规则在网络治理中的作用，重视网络治理的长效性建设，[4] 可以从技术伦理、商业伦理、社会伦理三个维度建立互联网伦理规范。[5] 第三，诉诸情感，有学者认为情感是政党或政府宣传与治理的技术和工具，[6] 是构建政治传播主体可信性、政治传播行为正当性的重要支撑，是政治传播实践的有力抓手。[7] 也有学者指出，情感是民众进行社会抗争的资源和策略，[8] 高唤醒度、高支配度与极端愉悦度的情感话语有利于促进政治传播活动。[9] 将情感要素运用于信息内容治理，发展出机构和话语拟人化、[10] 政治议题"萌化"、[11] "讲故事"叙事、[12] 意识形态日常生活化、[13] 视觉修辞、[14] 仪式传播[15]等多种模式。

最后是技术层面。面向内容的治理实质上也是面向技术（应用）的

---

[1] 熊文瑾、易有禄：《论网络表达权的边界——以实现网络信息内容生态治理为目的》，《江西社会科学》2020年第8期。

[2] 姜涛：《网络谣言的刑法治理：从宪法的视角》，《中国法学》2021年第3期。

[3] 程睿：《治理观视域下网络不良信息内容的法律认定标准》，《江西社会科学》2022年第6期。

[4] 王立峰、韩建力：《构建法德兼备的网络综合治理体系：理论阐释和实践路径》，《广西社会科学》2019年第1期。

[5] 谭天、曾丽芸：《伦理应该成为互联网治理的基石》，《新闻与传播研究》2016年第S1期。

[6] 乔同舟：《被政治化的情感：政治传播中的情感话语》，《理论与现代化》2016年第6期。

[7] 张爱军、梁赛：《论情感在政治传播中的作用——一个新的视角》，《中国社会科学院研究生院学报》2020年第4期。

[8] 杨国斌：《连线力：中国网民在行动》，邓燕华译，广西师范大学出版社2013年版。

[9] 周庆安、宁雨奇：《唤醒、愉悦与支配：情感作用下的推特政治传播路径重构》，《现代传播》（中国传媒大学学报）2020年第11期。

[10] 高金萍：《网络政治传播拟人化现象分析》，《人民论坛》2021年第8期。

[11] 席志武：《新媒介语境下的政治萌化景观：主流话语与青年亚文化的互动与互构》，《西南民族大学学报》（人文社会科学版）2022年第4期。

[12] 姜红、印心悦：《"讲故事"：一种政治传播的媒介化实践》，《现代传播》（中国传媒大学学报）2019年第1期。

[13] 宋晓燕：《日常生活化：意识形态安全的政治传播学》，《上海师范大学学报》（哲学社会科学版）2016年第2期。

[14] 陈世华、刘晶：《政治传播中的视觉修辞流变》，《国际新闻界》2017年第9期。

[15] 刘建明、班志斌：《西方仪式传播研究：动向与启示》，《新闻与传播评论》2020年第5期。

治理。① 互联网名称与数字地址分配机构（ICANN）便是依据互联网技术结构将互联网治理划分为基础架构层、逻辑层、经济和社会层。② 唐海华揭示，中国基于互联网技术结构的上下游制约关系，建立起了一套贯穿互联网运行各个环节的多层许可体系，形成覆盖基础电信运营、域名注册、网络接入服务、域名注册服务、网络信息服务的控制链条，这相当于建立起针对数量巨大的互联网站与终端用户的外部管理抓手。③ 丁晓蔚探讨了借助区块链技术有效防控和治理网络谣言的可行性，通过建设可信互联网、打造可信大数据人工智能、构建全国可信新闻信息基础设施底层骨干网络，能够全程记录造谣传谣行为，对相关行动者产生劝阻与威慑效应。④ 一部分学者聚焦算法的普遍应用，包括搜索引擎基于"人气竞赛动力学"的算法、⑤ 平台基于"协同过滤"的算法⑥等，从算法作为人的"代理者"⑦ 角色出发，通过对算法赋责，⑧ 以社会力量对算法实践进行建构，⑨ 能够使之成为事业发展的"增量"。⑩ 还有一部分学者注意到社交机器人的作用，林升梁和叶立称之为"第六媒介"，即媒介本身变成具有"主体能动性的人"，把大众传播方式巧妙地蕴含

---

① 谢新洲、石林：《基于互联网技术的网络内容治理发展逻辑探究》，《北京大学学报》（哲学社会科学版）2020年第4期。

② 崔保国、刘金河：《论网络空间中的平台治理》，《全球传媒学刊》2020年第1期。

③ 唐海华：《挑战与回应：中国互联网传播管理体制的机理探析》，《江苏行政学院学报》2016年第3期。

④ 丁晓蔚：《基于区块链技术的网络谣言防控和治理研究》，《南京社会科学》2020年第12期。

⑤ [美] 马修·辛德曼：《数字民主的迷思》，唐杰译，中国政法大学出版社2016年版。

⑥ Breese, J. S., Heckerman, D., Kadie, C., "Empirical Analysis of Predictive Algorithms for Collaborative Filtering", Proceedings of the 14th Conference on Uncertainty in Artificial Intelligence, 1998, pp. 43 – 52.

⑦ Kim, Eun-Sung, "Deep Learning and Principal-Agent Problems of Algorithmic Governance: The New Materialism Perspective", Technology in Society, Vol. 63, 2020, pp. 1 – 9.

⑧ 肖红军：《算法责任：理论证成、全景画像与治理范式》，《管理世界》2022年第4期。

⑨ 赵璐：《算法实践的社会建构——以某信息分发平台为例》，《社会学研究》2022年第4期。

⑩ 罗教讲、刘存地：《算法定义的新型信息空间——基于网络搜索引擎特性的综合治理研究》，《学术论坛》2019年第3期。

在"人际传播"和"人内传播"框架之中，在人机交往过程中，充分调动人类全方位、多感官、高镜像的沉浸体验、具身认知和主体意识。① 张爱军和王三敏认为它是撬动微观政治传播的新变量，② 拥有通过重构意见气候而影响社会认知的能力。③

（三）有待进一步研究的问题和方向

由信息内容治理到网络信息内容治理，不仅是治理对象的转变，更是传统治理的范式转型。围绕这一前沿且重要的议题，既有研究提供了多元的观察视角，并且开拓出纵向的理论进路。这无疑增加了人们认知的广度与深度，但也需指出，目前仍存在一些值得继续探究的问题和方向。

1. 技术—社会—国家三要素如何在时间维度中互动

互联网被认为是比肩蒸汽机与电力的重大科技发明。从目前来看，互联网技术发展和应用扩散是一个单向的历史过程，在这个时间序列上发生着三个要素之间的两种基本互动关系④：一是技术与社会之间的相互建构，⑤ 对于互联网是什么的认识——从媒介到空间再到社会，是随技术与社会互构程度加深而形成并变化的。二是国家与社会之间的相互建构，对于网络信息内容治理是什么的认识——从新闻舆论工作到专门治理再到社会治理，是国家参与并主导信息内容治理的意愿和观念遭遇社会变迁之后

---

① 林升梁、叶立：《人机·交往·重塑：作为"第六媒介"的智能机器人》，《新闻与传播研究》2019年第10期。

② 张爱军、王三敏：《撬动微观政治传播的新变量：社交机器人》，《新视野》2022年第5期。

③ 漆亚林、王钰涵：《社交机器人：数字用户的建构逻辑与智能陷阱的治理路向》，《新闻与传播研究》2022年第9期。

④ "技术变革不是叠加性的，而是生态性的"（Postman, N., *The End of Education: Redefining the Value of School*, New York: Alfred A. Knopf, 1996, p. 192.），也就是说，技术不是强加给社会的外在之物，而是会慢慢渗透到社会生活的各个领域与各个环节，并逐渐内化为社会的有机组成部分［杨嵘均：《政治体系的网络化与网络政治学的发展》，《南京大学学报》（哲学·人文科学·社会科学）2017年第1期］。

⑤ 邱泽奇：《技术与社会变迁》，载李培林、李强、马戎主编《社会学与中国社会》，社会科学文献出版社2008年版，第584—595页。

而更迭并累积的。① 那么网络信息内容治理的实践如何开展，实际上是上述两种互动关系相互作用的结果。② 也就是说，作为国家意愿和观念转化后的输出，治理实践与作为环境的、与技术协同演化的社会变迁发生"双向运动"，③ 在输入—输出—反馈的循环过程中不断调适并在特定时间段趋于稳定。

因此，网络信息内容治理是技术、社会、国家三个要素在时间维度上以特定时序在特定时机发生互动的产物。值得继续追问的问题是：

第一，既然国家的意愿与观念是影响治理的关键因素，那么网络信息内容治理实践背后的国家动机是什么？信息内容在必要的国家治理活动中被定位为什么对象角色？既有研究对于互联网技术的影响与由此发生的社会变迁更加敏感，但是对于国家（关于信息内容治理的意愿和观念）发挥的作用重视程度相对不足。这也是为何一些学者从政治学的角度呼吁国家归来，④ 构建数字时代国家理论⑤的重要原因。应该在一个技术—社会—国家三元框架下讨论网络信息内容治理，这有助于窥得全貌，更准确把握表层现象及其背后的深层逻辑。

第二，时间是社会科学研究中容易被忽视的重要变量，相同要素以不同的时序或时机组合将很可能产生不同的结果，⑥ 从这个意义上讲，

---

① 网络社会化，这是网络社会治理的"前置要素"。（李一：《网络社会化：网络社会治理的"前置要素"》，《浙江社会科学》2019年第9期。）

② 卡斯特认为，在分析网络社会时，不应忽视两股趋势之间的互动：新信息技术的发展，以及旧社会尝试利用技术的力量来为权力的技术服务，以便重新自我调整（［西］曼纽尔·卡斯特：《网络社会的崛起》，夏铸九、王志弘等译，社会科学文献出版社2001年版，第72页。）；网络空间不仅本身有着不断的矛盾冲突，而且更重要的是它对社会空间的尖锐挑战，因而引起了现实社会的秩序变迁（蔡文之：《网络：21世纪的权力与挑战》，上海人民出版社2007年版，第70页）。

③ 燕继荣：《社会变迁与社会治理——社会治理的理论解释》，《北京大学学报》（哲学社会科学版）2017年第5期。

④ 刘建伟：《国家"归来"：自治失灵、安全化与互联网治理》，《世界经济与政治》2015年第7期。

⑤ 黄其松：《数字时代的国家理论》，《中国社会科学》2022年第10期。

⑥ 郝诗楠、唐世平：《社会科学研究中的时间：时序和时机》，《经济社会体制比较》2014年第2期。

网络信息内容治理以何种面目呈现，与时间密切相关。那么国家（关于信息内容治理的意愿和观念）遭遇作为技术与社会互构之结果的社会变迁（网络信息内容及相关生产与传播活动）的时机和时序是什么？这对当前网络信息内容治理实践产生了何种影响？既有研究对时间这个重要变量没有充分重视，以至于相互之间的对话在剥离时间背景的条件下难以有效开展。应该将（互联网）技术、社会（信息内容及相关生产与传播活动）、国家（治理信息内容的意愿和观念）置于时间之中加以考察，然后从历时性演变过程中选择合适的时间截面（conjuncture）对三者之间的互动进行分析。

2. "条块结合"的治理活动如何基于委托—代理关系开展

条块结合是中国治理的重要特征。[1] "条"是基于职责的治理结构（属事管理），"块"是基于空间的治理结构（属地管理）。作为国家治理的有机组成部分，网络信息内容治理同样具有条块体制的结构特征。首先是"条"，网络信息内容治理包括正面建设与负面监管两种基本职能，[2] 主要由宣传部门和网信部门牵头管理。其次是"块"，网络社会在"流动的空间"[3] 基础上出现再结构化，经过虚拟整合形成平台社会，[4] 其突出表现为：网民以平台为主场域从事生产并进行社会互动（信息生产与传播），或者换言之，平台（场域）成为虚拟空间中的网民"属地"和基本治理单元。最后，针对网络信息内容的治理层级呈现扁平化，形成政府—平台（基于委托—代理关系）的两级结构，所以平台还是具有主体性的治理"基层"。这意味着，平台作为网络信息内容治理体系的末梢，是"条""块"交汇点与执行端，正面建设与负面监管两项基本职责落脚于此，以类似"榫卯"结构的方式相互嵌入、相互支撑。在执行各项具体工作事务

---

[1] 周振超：《当代中国政府"条块关系"研究》，天津人民出版社2008年版，第2页。
[2] 谢新洲、朱垚颖：《网络综合治理体系中的内容治理研究：地位、理念与趋势》，《新闻与写作》2021年第8期。
[3] ［西］曼纽尔·卡斯特：《网络社会的崛起》，夏铸九、王志弘等译，社会科学文献出版社2006年版，第504—512页。
[4] 张兆曙：《虚拟整合与平台社会的来临》，《社会科学》2021年第10期。

过程中，呈现出"上面千条线，下面一根针"的基层治理特征——来自不同条线、自上而下输入的业务要求或倡议被平台整合并转化为约束与激励用户行为的内部制度安排和以算法为依托的信息流管理实践。

因此，网络信息内容治理是基于委托—代理关系且具有条块结构特征的管理活动。值得继续追问的问题是：

第一，目前既有研究大多以业务条线为线索，关注的要么是正面内容建设如何开展，要么是负面内容监管如何执行，相关成果形成分野而鲜有交集。这虽然是相关知识纵深积累的必由之路，却也不利于对事物的系统性把握。应该采用一个统合性的视角，将两个业务条线有机结合起来对网络信息内容治理进行整体性考察——这相当于从研究专项治理转向研究综合治理的意义。

第二，有学者指出，从法律规定上看，并不存在"条块关系"问题，但是在治理实践中"条"与"块"之间却表现出各种矛盾与冲突。[①] 那么网络信息内容治理的不同业务条线在常态化实践中是否相互掣肘？"条"与"块"是如何且在多大程度上合二为一的？既有围绕"块"开展的研究，重点关注的是政府（委托方），以及政府和平台的关系（委托—代理关系），但是缺乏在信息内容治理视阈下对平台（代理方）行动的考察，这意味着"条"与"块"的互嵌，以及具体治理工作在"基层"的开展仍处于"黑箱"状态。应该将研究焦点下沉到平台层，打开平台参与治理的"黑箱"，完整还原委托—代理关系和条块结构的运转——这相当于研究乡村治理/社区治理之于研究社会治理的意义。

三 研究设计

（一）研究问题

基于以上对既有研究成果的述评，可以得到，与网络信息内容治理相

---

① 杨雪冬：《条块关系问题的产生及其协调》，《探索与争鸣》2020年第11期。

关的研究版图上仍有缺失部分，在一些关键问题上，既有研究成果在理论与经验之间所建立的联系亦不够坚实。因此，本研究拟在技术—社会—国家（Technology-Society-State，T–S–S）框架下对网络信息内容治理议题进行再讨论，通过理论、实证和对策分析，提供一个关于新时代网络信息内容治理的完整且立体的图景，主要涉及对以下一些具体研究问题的回应。

第一，国家为何主动参与并尝试主导信息内容治理？也就是说，从国家的视角出发，将信息内容视作什么？进而将对信息内容的治理视作国家治理的什么必要组成部分？这在不同历史时期随内外部环境和条件的变化而有不同的答案，从时间序列看国家治理信息内容的意愿和观念是不断演变的，从时间截面看晚近是早期的叠加累积。本研究希望基于一般性理论并结合经验材料，从国家（S）的视角说明对信息内容进行治理何以是一种内生的需要。

第二，网络信息内容是以什么形式呈现的？网络信息内容的生产与传播活动是如何发生的？这是关于治理实践处于什么环境，作用于什么对象的问题。互联网是一种与连接相关的技术，信息内容的生产与传播是社会活动与互动的一个侧面，技术与社会相互建构，技术发展扩散与社会变迁互为因果、协同发生。所以网络信息内容及相关生产与传播活动是互联网技术与社会互构的结果，在不同历史时期有不同的表现。本研究希望基于一般性理论并结合经验材料，从技术—社会（T–S）的视角说明信息内容的生产与传播在当前以及可以预见的未来主要以什么样态呈现。

第三，新时代中国网络信息内容治理实践是如何开展的？是否形成了相对稳定的模式？其中存在什么结构性问题？治理实践是国家意愿依托于官僚体系实现转化后的输出。根据来自治理效果（输出的治理实践作用于治理对象所产生的结果）的反馈信号再输入，国家意愿以及国家意愿依托于官僚体系的转化会得到强化或进行主动调整——在这个输入—输出—反馈的循环往复过程中，治理实践不断调适，且从更大的时间尺度上看呈现出类似间断—均衡（punctuated-equilibrium）的特征，即治理实践会在特定时间段呈现相对稳定的状态，而在特定时间段出现相对突然和剧烈的变化——可以称为治理模式的形成与嬗变。本研究希望基于实证调研并结合理论分析，说明在当前的新时代条件下，经调适而形成的是一个具备什么结构特征的网络信息内容治理体系，揭示该体系在以何种方式相对稳定地运行，其中是否存在问题以及存在什么问题。

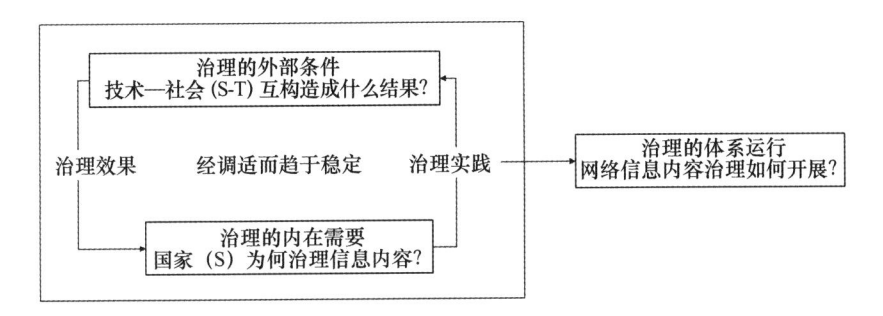

图1 技术—社会—国家（T-S-S）框架下的研究问题及其关系

图示来源：笔者自制。

（二）研究方法

1. 文献档案研究

所谓文献档案（document）广义上是指对某事件或事物的记录或刊载，以确保这些信息不会丢失。它既包括文本资料，也包括非文本资料；既包括公开资料，也包括非公开资料；既包括原始资料，也包括二手资料。开展文献档案研究（documentary research）则既涉及对文献档案的收集，即搜索整理相关学术著作、理论文献、政策文件、新闻报道、历史档案等资料，也涉及对文献档案的研读分析——这项工作几乎贯穿本研究全过程，分布在全书各个章节，目的是获得关于（网络）信息内容治理之政策意涵、实践演进、治理主体职责分工等的证据或知识，进而开展相关论述或提出相关推论[①]。需要说明的是，为了尽可能避免误读

---

① Bowen, G. A., "Document Analysis as a Qualitative Research Method", *Qualitative Research Journal*, Vol. 9, No. 2, 2009, pp. 27–40.

误释,对相关文献档案的收集、筛选与使用,需要把握一些标准[1],例如对于新闻报道以首发媒体官方网站或官方账号发布的内容(而非二次转载内容)为准;对于政策法规文件需要区分已经废止的文件和现行的文件,以现行文件为准;对于涉及部门职责的文件内容,需要与最近一次党和国家机构改革方案进行对照,以符合改革要求的内容为准;等等。

2. 社会调查(参与式观察+深度访谈)

观察与访谈皆属于最基本也是最重要的社会调查方法。其中观察是一种通过直接感知和直接记录而获得一切有关特定社会现象和社会行为的情报的行动;访谈是一种发生在访谈主体与被访谈对象之间的社会互动,通过访谈获得的资料即是这种社会互动的产物。两者通常结合使用、互为对照。

参与式观察(participant observation)作为调查研究最主要的方法之一,是在实地进行的直接观察。研究主体一般并不预先进行具体的理论假设,而是通过融入环境进行"隐蔽"的长期观察,从而从大量现象中概括出研究对象的主要特征[2]。它的优势在于从特定场景的局内人(insider)的视角进行持续观察,以了解"局外人"难以接触的现象,获得关于研究对象的一手经验材料。[3] 本研究先以国内某头部短视频平台为对象,进行为期6个月的参与式观察。之后又以国内某面向特定用户群体的头部短视频平台为对象,进行为期3个月的参与式观察(作为补充调研)。以获得关于互联网平台内部运行,尤其是对平台场域内信息流进行管理的特定程序和机制的一手经验材料。

深度访谈(in-depth interview)即选取研究问题的某些方面向调查对象提出问题并开展深入交谈。一方面访谈是机动的或结构松散的,另一方面访谈是围绕特定的重点和焦点持续开展的。深度访谈兼具灵活性和

---

[1] Mogalakwe, M., "The Use of Documentary Research Methods in Social Research", *African Sociological Review*, Vol. 10, No. 1, 2006, pp. 221–230.

[2] 袁方:《社会研究方法教程》,北京大学出版社2004年版,第257—258页。

[3] Jorgensen, D. L., *Participant Observation*, Hoboken, NJ: John Wiley & Sons, Inc., 1989.

聚焦性，能够通过预设提纲内的问题引出大量必要信息，发现"意外"因素。访谈者在访谈过程中可以对这些因素进行充分交流，由此可能获得重大发现，带来研究突破。本研究以负责网络信息内容治理的党和政府机构（如宣传部门、网信部门、市场监管部门等）相关公务人员，以及不同类型互联网平台的相关工作人员（如高级管理人员、算法工程师、政府关系负责人、商务合作负责人等）为对象，进行多轮次深度访谈，以获得关于网络信息内容治理，尤其是国家与平台之间的委托—代理关系和发包制治理模式的一手经验材料。

（三）概念界定

信息内容，如开篇所指出，是人类社会在生产和交往活动中所交流或交换的信息，是由物理载体和意义构成的统一整体。其中所谓物理载体，包括声调、表情、动作、语言、文字、图片、声音、影像等；所谓意义，包括态度、观点、情感、理性、价值、意识形态等。从概念运用层面讲，信息内容不仅是指意义和符号的统一体本体，还包括价值投射、观念分享、符号建构、仪式执行等与之相关的生产与传播活动。从写作修辞层面讲，为确保行文简练流畅，在不造成歧义的前提下，本书将根据具体语境、上下文关系等实际情况，灵活使用信息内容、信息、内容三者。

信息内容治理，即治理信息内容，在中国国家治理的语境下，其本质是执政党领导下治国理政的重要内容，是政府主导下对特定社会公共事务实施的管理活动。[①] 根据上述讨论，"治理"的对象既包括作为物理载体和意义构成之统一体的信息内容，也包括作为社会活动与互动的信息内容生产与传播。治理的实践形式一般表现为增加、提取和删减特定信息内容，以及促进、规范和抑制相关的生产与传播活动。与反黑客、

[①] 王浦劬：《国家治理、政府治理和社会治理的含义及其相互关系》，《国家行政学院学报》2014年第3期。

数据加密、基础设施保护等信息安全相关的纯技术层面治理不在本研究讨论范围之内。

网络信息内容治理，即新时代条件下国家主导对网络信息内容（及相关生产与传播活动）这一社会公共事务实施的管理活动，是信息内容治理的真子集。对此可以从两个角度进行理解：既可以侧重由信息内容到网络信息内容的转变，即认为网络信息内容治理是针对作为技术与社会相互建构的产物的治理；也可以侧重由传统治理到新时代治理的转变，即认为网络信息内容治理是国家主导对信息内容的治理，在遭遇外部条件变化而进行调适的产物。这其中的"国家"是指公权力主体，它在不同语境下分别指代政府、政党或执政党与政府不可避免的联合体，① 这些情况主要在第一章和第三章的讨论中有所涉及。

（四）章节安排

本书除导论以及结论与讨论这两个部分，共包括五章内容，这五章内容共同构成了本研究的主体内容，以下对各章主要研究内容及相互之间的逻辑关系进行简要介绍。

第一章是治理的内在需要，采用两条并行的线索开展讨论：一是一般性理论的线索，讨论国家基本职责与国家视角下信息内容的不同性质这两者如何耦合，内生出国家对信息内容进行治理的必要性；二是时间序列的线索，考察我国党和政府在不同历史时期先后出台了哪些主要政策、采取了哪些标志性措施，经继承累积为国家主导下信息内容治理的多重属性。基于第一章讨论，说明新时代网络信息内容治理实践背后的国家（S）意愿和观念。

第二章是治理的外部条件，在技术与社会互构的视角下开展讨论。通过将信息生产与传播活动还原为社会互动，从传—受关系结构（社会

---

① 景跃进：《将政党带进来——国家与社会关系范畴的反思与重构》，《探索与争鸣》2019年第8期。

互动结构）和媒介技术应用两个方面，考察从语言、文字诞生到互联网技术发展扩散渗透的历史过程，讨论信息内容生产与传播在当前（以及可以预见的未来）呈现什么基本样态，具备什么突出特征。基于第二章讨论，说明新时代网络信息内容治理实践所面对的来自技术与社会（T-S）的挑战。

第三章是治理的体系运行，包括三个部分：第一部分主要讨论信息内容治理实践的调适及其结果，即内在需要和外部条件相遭遇，促使多元治理主体围绕网络信息内容治理工作形成什么样的相对稳定的治理格局、互动关系和治理模式。第二部分主要讨论国家（多元治理主体中的关键行动者之一）在其中的角色与行动，即相关党政组织机构（作为国家的化身）在网络信息内容治理工作中的职责分工，以及在治理实践中的交流互动。第三部分主要讨论互联网平台（多元治理主体中的关键行动者之二）在其中的角色与行动，即运营者如何将外赋的职责和指令内嵌于平台运营的特定程序和机制，实现常态化治理与日常经营相统一。基于第三章讨论，说明新时代网络信息内容治理实践是如何发生的。

第四章是治理的结构性矛盾，从正面内容建设与负面内容监管这两条基本治理路径在效果上的落差入手，探究当前经过调适而形成的、相对稳定的治理体系存在什么内部张力，以及在实际运行中表现出什么具体状态。基于第四章讨论，说明在多元主体的行动逻辑存在冲突的条件下，新时代网络信息内容治理实践的效能限度。

第五章是治理的现代化转型，围绕解决治理体系运行中的结构性矛盾开展讨论。在兼顾多元主体行动逻辑的前提下，探究如何将治理实践的调适在技术层面继续向前推进，通过将主流价值植入算法模型实现公共责任内化，并提出相应的建议与方案。基于第五章讨论，说明新时代网络信息内容治理如何进一步适应技术迭代与社会变迁所带来的外部条件变化，实现治理效能提升。

结论与讨论部分，包括对研究的总体回顾，以及在研究结论基础上开展进一步理论反思和引申讨论。

第一章

治理的内在需要：信息内容治理的多重属性

国家在社会公共事务治理中的主导性，根植于其作为国家的本质属性，生发于其作为国家的基本职责。国家内生的治理需要，与其对本质属性的维护和对必要职责的履行密切相关。这意味着，从执政党和政府的视角出发，信息内容（及相关的生产与传播活动）与国家性质或国家职责的关系，决定着对信息内容进行治理是否成为国家治理的必要组成部分——这随不同历史时期内外部环境和条件的变化而变化，持续形塑着国家治理信息内容的意愿和观念。本研究认为，受到关于信息内容的认知不断更迭的影响，截至目前，国家主导下的信息内容治理相应地具备了宣传动员、新闻报道、舆论监督、问政咨询、政务公开、舆论引导、信息监管七种不同的属性，亦即国家治理信息内容的实践活动背后所要履行的七种职责。接下来，本章将从一般性理论和历史经验两条线索入手，分别围绕这七重属性展开分析论述。

一 宣传动员：对作为大众观念候选项的信息内容进行治理

现代化是对人类文明发展的一种概称，何以从前现代状态走上现代化道路进而完成现代性转型，是每个国家都曾经或正在面对的核心问题。对于绝大多数后发国家而言，"全面启动现代化建设，往往都是以一个具

第一章 治理的内在需要：信息内容治理的多重属性

有较强的组织动员能力的现代国家的建构为起点"。① 其中，国家主权确立、国家认同形成与国家的人民性改造被认为是一般意义上国家现代性建构的基本任务。② 如若大部分民众处于梁启超所谓"只知有个人而不知有国家"的状态，则有必要采取行之有效的手段培育其共同体意识，塑造其认同。从这个角度讲，对民众意识和观念进行改造既是现代化的结果，也是现代化的推动力量。③

无产阶级革命是国家现代性建构的一种社会主义方案。列宁基于对德国工人运动的考察指出"没有革命的理论，就不会有革命的运动"，④ 一方面革命需要理论驱动，另一方面革命的方向需要理论指引。那么对于大众而言，这种配合支撑引领无产阶级革命运动的理论从何而来？列宁认为不会自发形成，而只能"从外面'灌输'进去"。⑤ 从这个意义上讲，人们脑中之意识，即可以是"灌输"之意识。列宁观点的潜在预设与传播学者建立在应激心理学之上的一类假说相似，"假设人类思想只是一架独立的机器，一个由神经与神经元组成的系统，对刺激作出机械、规律的反应，如同一个无助、无欲的机器人。倡导者的职责就是提供刺激"，这可以实现培养习惯、塑造信仰。⑥ 那么对于政党⑦而言，既然信息内容是外部刺激的载体以及可以占据人类心灵的客体，是大众观念的候选项，生产相应的信息内容并面向大众进行"灌输"就是必要的——这是让政党意识形态变为实在的大众意识形态，获得广泛认同与支持，从而实现政治目标⑧的必

---

① 何显明：《中国现代国家建构的内在逻辑》，《浙江学刊》2020 年第 6 期。
② 燕继荣、王江成：《中国共产党领导的现代国家建构逻辑》，《政治学研究》2022 年第 3 期。
③ 刘海龙：《汉语中"宣传"概念的起源与意义变迁》，《国际新闻界》2011 年第 11 期。
④ 《列宁全集》（第六卷），人民出版社 2013 年版，第 23 页。
⑤ 列宁："工人本来也不可能有社会民主主义的意识，这种意识只能从外面'灌输'进去，各国的历史都证明：工人阶级单靠自己本身的力量，只能形成工联主义的意识。"[《列宁全集》（第六卷），人民出版社 2013 年版，第 29 页。]
⑥ [美]爱德华·L. 伯内斯：《宣传》，胡百精、董晨宇译，中国传媒大学出版社 2014 年版，第 72 页。
⑦ "政党就是一个旨在执政或者控制国家机器的组织。"(Ware, Alan, *Citizens, Parties and the State: A Reappraisal*, Princeton: Princeton University Press, 1988, p. 16.)
⑧ Ewen, S., *PR! A Social History of Spin*, New York: Basic Books, 1996.

由之路。所以对信息内容进行治理的第一重属性就是宣传动员。

不同于早期现代国家所产生的议会型政党，中国共产党作为无产阶级政党，诞生于传统中国深陷内忧外患困局的危难之时，围绕现代国家建构的基本任务，走过了"以党建国"的发展历程。① 中国共产党成立之前，广大工农对马克思主义理论学说和无产阶级革命运动缺乏了解，报纸作为传播范围广、成本低、效率高的信息媒介，成为中国早期共产主义者开展广泛宣传动员工作的重要媒介。党的早期组织积极从事"办报建党"实践活动，大力开拓宣传阵地②，催生中国共产党的同时，奠定了宣传动员在党的工作中的核心地位③。

1925年1月，党的四大《对于宣传工作之决议案》指明，"关于中国民族革命运动的新审定"将成为宣传工作的主要目标，④ 党一手抓"枪杆子"，一手握"笔杆子"，成功"唤起工农千百万"，共同投身新民主主义革命。为了更好地"组织群众、武装群众、建立政权、消灭反动势力、促进革命高潮"⑤，除了加强"灌输"，进一步丰富和拓展宣传动员的主体、对象和方式方法亦得到重视和强调，新闻报道、教育、文学、娱乐演出等都被视为宣传的有机组分，毛泽东曾指出，"不但教员是宣传家，新闻记者是宣传家，文艺作者是宣传家，我们的一切工作干部也都是宣传家……一个人只要他对别人讲话，他就是在做宣传工作。"⑥ 要"和工农兵大众的思想感情打成一片"⑦，就必须采取群众喜闻乐见的方式方法对党的理论基

---

① 燕继荣、王江成：《中国共产党领导的现代国家建构逻辑》，《政治学研究》2022年第3期。
② 邓绍根：《百年奠基：中国共产党的"办报建党"实践及其影响》，《暨南学报》（哲学社会科学版）2021年第7期。
③ 建党后直到1927年，中国共产党既无政权亦无军权，宣传工作成为不多的抓手之一，在实践中形成了全党搞宣传的共识。（马凌、刘胜男：《中国共产党早期的宣传观念、宣传组织与宣传方法》，《新闻大学》2021年第6期。）
④ 中共中央宣传部办公厅、中央档案馆编研部：《中国共产党宣传工作文献选编（1915—1937）》，学习出版社1996年版，第618—621页。
⑤ 《毛泽东军事文集（第一卷）》，军事科学出版社、中央文献出版社1993年版，第105页。
⑥ 《毛泽东选集（第三卷）》，人民出版社1991年版，第838页。
⑦ 《毛泽东选集（第三卷）》，人民出版社1991年版，第851页。

础、政治路线、人民立场、经济和社会政策等进行宣传，增强人民对中国共产党以及党和人民共同开创社会主义道路的认同。

社会主义革命与建设时期，在中国共产党的宣传教育和积极动员下，广大人民群众积极投身于社会主义建设之中，取得多项运动的胜利成果，巩固了新生的人民政权。其中具有代表性的宣传活动包括1951年4月《人民日报》刊登魏巍长篇通讯《谁是最可爱的人》，毛泽东批示印发全军，周恩来赞扬这篇文章"感动了千百万读者，鼓舞了（抗美援朝）前方的战士"[1]；1951年中共中央《关于贯彻婚姻法的指示》强调必须做好宣传教育工作，"将《婚姻法》全文及其通俗解说广为印发，务使家喻户晓，引起党内外的普遍注意"，[2] 为改革封建婚姻制度，推进民主改革和社会改造提供了有力支持，等等。

改革开放与社会主义建设新时期，中国共产党以经济建设和社会建设为宣传动员的中心议题，以人民群众需求为目标，不断鼓舞人民团结一心发展经济，渡过难关，让人民共享发展成果。1980年1月，邓小平在中共中央召集的干部会议上作了《关于目前的形势和任务》报告，指出"要使我们党的报刊成为全国安定团结的思想上的中心。报刊、广播、电视都要把促进安定团结，提高青年的社会主义觉悟，作为自己的一项经常性的、基本的任务"，[3] 要"善于运用建设和改革的现实成就和群众的切身经验，进行生动的理想教育"。[4] 在社会剧烈变革的背景下，江泽民在1993年1月召开的全国宣传部长座谈会上指出："改革是一场深刻的社会大变革。越是改革开放，越要动员和团结群众，越要重视宣传思想工作。宣传思想工作只能加强，不能削弱。"

步入新时代，对党和国家的路线、纲领、方针、政策进行有效宣传，

---

[1] 中共中央宣传部：《中国共产党宣传工作简史（上册）》，人民出版社2022年版，第246页。

[2] 中央档案室、中共中央文献研究室：《中共中央文件选集》（第6册），人民出版社2013年版，第369—376页。

[3] 《邓小平文选（第二卷）》，人民出版社2001年版，第255页。

[4] 《中共中央关于社会主义精神文明建设指导方针的决议》，人民出版社1986年版，第10页。

树立人民群众对党和国家的信心与认同的思路被一以贯之地继承。2016年，习近平总书记在党的新闻舆论工作座谈会上强调要"把党的理论和路线方针政策变成人民群众的自觉行动"，"引导广大新闻舆论工作者做党的政策主张的传播者"①；2018年中共中央印发《深化党和国家机构改革方案》，将国家新闻出版广电总局的新闻出版管理职责和电影管理职责划入中央宣传部，从"归口管理"到"直接负责"，有效突出了"必须把统一思想、凝聚力量作为宣传思想工作的中心环节"，加强了"党的全面领导"在宣传思想工作方面的落实②。2019年8月中共中央印发《中国共产党宣传工作条例》，更进一步以刚性的法规制度为全党开展宣传工作提供了有力指导和支撑，为全面提升新时代宣传工作科学化规范化水平提供了主干性、基础性的党内法规③。

二 新闻报道：对作为拟态环境碎片的信息内容进行治理

正确地认识世界是有效改造世界的前提。人对于外部世界的认知，一方面来自自身有限的经验性接触，更主要建立在信息传播的基础之上。依托大众媒介而广泛发生的信息传播，为社会个体制造出关于外部世界的拟态环境（pseudo-environment），人通过拟态环境超越时空和能力限制而认识世界，对此产生的反应作用于实际发生的现实环境，从而完成认识和改造外部世界的过程。④ 从这个意义上讲，塑造拟态环境，是帮助社会成员认识世界、了解世界进而改造世界的前置条件。根据马克思主义新闻观，

---

① 《习近平在党的新闻舆论工作座谈会上强调 坚持正确方向创新方法手段 提高新闻舆论传播力引导力》，《光明日报》2016年2月20日第1版。
② 《习近平在全国宣传思想工作会议上强调 举旗帜聚民心育新人兴文化展形象 更好完成新形势下宣传思想工作使命任务》，《光明日报》2018年8月23日第1版。
③ 《全面提升新时代宣传工作的科学化规范化制度化水平——中央宣传部负责人就〈中国共产党宣传工作条例〉答记者问》，《光明日报》2019年9月1日第2版。
④ [美]沃尔特·李普曼：《公众舆论》，阎克文、江红译，上海人民出版社2002年版，第255页。

第一章　治理的内在需要：信息内容治理的多重属性

变动的事实是新闻，新闻可以带来信息势能，引起事实的变动。现代市场经济运动中对于"用时间消灭空间"的冲动，直接刺激新闻传播提高时效性。① 这意味着，外部权力介入新闻资讯的提供，能够促进由变动的事实所引发之事实的变动在更大范围和更短时间内发生，推进对世界的改造进程。另一方面，建设性新闻（constructive journalism）理论主张，新闻的报道取向和信息内容品质能够影响对世界的改造方向，② 意在通过强调提供什么样的新闻资讯，就相当于在构建什么样的拟态环境，补充传统新闻价值并再造新闻业的社会责任，也正是在这个意义上，联合国教科文组织将"符合公共利益的经证实的新闻"定义为一种公共产品③。

所以对于国家而言，信息内容是拟态环境的碎片，对信息内容进行治理的第二重属性就是新闻报道，即国家委托大众媒体④发挥专业能力，对象征性事件或信息进行选择和加工，重新加以结构化，而后形成新闻资讯并促进其向大众传播，推动高价值信息的高效集散和快速流动以满足受众需要，帮助广大受众"睁开眼睛看世界"，进而有效促进其参与到对外部世界的改造活动中。这既是通过"碎片"收集整合与公共品供给履行维护社会普遍利益的职责⑤，也是推动国家发展的基本任务⑥。

革命战争时期，尽管新闻的宣传功能得到更多重视，但其资讯属性也发挥了重要作用，党领导下的新闻媒介组织承担了启蒙社会大众的职

---

① 陈力丹：《马克思主义新闻观教程》（第二版），中国人民大学出版社2015年版，第29—32页。

② McIntyre, K., Gyldensted, C., "Constructive Journalism: Applying Positive Psychology Techniques to News Production", *The Journal of Media Innovations*, Vol. 4, No. 2, 2017, pp. 20 – 34.

③ 联合国教科文组织：《新闻是一种公共产品：言论自由和媒体发展的世界趋势（全球报告2021/2022）》，巴黎，2021年。

④ 任何事物只要得到大众传媒的广泛报道，都会成为社会瞩目的焦点，给大众传媒支持的事物带来一种正统化的效果。（Lazarsfeld, P. F., Merton, R. K., "Mass Communication, Popular Taste and Organized Social Action", In Rosenberg, B., White, D. M., eds., *Mass Culture: The Popular Arts in America*, New York: The Free Press, 1957, pp. 457 – 473.）

⑤ [美]彼得·埃文斯、[美]迪特里希·鲁施迈耶、[美]西达·斯考克波：《找回国家》，方力维等译，生活·读书·新知三联书店2009年版，第63—68页。

⑥ McQuail, D., *Mass Communication: An Introduction*, London: Sage Publications, 1983.

能，为各地人民群众提供了准确及时的信息供给和稳定广泛的沟通渠道。中俄通讯社是1920年上海共产党早期组织和共产国际来华工作组合办的公开活动机构，一边为《新青年》等国内刊物供稿，以向国民介绍十月革命的胜利和经验；一边向苏俄报纸供稿以对外报道中国的重要消息。抗日战争时期，为开辟出根据地同外部信息往来的通路，1937年，党中央将红色中华通讯社更名为新华社，负责对外通报前线战情和根据地建设情况，对内报道国统区新闻和国际消息，此后新华社还通过开办口语广播和英语广播，以进一步丰富报道渠道与形式。1942年12月，中宣部发布《对各地出版报纸刊物的指示》，要求每个战略根据地可以出版一种重点刊登本地区新闻的报刊[1]，意在丰富新闻资讯供给的"地方性"。

新民主主义革命胜利之后，几乎"一穷二白"的国情和国际竞争中的落后地位决定了过渡时期"恢复和发展国民经济的长期发展战略"。对于政治革命先行的后发无产阶级国家而言，新生的政权和贫弱的国力迫切需要发展生产力，这愈发突显了新闻资讯作为公共品的属性——如列宁所主张的"多谈些经济"，"少谈些政治"，希望报纸搜集、审核和研究新生活建设中的各种事实。[2] 1950年4月22日发布的《中央人民政府新闻总署关于改进报纸工作的决定》指出："适应全国逐步转入以生产建设为中心任务的情况，全国报纸应当用首要的篇幅来报道人民生产劳动的状况，宣传生产工作和经济财政管理工作中成功的经验和错误的教训。"[3] 党开始强调新闻报道在保持立场的前提下，"必须是客观的、真实的、公正的、全面的"，[4] 倡导"真、新、快、短"等新闻生产与传播规律，促进发挥其资讯属性。1958年《关于目前生产大跃进宣传报道

---

[1] 许加彪、王军峰、李亘：《试论中国共产党百年新闻政策的范式变迁》，《新闻与传播研究》2022年第9期。

[2] 《列宁选集》（第三卷），人民出版社2012年版，第12页。

[3] 中共中央宣传部办公厅、中央档案馆编研部：《中国共产党宣传工作文献选编（1949—1956）》，学习出版社1996年版，第61页。

[4] 中国社会科学院新闻研究所：《中国共产党新闻工作文件汇编（下）》，新华出版社1980年版，第361页。

中注意事项的通知》更是着重强调实事求是原则,对浮夸不实的宣传报道提出了批评。

1984 年,邓小平为改革开放后第一份全国性经济日报《经济参考报》题词"开发信息资源,服务四化建设",明确将新闻定义为信息资源,是经济建设、社会建设的重要组成部分。同年发表于《人民日报》的一篇文章将通过新闻报道而释放出来的信息比喻为提高经济效益的"财神爷",比喻为发展生产、搞活经营的"金翅膀",[1] "一条信息救活一片厂"的情况在当时屡见不鲜。[2] 也正是因为资讯本位的确立,新闻事业获得"双重属性",新闻媒体机构启动"事业性质,企业化运作"的双轨制改革[3]。2009 年 10 月,胡锦涛出席世界媒体峰会开幕式,在致辞中明确对新闻信息传播提出了"切实承担社会责任""真实、准确、全面、客观"的要求。[4]

伴随信息技术的发展扩散,传播模式发生了由一元主体向多元主体的转型,自媒体的发展使每个人手中都"持有麦克风"。一方面,这使得信息内容的供给极大丰富,有助于满足人民群众日益增长的认识世界的现实需求;另一方面,这也使得对新闻资讯的供给表现出去中心化的趋势,令质量控制成为难题,出现了充斥"假信息"(disinformation)和"错信息"(misinformation)的"假新闻(fake news)"。[5] 为此,新时代信息内容治理在新闻报道方面更加注意把握守正创新的原则,不仅要求坚持提供真实准确、符合公共利益的新闻内容,同时还要求增加新闻报道的多样性,为人民群众认识世界提供客观准确多元的渠道。习近平总书记在一系列相关重要讲话中对广大新闻舆论工作者提出了新的、更高

---

[1] 《我国城乡信息网络在形成》,《人民日报》1984 年 4 月 23 日第 2 版。
[2] 李良荣:《艰难的转身:从宣传本位到新闻本位——共和国 60 年新闻媒体》,《国际新闻界》2009 年第 9 期。
[3] 李良荣:《论中国新闻媒体的双轨制——再论中国新闻媒体的双重性》,《现代传播》2003 年第 4 期。
[4] 《胡锦涛在世界媒体峰会开幕式上的致辞》,《新华每日电讯》2009 年 10 月 10 日第 1 版。
[5] 左亦鲁:《假新闻:是什么?为什么?怎么办?》,《中外法学》2021 年第 2 期。

的要求,"坚持正确新闻志向,提高业务水平","坚持正确工作取向",做"业务精湛""作风优良""党和人民信赖"的新闻工作者,[①] 做"时代风云的记录者",[②] 需要各主流新闻媒体"运用信息革命成果,加快构建融为一体、合而为一的全媒体传播格局","准确及时发布新闻消息,为其他合规的媒体提供新闻信息来源",[③] 以避免新媒介技术条件下"众声喧哗""众说纷纭"形塑出畸形的拟态环境。

三 舆论监督:对作为治国理政尺度的信息内容进行治理

公民权利是国家权力的来源,以保障公民权利为旨归的民主制度建设和完善是国家政治现代化的重要内容,舆论监督活动广泛开展则是民主制度有效运行的主要表现形式之一。从国家的角度讲,保护公民的民主权利、接受社会监督是履行其基本责任的应然之举;从公民的角度讲,分散的意见表达伴随着自身的态度、感情、价值和意识形态,在社会中传播互动,可以聚合形成具有规范性力量的舆论,传递其作为舆论主体的公共诉求和意见。故而有学者认为,舆论与公共理性和公开反思密切相关,反映民众对社会价值和运行方式的认知与期待,[④] 能够对权力形成监督和制约。[⑤] 亚里士多德所主张的众人之治[⑥]与此内涵相关联,卢梭也正是在该意义上指出,在一切法中最重要的一种法律,"既不是铭刻在

[①] 2016年11月7日,中华全国新闻工作者协会第九届理事会第一次会议暨中国新闻奖、长江韬奋奖颁奖会举行,习近平发表讲话。(习近平:《论党的宣传思想工作》,中央文献出版社2020年版,第254—256页。)

[②] 《习近平在党的新闻舆论工作座谈会上强调 坚持正确方向创新方法手段 提高新闻舆论传播力引导力》,《光明日报》2016年2月20日第1版。

[③] 习近平:《加快推动媒体融合发展 构建全媒体传播格局》,《求是》2019年第6期。

[④] Speier, H., "Historical Development of Public Opinion", *American Journal of Sociology*, Vol. 55, No. 4, 1950, pp. 376–388.

[⑤] 舆论监督指公众通过舆论对各种权力组织和其工作人员,以及社会公众人物自由表达看法所产生的一种客观效果。[陈力丹:《论我国舆论监督的性质和存在的问题》,《郑州大学学报》(哲学社会科学版)2003年第4期。]

[⑥] 乔耀章:《政府理论》,苏州大学出版社2000年版。

第一章　治理的内在需要：信息内容治理的多重属性

大理石上，也不是铭刻在铜表上，而是铭刻在公民的内心……它可以保持一个民族的创制精神，而且可以不知不觉地以习惯的力量代替权威的力量。我说的就是风尚、习俗，尤其是舆论"①。

对于无产阶级专政国家而言，国家是无产阶级的统治工具，除了工人阶级和最广大人民的利益，没有自己的特殊利益，治国理政相关活动理应接受无产阶级人民群众的监督。根据黑格尔的观点，"公众舆论是人民表达他们意志和意见的无机方式"，②这种来自人民的规训力量要想充分作用于政治系统，实现对统治权力的制约，③还须通过特定中介的转化，"允许进入系统的讯息通过、分离、组合和再组合，以便使它们在数量上和种类上都适宜于决策者加以处理"。④在这个意义上，作为公共意见的信息内容是治国理政的尺度，信息内容治理的第三重属性表现为以保障公民的表达权和监督权为前提，从浩繁的观点、态度和诉求中提炼舆论。新闻媒体在其中作用显著：一方面是充当党和国家的"耳目"，监测舆论动向，收集整合民众意见，结构化外部输入的需求；另一方面是充当人民的"喉舌"，⑤通过加工传递人民群众意见的方式代为行使表达权和监督权，实现对党和国家的监督。

"舆论监督"一词的正式亮相是在1987年党的十三大报告中，"要通过各种现代化的新闻和宣传工具，增加对政务和党务活动的报道，发挥舆论监督的作用，支持群众批评工作中的缺点错误，反对官僚主义，同各种不正之风作斗争"。⑥实际上，中国共产党早期就将舆论监督视作

---

① [法]让-雅克·卢梭：《社会契约论》，何兆武译，商务印书馆2003年版，第70页。
② [德]黑格尔：《法哲学原理》，范扬、张企泰译，商务印书馆1961年版，第331页。
③ 陈力丹：《舆论学：舆论导向研究》，中国广播电视出版社1999年版，第2页。
④ [美]戴维·伊斯顿：《政治生活的系统分析》，王浦劬译，人民出版社2012年版，第67页。
⑤ "报刊按其使命来说，是社会的捍卫者，是针对当权者的孜孜不倦的揭露者，是无处不在的耳目，是热情维护自己自由的人民精神的千呼万应的喉舌。"[《马克思恩格斯全集》（第六卷），人民出版社1961年版，第275页。]
⑥ 中共中央文献研究室编：《十三大以来重要文献选编（上）》，人民出版社1991年版，第44页。

信息内容治理的重要工作，要求当时作为主要信息内容传播媒介的报刊更多展示来自公众的批评意见，提炼公共利益诉求。1942年4月1日《解放日报》刊登社论《致读者》，指出报纸是"党手中的有力的自我批评的武器"，应当密切联系群众，宣传群众呼声，"成为他们的反映者、喉舌、与他们共患难的朋友"；1947年1月11日《新华日报》社论《检讨与勉励》也指出，报纸"应该最大限度地反映人民的生活和斗争，最大限度地反映人民的呼吸和感情、思想和行动"。突出反映对于公意的主动寻觅和吸纳是党践行"为人民服务"宗旨的切实举措。

党对于舆论监督的鼓励在社会主义革命和建设时期得以延续。1950年4月，中共中央发布《关于在报纸刊物上展开批评和自我批评的决定》，指明人民群众作为舆论主体对执政能力和执政水平的提高具有重要促进作用，强调要"吸引人民群众在报纸刊物上公开地批评我们工作中的缺点和错误"，① 以党内行动作表率，利用新闻媒介的"喉舌""耳目"作用，积极汲取公意，以舆论监督促进党的工作的整改。1956年强调"百花齐放，百家争鸣"中的"放"就是要"放手让大家讲意见，使人们敢于说话，敢于批评"。② 1956年《人民日报》改版，在其7月1日刊登的社论《致读者》中明确了自身作为"社会的言论机关""人民的公共的武器"之定位。

"一个革命政党，就怕听不到人民的声音，最可怕的是鸦雀无声。"③ 改革开放和社会主义建设时期，党和政府多次强调进入信息时代更要关照人民的参与权、表达权和监督权，加快推进新闻改革，重视舆论监督。1988年《中共中央办公厅关于转发〈新闻改革座谈会纪要〉的通知》指出"正确开展批评，发挥舆论监督作用"。④ 1994年4月，中央电视台综

---

① 中国社会科学院新闻研究所：《中国共产党新闻工作文件汇编（中）》，新华出版社1980年版，第5页。
② 《毛泽东文集（第七卷）》，人民出版社1999年版，第278页。
③ 《邓小平文选（第二卷）》，人民出版社1994年版，第144—145页。
④ 中共中央宣传部新闻局：《中国共产党新闻工作文献选编（1938—1989）》，人民出版社1990年版，第138页。

第一章 治理的内在需要：信息内容治理的多重属性

合频道推出了电视新闻评论性栏目《焦点访谈》，以深度报道为主，反映并促进解决了大量社会发展中群众关心的问题，推动舆论监督融入民主政治生活。时任总理朱镕基为其题词"舆论监督，群众喉舌，政府镜鉴，改革尖兵"。[①] 从党的十四大到十七大，舆论监督始终是大会报告中的关键词，党的十四大报告指出"重视传播媒介的舆论监督"；党的十五大报告指出"把党内监督、法律监督、群众监督结合起来，发挥舆论监督的作用"；党的十六大报告强调"加强组织监督和民主监督，发挥舆论监督的作用"；党的十七大报告指出要"发挥好舆论监督作用，增强监督合力和实效"。

步入新时代，舆论监督的地位被提升到新的历史高度，并且进一步强调加强机制建设和突出人民主体性，这在党的十八大以来的大会和全会文件有不同侧面的体现：党的十八大报告指出"加强党内监督、民主监督、法律监督、舆论监督，让人民监督权力，让权力在阳光下运行"；党的十八届三中全会通过的《中共中央关于全面深化改革若干重大问题的决定》指出要"健全民主监督、法律监督、舆论监督机制"；党的十八届六中全会通过的《中国共产党党内监督条例》强调"新闻媒体应当坚持党性和人民性相统一，坚持正确导向，加强舆论监督，对典型案例进行剖析，发挥警示作用"；党的十九大报告强调舆论监督与党内监督贯通，指出要"把党内监督同国家机关监督、民主监督、司法监督、群众监督、舆论监督贯通起来，增强监督合力"；党的二十大报告指出，"始终保持同人民群众的血肉联系，始终接受人民批评和监督"，等等。此外，习近平总书记还专门对新闻媒体履职尽责提出要求，"要直面工作中存在的问题，直面社会丑恶现象，激浊扬清、针砭时弊，发表批评性报道要事实准确、分析客观"[②]；要继续重视吸纳民意、整合公意，强化新

---

① 刘海龙：《宣传：观念、话语及其正当化》，中国大百科全书出版社2020年版，第352页。
② 《习近平在党的新闻舆论工作座谈会上强调　坚持正确方向创新方法手段　提高新闻舆论传播力引导力》，《光明日报》2016年2月20日第1版。

闻媒体上公众意见和利益诉求的内容呈现和传播,使之成为发扬人民民主、接受人民监督的新渠道,[1] 促进作为治国理政尺度的舆论信息得以有效表达和高效转化。

四 问政咨询:对作为国家治理资源的信息内容进行治理

利益是社会变革的根本原因。维护并促进公共利益,及时发现并合理调节利益矛盾和冲突,是维持社会稳定、推动社会发展的基本路径。理论上讲,国家不可能做到完全理性,不可避免会受到信息约束和认知约束,所以信息能力(state information capacity)被认为是国家治理能力提升、治理效果改善的关键变量。[2] 由于公民在意见表达中能够提供有关社会利益诉求的信息,从而形成反映社情民意的"晴雨表"(barometer),[3] 所以在与公民持续的自由对话中听取多方面、多来源的意见,有助于国家突破信息约束、弥补自身有限理性,进而更好地运用政策工具维护和促进公共利益,调节利益矛盾和冲突。这也是学界将(以及时关注和掌握社会诉求为前提的)政府回应(government responsiveness)视为现代国家建构的基石和要件[4]的重要原因。此处所谓向民众问政咨询与前文所谓接受舆论监督都是国家从社会汲取信息,两者的区别在于:舆论监督主要侧重舆论的批判属性,[5] 强调的是国家权力接受民意监督制约,目的是维护自身统治与合法性,避免触及政权颠覆的"底线";问政咨询主要侧重民意对执政主体有限理性的补偿,强调的是国家从民意中汲取治理资源,目的是提升自身治理能力,

---

[1] 习近平:《在网络安全和信息化工作座谈会上的讲话》,人民出版社2016年版。
[2] Melissa, M. L., Zhang, N., "Legibility and the Informational Foundations of State Capacity", *The Journal of Politics*, Vol. 79, No. 1, 2017, pp. 118 – 132.
[3] 陈力丹:《精神交往论——马克思恩格斯的传播观》,开明出版社1993年版,第173页。
[4] Henry, N., *Public Administration and Public Affairs*, New York: Routledge, 2017.
[5] [德]尤尔根·哈贝马斯:《公共领域的结构转型》,曹卫东、王晓珏、刘北城、宋伟杰译,学林出版社1999年版。

第一章 治理的内在需要：信息内容治理的多重属性

追求改善治理效能的"高线"。

另外，民意表达被视作政治参与的一种类型，即表达性政治参与（expressive political participation）[①]。根据亨廷顿提出的著名公式："政治参与/政治制度化＝政治动乱（不稳定）"，政治稳定依赖于政治参与程度和政治制度化程度之间的相对关系，制度化条件不足的政治参与可能引发包括骚乱、暴力，甚至革命的政治动乱[②]。所以国家在从分散的、自利导向的民意表达中汲取信息（治理资源）的同时，也要注意制度的承受能力，依靠国家权力的介入对民意表达进行制度化约束和引导。概言之，作为社情民意的信息内容是一种重要的治理资源，向公众问政咨询的同时制度化来自公众的外部需求输入，是国家从事信息内容治理的第四重属性。

从党领导下治国理政的历史实践看，问政咨询涉及开辟自下而上的民意表达渠道和自上而下从民意中汲取信息资源两条进路。针对前者，经过持续建设与不断完善，我国已形成了完备的民意诉求表达制度体系，包括信访制度（以1951年政务院颁布《关于处理人民来信和接见人民工作的决定》为标志）、人民代表大会制度（以1954年第一届全国人大第一次会议召开为标志）、基层群众自治制度（以1980年广西宜山县三岔公社合寨大队农民选举产生第一个村民委员会为标志）、听证制度（以1996年通过《行政处罚法》为标志）等。针对后者，群众路线和调查研究是与之密切相关的两种重要工作机制。首先，1943年，毛泽东在《关于领导方法的若干问题》中对群众路线思想进行了系统概括，指出"凡属正确的领导，必须是从群众中来，到群众中去。这就是说，将群众的意见（分散的无系统的意见）集中起来

---

① Puig-I-Abril, E., Rojas, H., "Internet Use as an Antecedent of Expressive Political Participation among Early Internet Adopters in Colombia", *International Journal of Internet Science*, Vol. 2, No. 1, 2007, pp. 28–44.

② ［美］塞缪尔·亨廷顿：《变化社会中的政治秩序》，王冠华、刘为等译，生活·读书·新知三联书店1989年版，第51页。

· 45 ·

（经过研究，化为集中的系统的意见），又到群众中去作宣传解释，化为群众的意见，使群众坚持下去，见之于行动，并在群众行动中考验这些意见是否正确。然后再从群众中集中起来，再到群众中坚持下去。如此无限循环，一次比一次地更正确、更生动、更丰富。这就是马克思主义的认识论……从群众中集中起来又到群众中坚持下去，以形成正确的领导意见，是基本的领导方法。"此后，经刘少奇、邓小平等党和国家领导人的进一步阐释，最终形成了"一切为了群众，一切依靠群众，从群众中来，到群众中去"的工作方针①，并在1956年将"群众路线"写入党章。其次，深入实际、深入群众、深入基层的调查研究，是百年来中国共产党的领导秘诀和传家法宝，是在不同历史时期科学分析形势，准确把握条件，制定出正确的路线方针政策的基础。②从反事实角度看，"忽视调查研究或者调查研究不够，往往导致主观认识脱离客观实际、领导意志脱离群众愿望，从而造成决策失误，使党的事业蒙受损失"。③

伴随着现代化进程的加速，社会利益不断分化，公民政治参与的意愿日益增强。与此同时，互联网技术不断发展与扩散，层层渗透社会肌理，公民网络政治参与逐渐兴起。2003年"孙志刚案"引发社会热烈讨论，直接推动了《城市流浪乞讨人员收容遣送办法》的废止，显示出国家对于网络民意的重视和回应网络民意的审慎态度。2006年人民网推出《地方领导留言板》，为地方各级党委政府主责领导干部搭建了全国性网上群众工作平台。2008年6月，时任中共中央总书记胡锦涛在视察人民网"强国论坛"时与网友在线交流，指出"互联网已成为思想文化信息的集散地和社会舆论的放大器，我们要充分认识以互联网为代表的新兴媒体的社会影响力"，④开启了建立网络问政制度化渠道的热潮。此后，

---

① 王绍光：《不应淡忘的公共决策参与模式：群众路线》，《民主与科学》2010年第1期。
② 刘伟、苏岸：《"调研政治"：中国政治运作的特色模式》，《学习与探索》2023年第5期。
③ 习近平：《谈谈调查研究》，《学习时报》2011年11月21日。
④ 胡锦涛：《在人民日报社考察工作时的讲话》，人民日报出版社2008年版，第7页。

门户专栏留言、官方电子邮箱、微博官方账号、微信官方公众号和在线访谈等都成为我国公民制度性的表达渠道和政治参与的重要中介，政府由此汲取公民的政治态度、政治需要和利益诉求，有效提升了公共决策的科学化水平。

进入新时代，党和国家在原有基础上继续强调问政咨询与科学决策之间的联系。习近平总书记指出："网民来自老百姓，老百姓上了网，民意也就上了网……各级党政机关和领导干部要学会通过网络走群众路线，经常上网看看，潜潜水、聊聊天、发发声，了解群众所思所愿，收集好想法好建议，积极回应网民关切、解疑释惑。"此外，在建立健全公民参与机制、发挥互联网平台和大众传媒的重要作用等具体实践中亦不断做出创新举措：2019年9月《地方领导留言板》升级更名为《领导留言板》，开通"部委留言"功能，令群众的呼声能够直达部委，2021年人民网设立"网上群众工作部"，专项重点运营《领导留言板》，促进其更充分发挥问政咨询功能。2020年"十四五"规划编制工作开展网上意见征求活动，网民提出的"互助性养老"等建议最终被写入正式文件。党的二十大召开之前，更是就相关工作充分征集吸收网民意见，在人民日报社、新华社、中央广播电视总台所属官网、新闻客户端以及"学习强国"学习平台分别开设专栏，听取全社会意见建议，累计收到网民建言超过854.2万条。[①] 充分体现了党对于深化问政咨询，了解社情民意的坚决态度。2023年3月，中共中央办公厅印发《关于在全党大兴调查研究的工作方案》，其中提出"增进同人民群众的感情，真诚倾听群众呼声、真实反映群众愿望、真情关心群众疾苦，自觉向群众学习、向实践学习，从人民的创造性实践中获得正确认识"。将坚持党的群众路线，充分调动人民群众建言献策的积极性和创造性推向新的高度。

---

① 《习近平就研究吸收网民对党的二十大相关工作意见建议作出重要指示强调 善于通过互联网等各种渠道问需于民问计于民 更好倾听民声尊重民意顺应民心》，《人民日报》2022年6月27日第1版。

五　政务公开：对作为减少不确定性之公共品的信息内容进行治理

民主国家需要保障的公众民主权利，不仅包括上文提到的表达权和监督权，还包括知情权。所谓"情"指的是关于国家的情况，是行政机关行使职权过程中的依据、程序、结果，以及行使职权过程中所掌握的与社会普遍利益相关的信息。如1948年4月，毛泽东在对《晋绥日报》编辑人员的讲话中指出："我们的政策，不光要使领导者知道，干部知道，还要使广大的群众知道。有关政策的问题，一般地都应当在党的报纸上或者刊物上进行宣传……都应当在报上发表，在电台广播，使广大群众都能知道。群众知道了真理，有了共同的目的，就会齐心来做。"[①]一方面，公民只有在了解政府及其行为的前提下，才能更好地参与政府活动，影响政府决策，行使自身权利，知情权是公民参与国家政治的前提；[②] 另一方面，信息具有提高有序性或降低无序性的作用，[③] 是一种能够减少不确定性[④]的公共品，在政府权力渗透到社会经济生活的方方面面[⑤]之前提下，社会个体面临的外部不确定性与政府行为密切相关，唯有知情才能有效降低不确定性。概言之，从履行民主职责的角度出发，国家有义务根据公民的申请提供相关政务信息，使公民了解政府的状况，[⑥] 降低公民对国家行为，进而对外部环境的不确定性感知。

需要指出的是，政务信息具有垄断性，政府在缺少强制约束的条件下缺乏主动将其公之于众的动力，所以容易形成政府与公众之间信息不对称

---

①　《毛泽东选集》（第四卷），人民出版社1991年版，第1318页。
②　郭道晖：《知情权与信息公开制度》，《江海学刊》2003年第1期。
③　Shannon, C. E., "A Mathematical Theory of Communication", *The Bell System Technical Journal*, Vol. 27, No. 2, 1948, pp. 379–423, 623–656.
④　郭庆光：《传播学教程》（第二版），中国人民大学出版社2011年版，第130页。
⑤　[德]卡尔·施米特：《论断与概念》，刘小枫编，朱雁冰译，上海人民出版社2016年版。
⑥　Foerstel, Hebert N., *Freedom of Information and the Right to Know*, New York: Greenwood Press, 1999, p. 14.

分布的格局，进而引发权力滥用、政府公信力下降等威胁到执政根基的信任与认同危机。因此，民主国家对于公众知情权的保障，往往要依托于政务信息公开的相关制度建设来实现，这是法治政府建设的重要组成部分，是国家政治现代化发展的必经之途。从该意义上讲，作为政务信息的信息内容是减少不确定性的公共品，国家主导信息内容治理的第五重属性就是建设完善政务公开相关制度，通过特定媒介面向普通公众供给政务信息，实现对公民知情权的保障，满足公众消解外部不确定性的内生需求。

回溯我国政务公开[①]制度建设历程，1987年党的十三大报告提出要提高领导机关活动的开放程度，首次公开阐述知情权等公民权利的内涵。此后，知情权、参与权、表达权、监督权这四项基本权利在众多会议和报告中被不断重申。随着理论热度走高，相关实践也迅速落地。1991年中共中央和国务院在《有关农村和农村工作的决定》中规定实行村务公开制度，可以算是我国政务公开制度建设的起点。此后"公开"之火迅速以燎原之势蔓延至其他领域和组织，厂务公开、检务公开、警务公开、乡镇政务公开和县级以上人民政府及其职能部门的公开等陆续得以推行。[②] 21世纪初加入WTO是另一个重要历史节点，为了符合世贸组织成员国的透明度原则（transparency principle）要求，加之国内深化改革开放热情高涨，相关社会需求快速增长，我国进一步推进了政务公开的制度化建设进程。2004年3月《全面推进依法行政实施纲要》发布，行政

[①] 除政务公开以之外，多种相似概念也被频繁应用，如政府信息公开、政府数据开放等。其中，政府信息公开是指行政机关在履行职责过程中制作或者获取的，以一定形式记录、保存的信息，通过法定程序和形式主动向社会公众或依申请向特定的组织或个人公开。政府数据开放是指政府部门将在履职过程中生成、采集、保存的海量数据向社会公众开放，供社会进行增值利用和创新应用。（郑磊：《开放政府数据研究：概念辨析、关键因素及其互动关系》，《中国行政管理》2015年第11期。）在实践中，这几个概念的"公开"内核具有一致性，其差别则主要与数据、信息、政务等本身在概念层次上的差别相关，具体选择和使用随政策文件侧重领域的变化而有所不同。由于与本部分关于信息内容治理属性的讨论不冲突，故在此不对其区别进行专门辨析。

[②] 王少辉：《迈向阳光政府：我国政府信息公开制度研究》，武汉大学出版社2010年版，第2—3页。

决策、行政管理和政府信息公开被列入推进依法行政的重要内容。①2007年1月17日国务院第165次常务会议审议通过《中华人民共和国政府信息公开条例》，由时任国务院总理温家宝签署第492号国务院令，自2008年5月1日起施行。其中从公开的范围、方式和程序，公开的监督和保障等各个方面对政府的信息公开做了基本规范，为全国范围内推行政务公开工作提供了准绳和依据。②有干部在此前接受采访时的表达，足以反映此项变革的剧烈程度，"如果真的实施，这简直就是一场革命。在我们的工作中，所掌握的政府信息全部归国家所有，不公开是原则，公开是例外，有时，甚至连例外都没有。现在，这个条例的第二款要求政府信息以公开为原则，以不公开为例外。这会从根本上改变我们的工作方式和工作思路。这可真是一场工作制度的革命"。③

党的十八大以来，党中央、国务院高度重视政务公开工作，全面推进政务公开制度的完善化和内容范围的清晰化。党的十八届三中全会提出，要"完善党务、政务和各领域办事公开制度，推进决策公开、管理公开、服务公开、结果公开"。2016年中共中央办公厅、国务院办公厅印发《关于全面推进政务公开工作的意见》，对政务公开工作进行部署。2018年新修订的《国务院工作规则》中将"推进政务公开"作为专章，对各项工作提出明确具体的要求。2019年《中华人民共和国政府信息公开条例》首次修订，扩大了主动公开的范围和深度，明确了信息公开与否的界限，完善了依申请公开的程序规定，体现出国家对进一步完善深化政务公开制度的重视④。2020年10月30日，首场中共中央新闻发布

---

① 高虎城：《全面推进政务公开》，载《〈中共中央关于全面推进依法治国若干重大问题的决定〉辅导读本》，人民出版社2014年版，第181—188页。
② 胡仙芝：《历史回顾与未来展望：中国政务公开与政府治理》，《政治学研究》2008年第6期。
③ 《彻底调查："政府信息公开条例"的台前幕后》，新浪网，2002年11月5日，https://tech.sina.com.cn/it/e/2002-11-05/1011148038.shtml，2023年6月26日。
④ 《保障人民群众依法获取政府信息——政府信息公开条例解读》，中国政府网，2019年4月15日，http://www.gov.cn/zhengce/2019-04/15/content_5383134.htm，2023年6月26日。

会举行，期间公布党的方针政策和决策部署，完成了中共中央新闻发布制度的首次实践，这一制度有利于推进新时代党务公开，形成了党对这一工作的统筹领导和以上率下，具有示范作用。①

此外，新时代的政务公开工作也积极拥抱新媒体，2013 年国务院办公厅公布《关于进一步加强政府信息公开回应社会关切提升政府公信力的意见》，明确要求各地区各部门积极探索利用政务微博和微信等新媒体发布政务信息。2019 年国务院办公厅印发《政府网站与政务新媒体检查指标》和《政府网站与政务新媒体监管工作年度考核指标》，对相关工作提出了更详尽的要求和更细致的指导。党领导下的主流媒体把握自身的先发优势和独特站位，适应微博、微信、短视频和移动客户端等不同平台的传播规律，主动向人民大众的偏好与习惯靠拢，切实保障人民群众依法获取准确、全面的政务信息，助推制度要求落地。

六　舆论引导：对作为社会整合工具的信息内容进行治理

马克思主义认为，"国家是阶级矛盾不可调和的产物和表现"。②作为面向共产主义理想愿景的"过渡性"的历史产物，国家"是整个社会的正式代表，是社会在一个有形的组织中的集中表现"，③能够提供维护社会既有生产方式的"一般外部条件"。④也就是说，国家应当起到管理与整合社会的基本作用，缓和经济利益相互冲突的阶级之间的矛盾，并"把冲突保持在'秩序'的范围以内"。⑤除此之外，社会作为一个复杂系统具有自组织功能，在运行过程中能够自动生成针对各种失衡倾向的负反馈，在一定程度上消解由紊乱因素带来的负面影

---

① 《回应社会关切　敢于善于发声》，《光明日报》2021 年 4 月 28 日第 3 版。
② 《列宁选集》（第三卷），人民出版社 2012 年版，第 114 页。
③ 《马克思恩格斯选集》（第三卷），人民出版社 2012 年版，第 812 页。
④ 《马克思恩格斯文集》（第九卷），人民出版社 2009 年版，第 559 页。
⑤ [德] 弗里德里希·恩格斯：《家庭、私有制和国家的起源》，人民出版社 2018 年版，第 189 页。

响。从这个意义上讲，向社会施加外部干预同时介入社会系统内部并促进自组织发生，令内生之秩序与外赋之秩序相统一，是国家履行管理与整合社会之职责的必然行动。

诺尔-诺依曼提出，舆论的本质是一种通过公众意见表达形式而发生的社会互动，作为"社会的皮肤"，它相当于是整合社会并且保证社会中的行动和决定达到足够的一致程度的控制机制。① 这相当于从过程视角揭示了，舆论是文化领导权得以建构和发挥作用的重要载体，是实现内生秩序与外赋秩序相统一的有效"抓手"。所以执政党有必要介入公民表达意见与诉求的互动过程中，② 通过预示、议程设置、框架化③等方式对舆论进行引导，进而实现对舆论工具的掌握和利用。也正是出于相同原因，马克思要强调大众媒介的作用："报纸最大的好处，就是它每日都能干预运动，能够成为运动的喉舌，能够反映丰富多彩的每日事件，能够使人民和人民的日刊发生不断的、生动活泼的联系。"④ 概言之，舆论是社会公众意见及其表达过程的集合，具备社会整合的工具性质，国家通过介入该过程并以特定方式施加干预，可以对舆论进行规范和引导，这构成了信息内容治理的第六重属性。

在中国的信息内容治理理论与实践中，舆论引导工作并非自始至终都受到充分的重视，在特定时期部分新闻单位在舆论导向问题上的注意

---

① ［德］伊丽莎白·诺尔-诺依曼：《沉默的螺旋：舆论——我们的社会皮肤》，董璐译，北京大学出版社2013年版，第232—233页。

② Blumer, H., "Collective Behavior", In Lee, A. M. Alfred, M. Lee, *New Outlines of the Principle of Sociology*, New York: Barnes & Noble, 1946, pp. 167–222.

③ 卡斯特：媒体与人们的关系，包括议程设置、预示和框架这三个主要过程。议程设置是指"有信息来源（例如特定媒体机构）对一个特殊问题特定相关性的安排或对一组信息的设置，期望受众与信源强调的信息内容和格式保持一致"（第127页）；预示的观点认为，"对特定事件的报道可以影响人们对其他问题的观点和态度。因此，一个问题报道越频繁，人们就越有可能吸收报道中与该问题相关的信息来形成他们的评价"（第128页）；框架是"'选择和突出事件或问题的某些方面，并建立它们之间的联系，以此来推动一个特定的解释、评估或解决方案'的过程"（第128页）（［西］曼纽尔·卡斯特：《传播力》，汤景泰、星辰译，社会科学文献出版社2018年版。）

④ 《马克思恩格斯全集》（第十卷），人民出版社1998年版，第115页。

力缺位，曾导致以政治风波为代表的严重不稳定。① 1989 年 11 月的全国新闻工作研讨班明确提出坚持正面宣传为主的方针，"准确、及时地宣传党的路线、方针、政策，实事求是地反映社会现实生活的主流，……造成一个有利于稳定局面的舆论环境"②，舆论引导开始在信息内容治理的相关实践中跃升成为一大重点。此后江泽民亦多次强调正确舆论导向的重要性，1996 年 9 月视察人民日报社时，他分析道："舆论工作就是思想政治工作，是党和国家的前途和命运所系的工作。历史经验反复证明，舆论导向正确与否，对于我们党的成长和壮大，对于人民政权的建立和巩固，对于人民的团结和国家的繁荣富强，具有重要作用。舆论导向正确，是党和人民之福；舆论导向错误，是党和人民之祸。"③ 随着互联网技术发展和应用扩散，新华社原总编辑南振中首次提出，中国社会客观存在着"两个舆论场"，一个是主流媒体着力营造的"媒体舆论场"，另一个是人民群众议论纷纷的"口头舆论场"。在多大程度上向后者贴近，促进两个舆论场"重叠"，决定着舆论引导工作的成败④。2002 年 1 月 11 日，胡锦涛在全国宣传部长会议上指出："要尊重舆论宣传的规律，讲究舆论宣传的艺术，不断提高舆论引导的水平和效果。"在 2008 年 6 月 20 日视察人民日报社发表重要讲话时再次指示，通过改革创新和媒体建设，"增强舆论引导的针对性和实效性"，"形成舆论引导新格局"，在强调舆论导向正确的基础上，指明舆论引导实践中的"引导"要与"灌输"相区别，注意应势而动、顺势而为⑤。

新时代的信息内容治理在舆论引导的原则、内容、手段、体系上提出了新的要求，与"推进国家治理体系和治理能力现代化"的目标契

---

① 中国新闻学会联合会、中国社会科学院新闻研究所：《中国新闻年鉴（1989）》，中国社会科学出版社 1990 年版，第 3 页。
② 叶俊：《中国共产党"以正面宣传为主"观念的历史考察》，《新闻春秋》2021 年第 2 期。
③ 《江泽民文选（第一卷）》，人民出版社 2006 年版，第 563—564 页。
④ 南振中：《把密切联系群众作为改进新闻报道的着力点》，《中国记者》2003 年第 3 期。
⑤ 沈正赋：《舆论宣传·舆论监督·舆论引导：中国共产党舆论思想发展进路研究》，《新闻与传播评论》2019 年第 2 期。

合。在原则方面，习近平总书记在2013年8月全国宣传思想工作会议上首次提出"时度效"要求，2014年2月在中央网络安全和信息化领导小组第一次会议上指出把握好网上舆论引导的时度效，2016年2月在党的新闻舆论工作座谈会上强调加快构建舆论引导新格局，"从时度效着力，体现时度效要求"。在内容方面，强调通过探索创新的方式对待和引导多元分化的思想和观点，关注社会思潮，"进行供给侧结构性改革，通过理念、内容、形式、方法、手段等创新，使正面宣传质量和水平有一个明显提高"。[①] 在手段方面，指出舆论引导需要"尊重新闻传播规律，创新方法手段"，[②] "推动融合发展，主动借助新媒体传播优势"，[③] 利用关键核心技术，"探索将人工智能运用在新闻采集、生产、分发、接收、反馈中，用主流价值导向驾驭'算法'"。[④] 在体系方面，党的十九届四中全会审议通过的《中共中央关于坚持和完善中国特色社会主义制度、推进国家治理体系和治理能力现代化若干重大问题的决定》指出，"完善坚持正确导向的舆论引导工作机制"，"加强全媒体传播体系建设，塑造主流舆论新格局"[⑤]，将舆论引导力的建构任务置于党的新闻舆论工作体系建设的前台。

七　信息监管：对作为意见气候构成要件的信息内容进行治理

马克思指出，人的本质并不是单个人所固有的抽象物，在其现实性上，它是一切社会关系的总和。[⑥] 共享观点或态度是人在社会实践中进

---

① 习近平：《加快推动媒体融合发展　构建全媒体传播格局》，《求是》2019年第6期。
② 《习近平在党的新闻舆论工作座谈会上强调　坚持正确方向创新方法手段　提高新闻舆论传播力引导力》，《光明日报》2016年2月20日第1版。
③ 《习近平在党的新闻舆论工作座谈会上强调　坚持正确方向创新方法手段　提高新闻舆论传播力引导力》，《光明日报》2016年2月20日第1版。
④ 习近平：《加快推动媒体融合发展　构建全媒体传播格局》，《求是》2019年第6期。
⑤ 《中共中央关于坚持和完善中国特色社会主义制度　推进国家治理体系和治理能力现代化若干重大问题的决定》，人民出版社2019年版，第24页。
⑥ 《马克思恩格斯文集》（第一卷），人民出版社2009年版，第501页。

第一章 治理的内在需要：信息内容治理的多重属性

行相互沟通和交流的基本行为。通过人际传播、群体传播、组织传播等方式与他人共享的观点或态度[1]将形成意见气候（opinion climate），社会个体通过"准统计的感官（quasi-statistical organ）"能够感知周围的意见气候并不可避免受其影响。[2] 所以观点表达具有外部性，其影响力不仅会作用于目标受众，还会波及意见气候笼罩下、具有社会属性的其他人。从这个角度讲，此处所谓意见气候与前文所谓拟态环境都是个体认识外部世界的媒介，两者既有联系亦有区别：拟态环境主要是关于外部世界是什么，人们对于外部世界的认识建立在拟态环境的基础上；意见气候主要是关于他人如何认识外部世界，他人的认识会影响自身的认识。所以社会个体关于外部世界的认识是拟态环境与意见气候综合作用的结果。或者说，意见气候是拟态环境的一部分，同属公共品范畴。

由于必须对作为委托人的人民承担以维护社会公平和正义为主的契约责任，[3] 国家除了要主导供给作为拟态环境碎片的新闻资讯，还要主导监管[4]作为意见气候构成要件的观点表达——这与传统主流媒体公信力日趋消解，社会个体服膺于社交媒体"小圈子"中散播的情绪、立场或刻板印象的趋势密切相关。[5] 通过审查其中含有的违法、有害和不良信息内容元素，同时采取相关手段抑制其生产和传播[6]，有助于维护信

---

[1] Schramm, W., *How Communication Works: The Process and Effects of Mass Communication*, Urbana: University of Illinois Press, 1954.

[2] ［德］伊丽莎白·诺尔-诺依曼：《沉默的螺旋：舆论——我们的社会皮肤》，董璐译，北京大学出版社2013年版。

[3] ［英］约翰·洛克：《政府论》（下篇），叶启芳、瞿菊农译，商务印书馆1964年版，第77页。

[4] 监管是政府活动的一种可识别的和具体的方式。（Baldwin, R., Cave, M., Lodge, M., *Understanding Regulation: Theory, Strategy, and Practice*, New York: Oxford University Press, 2012.）通过采取强制性措施、运用惩治性手段，达到维护社会公共利益的目的，是政府实施监管的正当性基础，同时由于不能被其他机制所替代，监管也是国家治理的必要职责之一。（Majone, G., "From the Positive to the Regulatory State: Causes and Consequences of Changes in the Mode of Governance", *Journal of Public Policy*, Vol. 17, No. 2, 1997, pp. 139–167.）

[5] 史安斌、杨云康：《后真相时代政治传播的理论重建和路径重构》，《国际新闻界》2017年第9期。

[6] McQuail, D., *Mass Communication: An Introduction*, London: Sage Publications, 1983.

息生产与传播活动的正常秩序和信息主体的合法权益,实现政治管理的目标,维护和促进公共利益[①]——这构成了信息内容治理的第七重属性。

信息监管的相关工作可以追溯到中华人民共和国成立之际,例如1949年8月中宣部出台《关于出版物的规定》,便规定了党的文件等信息内容的出版与发行须经中宣部审查批准,意在"避免内容错讹、版本分歧与浪费重复",保持党的意志表达的口径统一。而以维护公共秩序和利益为导向对公共场域中的信息内容进行监管,则与新媒介技术的发展扩散紧密相关。1994年中国全功能接入国际互联网,在客观上打破了党领导下大众传播媒体对于信息供给的垄断,正式提出关于信息监管的要求。方滨兴院士于1998年主持建立了中国国家互联网安全系统(防火墙),该系统通过对境外网站和网页进行域名解析干扰、关键词过滤阻断等,实现对涉及性、毒品、赌博、族群等敏感领域且与中国政策法规或文化风俗相冲突的信息内容传播进行"把关"——"防火墙"的建立被认为是我国信息监管的标志性事件。进入21世纪,为了进一步与国际接轨,遵守关于加入WTO的承诺,同时对日新月异的网络信息内容生态实施有效监管,中国有关部门先后出台了《计算机信息系统国际联网保密管理规定》《互联网站从事登载新闻业务管理暂行规定》《全国人民代表大会常务委员会关于维护互联网安全的决定》等一系列关于加强网络信息内容治理的法规。其中,2000年9月由国务院常务会议审议并通过的《互联网信息服务管理办法》建立了我国面向互联网的信息内容监管的初步框架,指出信息内容生产与传播的"九不得",后于2019年12月审议通过的《网络信息内容生态治理规定》中扩展为"十一不得",为信息监管提供了基本遵循。为推动系列方针、政策和法律法规落地见效,2011年5月国家互联网信息办公室成立,专职负责"指导、协调、督促有关部门加强互联网信息内容管理","负责网络新闻业务及其他相关业务的审批和日常监管"等工作,一定程度上解决了网络空间信息内容多

---

① OECD, *The OECD Report on Regulatory Reform Synthesis*, Paris: OECD, 1997.

头管理的问题。

鉴于"网络空间是亿万民众共同的精神家园"①,"新闻客户端和各类社交媒体成为很多干部群众特别是年轻人的第一信息源,而且每个人都可能成为信息源。"②党的十八大以来,党和国家高度重视互联网信息内容生态建设,信息监管工作进入深化发展时期,尤其在组织建设和制度建设方面取得突破。2014年,中央网络安全与信息化领导小组成立,将互联网信息内容治理纳入"党对涉及党和国家事业全局的重大工作的集中统一领导",习近平总书记作为组长在领导小组第一次会议上发表讲话指出"要抓紧制定立法规划,完善互联网信息内容管理、关键信息基础设施保护等法律法规,依法治理网络空间,维护公民合法权益"。③2018年领导小组改为中共中央网络安全和信息化委员会,中央网络安全和信息化委员会办公室与国家互联网信息办公室一个机构,两块牌子,列入中共中央直属机构序列,反映出国家对包括信息监管工作的信息内容治理工作的重视进一步升级。2017年《中华人民共和国网络安全法》正式施行,以"负面清单"的形式划定了与信息内容相关的违法情形,在法治轨道上为信息监管提供保障。党的十九大报告提出"建立网络综合治理体系",党的二十大报告提出"健全网络综合治理体系,推动形成良好网络生态"等新部署新要求,都是我国持续推进信息监管,提高信息监管系统化、科学化、法治化水平的坚实保障。

---

① 《习近平在党的新闻舆论工作座谈会上强调 坚持正确方向创新方法手段 提高新闻舆论传播力引导力》,《光明日报》2016年2月20日第1版。
② 习近平:《加快推动媒体融合发展 构建全媒体传播格局》,《求是》2019年第6期。
③ 《总体布局统筹各方创新发展努力把我国建设成为网络强国》,《人民日报》2014年2月28日第1版。

第二章

治理的外部条件：信息生产与传播活动的发生样态

信息内容的生产与传播活动作为基本社会过程，既是治理的对象也是治理的环境。作为对象，它接受来自国家输出的干预并释放反馈信号；作为环境，它向政府直接输入支持或需求，两者实质性构成了形塑治理实践、促进治理变革的外部力量。[1] 正是基于此，本研究将作为社会过程的信息内容生产与传播活动视作治理所必须面对的外部条件，它是与内在需要并列且同样随历史发展进程而变化的另一个重要影响因素。所以，本章拟在探寻大众传播历史演进之规律的基础之上，研判当前阶段（以及可以预见未来）信息内容的生产与传播活动是如何稳定开展的。

需要提前讨论说明的是，本研究在国家治理的语境下开展，关注的是国家主导下对作为社会公共事务的信息内容及相关生产与传播活动的治理——治理对象属"公"而非属"私"，[2] 所以本章关注的对象也应以"公"和"私"的边界划定范围。根据传播学对信息传播活动所做的基本

---

[1] [美]戴维·伊斯顿：《政治生活的系统分析》，王浦劬译，人民出版社2012年版，第22—23页。

[2] 关于公域与私域的划分，在古希腊便有讨论。亚里士多德曾指出，家庭最基本的成分是构成家庭的个人，家庭最首要和最基本的关系是主奴、夫妻和父子。尽管城邦是由家庭组成，但家政事务与城邦政治有着巨大的差别，前者包含着某种后者绝不涉及的领域。在这个领域中，惯常意义上的政治原则不再适用。[蓝江：《什么是生命政治？》，《武汉大学学报》（哲学社会科学版）2022年第1期。]哈贝马斯在定义公共领域时也强调其和私人领域的对立性。（[德]尤尔根·哈贝马斯：《公共领域的结构转型》，曹卫东、王晓珏、刘北城、宋伟杰译，学林出版社1999年版，第3页。）

第二章 治理的外部条件：信息生产与传播活动的发生样态

分类（人内传播、人际传播、群体传播、组织传播、大众传播），[①] 我们认为个人对信息的处理（人内传播）、个人与个人之间的交流互动（人际传播）、发生在具有明确目标、结构、分工的组织内部的信息流动（组织传播[②]），三者皆属于私域的活动，国家治理活动不应介入，所以将三者排除在研究范围之外。我们主要关注的对象是发生在自然结社群体内部的信息传播（群体传播），以及面向社会一般成员的公开信息传播（大众传播）。

从治理的角度讲，群体传播与大众传播两者皆属于公共领域[③]内的公开性社会活动。[④] 群体是社会的中观系统，是"局部社会"，[⑤] 群体传播侧重反映的是群体成员之间的双向互动，是人们获得外界信息的重要来源，是实现人的社会化的重要手段。大众传播侧重反映的是专业主体对社会一般公众的单向传播，它具备环境监测（surveillance of environment），即监测、了解、把握自然与社会环境的变化；社会联系与协调（correlation of the parts of society），即执行联络、沟通和协调社会关系；社会遗产传承（transmission of social heritage），即对前人的经验、智慧、知识加以记录、累积、保存并传给后代，共三种政治功能，[⑥] 是重要的社会管理和社会控制系统。

随着媒介技术发展和应用扩散，媒体融合（media convergence）趋势

[①] 郭庆光：《传播学教程》（第二版），中国人民大学出版社2011年版，第12页。

[②] 组织传播的总体功能：通过信息传递将组织的各部分联结成一个有机整体，以保障组织目标的实现和组织的生存与发展。[郭庆光：《传播学教程》（第二版），中国人民大学出版社2011年版，第93页。]

[③] "就现代公共纯粹逻辑的蕴含上讲，它应当是现代社会—政治共同体或联合体所有成员赖以生存、繁衍与发展的共有、共治与共享的共同空间。"（任剑涛：《公共的政治哲学》，商务印书馆2016年版，第205页。）

[④] "公共领域最好被描述为一个关于内容、观点也就是意见的交往网络；在那里，交往之流被以一种特定方式加以过滤和综合，从而成为根据特定议题集束而成的公共意见或舆论。"[[德] 尤尔根·哈贝马斯：《在事实与规范之间：关于法律和民主法治国的商谈理论》（修订译本），童世骏译，生活·读书·新知三联书店2014年版，第445页。]

[⑤] 郭庆光：《传播学教程》（第二版），中国人民大学出版社2011年版，第83页。

[⑥] [美] 威尔伯·施拉姆、[美] 威廉·波特：《传播学概论》，陈亮、周立方、李启译，新华出版社1984年版，第32页。

愈发显著，对于信息传播活动而言，局部和全局、传者与受者、单向和双向、专业和业余等传统意义上作为传播类型划分标准的界限日益模糊。[1] 大众传播与群体传播的边界不再清晰，例如很难说在一个日活跃用户（Daily Active User, DAU）上亿的互联网社区内大V用户面向其广大粉丝的公开视频直播不符合大众传播的定义，也很难说一个小众网络广播电台面向其有相似偏好的有限受众的节目播报和互动不具备群体传播的特征。所以接下来我们将不对两者进行刻意区分，统一在大众传播的范畴内研究信息生产与传播活动的发生样态。

一 T-S-C模型建构：一个理解传播演化的分析框架

大众传播活动的演化轨迹是在技术建构社会与被社会建构的共时性过程中形成的。技术、社会、传播作为三个基本分析单元，它们两两之间存在相互影响。

首先，技术与社会之间的关系可以用互构论来解释，它是在技术决定论和社会建构论基础上发展出来、在当前广为接受的经典理论视角。一方面，技术对于社会具有建构作用。如马克思指出，技术通过推动经济成长改变社会利益关系和利益结构，掌握新技术的阶层与旧制度产生矛盾，进而推动社会变革。"手推磨产生的是封建主的社会，蒸汽磨产生的是工业资本家的社会。"[2] 戴维斯和诺思则从另一个角度提出类似观点：当技术取得进步，就出现了获取新的潜在利益的机会。

---

[1] 媒体融合（media convergence）是对信息生产与传播活动的边界由清晰变模糊的趋势的一种概括，它产生了一系列影响：对于媒体行业来说，不同媒体之间不再是完全孤立、各自为战，而是分工合作、协同共享；对于内容信息来说，同一信息拥有不同的承载形式和表达窗口，获得了更广泛和深入的传播机会；对于受众来说，信息接受渠道广泛多样，信息消费行为享有极大的自由度，不会因为不使用某种类型的媒体就无法接收到特定信息内容。詹金斯将媒体融合总结为"跨越多个媒介平台的内容流动，多种媒介产业之间的合作，以及受众行为的转移"。[Jenkins, H., *Convergence Culture: Where Old and New Media Collide* (revised edition), New York, NY: New York University Press, 2008, p. 83.]

[2] 《马克思恩格斯选集》（第一卷），人民出版社2012年版，第222页。

第二章 治理的外部条件：信息生产与传播活动的发生样态

技术的每次进步，都会扩大制度选择的空间，引起规模报酬递增和组织形式的复杂化，促使社会关系和社会结构发生改变。[1] 另一方面，社会需求推动技术发展，社会的制度和政策、文化价值导向为技术提供保障、协调或制约。[2] 这意味着技术荷载着人类的价值判断，故而具有可选择性，社会、经济、政治和文化等诸多因素会对选择产生影响。[3] 概言之，有什么样的社会需求，就会孕育相应的技术创新以满足需求；[4] 反过来看，技术的更迭与技术的扩散，也会导致社会结构与社会运行向特定方向变迁。[5] 从较长历史进程看，技术与社会呈现协同演化的关系。

其次，技术影响传播是一个关于传播模式转变的经典叙事框架。[6] 学界关于传播历史的阶段划分，常常采用从口语传播、文字传播、印刷品传播，到电子传播、网络传播的方法——这意味着对于传播模式的形成及其嬗变的理解，大都建立在媒介技术革新的基础之上。哈罗德·英尼斯（Harold Adams Innis）、[7] 马歇尔·麦克卢汉（Marshall McLuhan）、[8]

---

[1] ［美］兰斯·E. 戴维斯、［美］道格拉斯·C. 诺思：《制度变迁与美国经济增长》，张志华译，格致出版社2019年版。
[2] 郭庆光：《传播学教程》（第二版），中国人民大学出版社2011年版，第118页。
[3] Hughes, T. P., "Technological Momentum", In Smith, M. R., Marx, Leo, *Does Technology Drive History？ The Dilemma of Technological Determinism*, Cambridge, Moss: The MIT Press, 1994, pp. 101-114.
[4] 技术从来不曾自动进入人类的社会生活，是人类对效率的追求把技术带入需求的场景，促成了技术在人类社会生活中的应用，且在应用中展现出技术的价值。（邱泽奇：《技术化社会治理的异步困境》，《社会发展研究》2018年第4期。）保罗·莱文森（Paul Levinson）提出了"补偿性媒介"来解释媒介的演进，认为任何一种后继的媒介都是对过去的某一种媒介或某一种先天不足的功能的补救。（Levinson, P., *The Soft Edge: A Natural History and Future of the Information Revolution*, New York: Rutledge, 1997.）
[5] 新技术的出现总是会打破既有的平衡，使社会变得新鲜且复杂，这也令人们一次又一次重新面临新的历史、空间和政治问题，被迫或主动进行学习与调适。（［加］文森特·莫斯可：《数字化崇拜：迷思、权力与赛博空间》，黄典林译，北京大学出版社2010年版。）
[6] 参见［加］戴维·克劳利、［加］保罗·海尔《传播的历史：技术、文化和社会》，董璐、何道宽、王树国译，北京大学出版社2018年版。
[7] Innis, H. A., *The Bias of Communication*, Toronto: University of Toronto Press, 1951.
[8] McLuhan, M., *Understanding Media: The Extensions of Man*, New York: Mc Graw Hill, 1964.

约书亚·梅罗维茨（Joshua Meyrowitz）[1]等著名学者在其经典著作中都表达过类似技术决定论的观点，在此不加赘述。

最后，传播被认为是社会活动的缩影，传播模式则可以视作社会结构的一个外显指标。学界对基本传播模式的分类，主要依据的是主体和受众之间的关系结构，这实际上是对布劳提出的社会结构论的继承。[2]作为本部分研究对象的大众传播，其区别于人际传播、组织传播等其他传播模式的最突出特征便是主体与受众之间"一对多"的结构关系。例如郭庆光对大众传播之重要特点进行如下概括：第一，大众传播的传播者是从事信息生产和传播的专业化媒介组织；第二，大众传播是运用先进的传播技术和产业化手段大量生产、复制和传播信息的活动；第三，大众传播的对象（"受众"）是社会上的一般大众……[3]所以，社会结构（"一对多"传—受关系结构）及其变迁是决定并制约大众传播模式及其演化的决定性因素。

基于以上讨论，可以从技术与社会互构的理论视角出发，提出一个技术—社会—传播（Technology-Society-Communication，T-S-C）模型（图2-1）。其中，技术和社会相互建构，其结果分别表现为媒介技术的

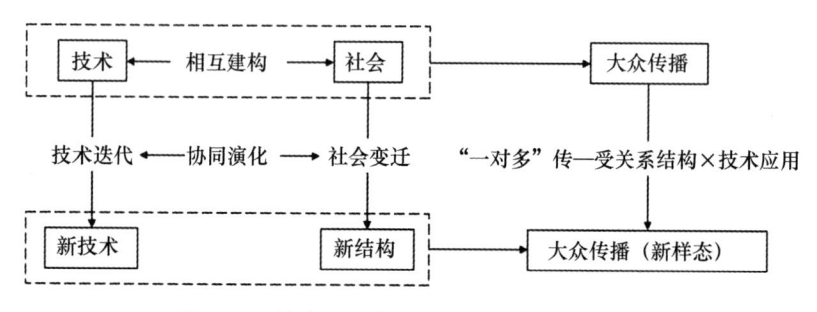

图2-1 技术—社会—传播（T-S-C）模型

图示来源：笔者自制。

---

[1] Meyrowitz, J., *No Sense of Place: The Impact of Electronic Media on Social Behavior*, New York: Oxford University Press, 1986.

[2] ［美］彼特·布劳：《不平等和异质性》，王春光、谢圣赞译，中国社会科学出版社1999年版。

[3] 郭庆光：《传播学教程》（第二版），中国人民大学出版社2011年版，第101—103页。

第二章 治理的外部条件：信息生产与传播活动的发生样态

更新换代与社会主体之间传—受关系结构的变迁。两者作为一个整体，共同决定大众传播活动如何开展，这也就是说，大众传播会随着技术与社会协同演化之过程而表现出不同的样态。

对此需要做两点简要说明：

第一，关于社会结构对于大众传播样态的影响。大众传播的功能[①]决定了它不会脱离国家管控（state-regulated），而是会被纳入制度化轨道。[②]这意味着，决定大众传播之所以是大众传播的"一对多"传—受关系结构（在"制度化"外力的作用之下）具有稳定性，所谓结构变迁仅在有限范围之内发生，传播样态的变化亦是建立在既有基础之上的边际调整。例如，互联网作为一种技术，当其社会渗透率达到一定水平，会令社会以网络的形式组织起来[③]——大众传播主体与受众之间"一对多"的伞状关系不会因此消失，而是会分化出受众之间"多对多"的网络关系。由结构分化带来的影响体现为：垂直、自上而下、单向度[④]的信息传播，得到水平、去中心化、多向度的信息传播的补充，呈现出一种复合态的大众传播。[⑤]

第二，关于技术应用对于大众传播样态的影响。在本研究中，技术指的是工具意义的技术，它是物质性的实体而非非物质性的逻辑体系。应用是（工具意义的）技术与社会关系最为本质的属性，技术在应用技

---

① 学界对于大众传播的功能做出过多种归纳，例如阿尔都塞聚焦国家、媒介、社会关系，认为大众传媒是意识形态的国家机器之构成部分，功能是面向公众输出社会意识。（Althusser, L., "Ideology and Ideological State Apparatuses", In Althusser, L., eds., *Lenin and Philosophy and Other Essays*, London: New Left Books, 1971, pp. 127 – 188.）又如拉斯韦尔认为传播具有环境监测（surveillance of environment）、社会联系与协调（correlation of the parts of society）、社会遗产传承（transmission of social heritage）三种基本的政治功能。（[美] 威尔伯·施拉姆、[美] 威廉·波特：《传播学概论》，陈亮、周立方、李启详，新华出版社1984年版，第32页。）

② O'Sullivan, T., *Key Concepts in Communication*, New York: Methuen & Co., 1985, p. 130.

③ [西] 曼纽尔·卡斯特：《网络社会的崛起》，夏铸九、王志弘等译，社会科学文献出版社2001年版，第569页。

④ 这里所谓"单向度"并非是指完全没有反馈，而是与社交媒体时代"多对多"交互传播相比，传统大众传播模式中的反馈并非稳定的常态。

⑤ 可以借雷做一个说明："打雷了"这个信息可以通过午夜的雷声直接传播给惊醒/熬夜的人（垂直、自上而下、单向度），还可以在次日通过朋友之间的交谈而间接传播给当时已熟睡的人（水平、去中心化、多向度）。两者共同实现"一对多"大众传播。

术的社会互动中变成了影响社会并受社会影响的媒介,而不被应用的技术与任何其他不被应用的社会产品没有区别。① 大众传播活动中的技术应用将在极大程度上决定信息呈现形式与传播媒介,包括文字、图片、音频、视频、VR 等;进而决定大众传播的受众门槛,包括健康状况、受教育程度、经济实力、兴趣爱好等。例如,印刷术作为一种技术,让文字的大量生产、复制成为可能,它被运用于大众传播活动,决定了信息主要以文字的形式,通过书籍、报刊等媒介向受众传播。但是将失明、不识字、买不起书的人排除在受众范围之外。

综上所述,大众传播作为复杂社会活动的一个侧面,会在社会结构和技术应用的共同影响下呈现出不同样态。基于技术与社会之间相互建构的关系,理论上讲,可以从两者协同演化的历史轨迹中发现大众传播样态的变化规律。因此,接下来,本研究将以技术—社会—传播模型为分析框架,分阶段考察大众传播的漫长历史,试图从中发现一些规律性知识,从而对当前阶段(以及可以预见的未来)的大众传播样态做出研判。我们的关注焦点可以拆分并概括为以下三个具体问题:1. 作为大众传播基础的社会结构(传—受关系结构)如何变迁?2. 应用于大众传播活动的技术如何更新换代?3. 技术与社会协同演化过程中的大众传播分别以什么样态呈现?

二 大众传播的历史演进与样态更新

(一)经典"一对多"大众传播模式

1. "一对多"的形成

"语言是人类最古老的媒介",是改变人类社会结构的第一种(媒介)技术。西方巴别塔的故事常被用以说明,人类如果没有共同使用的

---

① 邱泽奇:《技术与社会变迁》,载李培林、李强、马戎主编《社会学与中国社会》,社会科学文献出版社 2008 年版,第 584—595 页。

第二章 治理的外部条件：信息生产与传播活动的发生样态

符号，便无法完成类似需要协力合作的共同事业。正是在共同劳动（社会合作）需求的推动下，语言得以诞生并发展，[1] 人类社会出现了从个体各自独立的"散沙"状态转向相互连接状态的可能。以语言为媒介，人类积累的知识、经验能够以"口口相传"的形式完成传播（包括类似广场演讲的"一对多"传播），却难以避免传播过程中的信息失真和损耗。这令社会产生了突破"面对面"形式，同时扩大受众、记录信息、保存影响力等需求。于是，经历了"结绳记事""书画同源"等过渡阶段之后，文字诞生了[2]——它将人工记忆转向知识存储，成为一种外在化的技术，让人类的信息传递打破时空限制，脱离口语传播的局限。[3]在文字传播时代，不同的媒介蕴含着迥异的功能取向：如英尼斯提出，羊皮纸、黏土、石头等易于保存、难于运输的媒介，能够突破时间限制，有助于培养对历史、宗教、传统文化的敬畏，形成森严的等级制度；莎草纸等易于传送、难于保存的媒介，能够突破空间限制，适合广袤地区的治理和贸易，有助于中央集权的形成和帝国的扩张。[4] 如我们所知，历史选择了后者，伴随以轻薄质地媒介逐步替换厚重质地媒介的过程，有组织的政治统治也完成了对神秘的宗教统治的取代。人类社会的"一对多"传—受关系结构亦逐渐形成。

2."一对多"的稳定

如何在莎草纸等媒介有限的"保质期"内，进一步扩大大众传播的范围？对该问题的思考产生了突破传统手抄方法，提升文字生产和复制效率的社会需求，进而催生了印刷技术：从雕版印刷到活字印刷术再到金属活字排版印刷机。文字的机械化复制成为可能，文字传播的受众规

---

[1] 张云飞、袁雷：《马克思主义发展史（第三卷）——马克思主义在论战和研究中日益深化（1875—1895）》，人民出版社2018年版，第217页。

[2] 文字是在结绳符号、原始图画的基础上发展而来的。《易经·系词下》记载，"上古结绳而治，后世圣人易之以书契"。参见郭庆光《传播学教程》（第二版），中国人民大学出版社2011年版，第24页。

[3] 张虹、熊澄宇：《源流与趋向："新媒介"研究史论要》，《全球传媒学刊》2019年第1期。

[4] ［加］哈罗德·英尼斯：《帝国与传播》，何道宽译，中国人民大学出版社2003年版。

模得以大幅扩大——报纸便是在印刷术的推动下诞生，它也促进了政治权力的交接与社会结构的变迁，以马丁·路德开启宗教改革为代表，"报纸和政治小册子参与了17世纪和18世纪所有的政治运动和人民革命"①。19世纪30年代，价格便宜、内容通俗的"便士报"进一步推动报纸"大众化"，受众群体规模再度扩大，人类社会"一对多"大众传播模式开始稳定出现。此后，对于更快的传播速率、更远的传播距离，尤其是降低传播门槛②，更进一步扩大受众规模的要求，推动了电子影像技术在大众传播领域的应用。1844年，美国开通了第一条电报线路，将传播与交通分离开来；1895年，意大利人马可尼的无线电通信实验成功，令语言的传播效果得以延伸；电视、电影等大众传播媒介陆续出现，为受众带来基于影像的"拟真"体验。③ 电子传播不仅令远距离传播以接近实时的速率完成，更突破了识字率等限制，推动资讯、知识与文化的通俗化转变。④ 在大众传播所及范围之内，人类社会实质性地联系在一起。

3. "一对多"的创新

尽管在传播速率、传播范围等方面取得长足进步，但由于从事大众传播活动的主体是"各自为战"的专业媒体机构，所以从某种程度上讲，信息仍然是在不同的封闭系统中流动。这种情况下，以促进信息流动、实现

---

① [美] 威尔伯·施拉姆、[美] 威廉·波特：《传播学概论》，陈亮、周立方、李启译，新华出版社1984年版，第18页。

② 据统计，16世纪欧洲的识字率只有11%（彭增军：《从人文到技术：新闻的量化转身》，《新闻记者》2020年第5期。），虽然"廉价的印刷读物有助于提高识字率"（[美] 迈克尔·埃默里、[美] 埃德温·埃默里：《美国新闻史：大众传播媒介解释史（第八版）》，展江、殷文译，新华出版社2001年版，第4页）但是作用有限，在大革命前，以会写自己名字为标准，法国仍有40%左右的人属于"文盲"行列。并且，根据彼得·盖伊的观点，单纯的识字其实没有多大意义。数百万法国人会写自己的名字，通常还能写点儿其他东西，但没有多少人能阅读通俗刊物，更不用说哲学读物（[美] 彼得·盖伊：《启蒙时代》，刘北成译，上海人民出版社2015年版），这显然限制了以文字为媒介的信息传播范围。

③ Baudrillard, Jean, *Simulacra and Simulations*, Ann Arbor, MI: The University of Michigan Press，1994.

④ 喻国明：《未来媒介的进化逻辑："人的连接"的迭代、重组与升维——从"场景时代"到"元宇宙"再到"心世界"的未来》，《新闻界》2021年第10期。

第二章 治理的外部条件：信息生产与传播活动的发生样态

资源共享为初衷的互联网诞生了，[①] 1969年10月29日，美国国防部高级研究计划署组建的阿帕网（ARPAnet）被认为是互联网的原型。1994年4月20日，连接着数百台主机的中关村地区教育与科研示范网络工程，成功实现与国际互联网的全功能连接，标志着中国社会正式进入互联网纪元。媒介技术的迭代则进入Web1.0、Web2.0、Web3.0的轨道。

在Web1.0时代，互联网通过互联网协议（IP）、传输控制协议（TCP）、域名系统（DNS）和数据包路由协议把公共和私营通信网络连接起来，令信息在节点之间的传播有效突破了既有限制——就像当年中国对外发出的第一封电子邮件的内容，"Across the Great Wall we can reach every corner in the world"（跨越长城，走向世界），整个世界能够如麦克卢汉提出的"地球村"一样互联互通。在短暂充当科研工作者之间远程"点对点"人际传播的工具（如收发电子邮件）之后，互联网技术在国家相关政策的支持下迅速社会化。它首先成为一种新的大众传播媒介：网络媒体被认为是与报纸、广播、电视并列的第四媒体。1997年至1998年间，网易、新浪、搜狐、腾讯等商业门户网站先后成立并获得"网上从事登载新闻业务资格"，然后逐渐占据了互联网空间活动的中心位置。门户网站对不同地区、不同领域资讯予以整合，利用超链接技术（hyper link）将离散的文本连接起来，打破了信息存储与显示的空间壁垒，允许链接之上任意位置间的直接切换，进而实现信息共享。[②] 这意味着，与原来相比，访问门户网站的网民相当于可以通过同一平台阅读由不同"报社"采编出版，成千上万份"报纸"中的海量信息。这种"发布—浏览"模式在一定程度上实现了对传统"一对多"大众传播模式的创新。

总体回顾前互联网时代的大众传播历史，从语言到文字，从印刷术到影像技术，技术更新换代及其在大众传播活动中的应用，满足了层出不穷

---

① 方兴东、钟祥铭、彭筱军：《草根的力量："互联网"（Internet）概念演进历程及其中国命运——互联网思想史的梳理》，《新闻与传播研究》2019年第8期。

② 刘岩：《技术升级与传媒变革：从Web1.0到Web3.0之路》，《电视工程》2019年第1期。

的社会需求。从"一盘散沙"的原始状态到可以沟通合作、形成围绕中央权威的政治秩序，从信息高效率复制到大范围扩散，再到突破空间限制的流动，技术也反过来形塑了人类社会"一对多"传—受关系结构并予以巩固。在这个过程中逐渐形成了以专业媒体、面向大众、单向传播为基本特征的经典大众传播模式。进入Web1.0时代后，尽管互联网技术令信息突破了传统媒体之间的壁垒，实现了开放共享，但仍然保持了政府监管框架下，以专业机构（门户网站）为主体，以网民为受众的二元信息传播结构，[1] 从整体上看，单向度、"一对多"的传—受关系结构没有变化，经典大众传播模式在互联网时代延续下去。

（二）多中心"一对多"大众传播＋"多对多"交互传播

Web2.0时代的大门，是由Web1.0时代的另外两个标志性产物所叩开的。其一是搜索引擎，为解决"如何从海量信息中迅速锁定所需内容"，Alan Emtage等于1990年开发了用文件名查找文件的Archine，被视为搜索引擎鼻祖；随后，Yahoo、Google和百度等以提供搜索引擎服务为主业的公司先后创立，面向大众，支持简单的数据库搜索，以及动态摘要、网页快照、地图、股票、词典、寻人等集成搜索。[2] 搜索引擎基于用户的主观需要和自主行动，扭转了传播向度，极大程度提高了信息传播的准确性。其二是电子公告板（Bulletin Board System，BBS），它是互联网上一种电子信息服务系统，与社区公告栏的性质类似，用户可以在上面自主发布帖子，最初用于发布股市价格等信息。1997年，中国男足在世界杯预选赛中落败，名为"大连金州不相信眼泪"的帖子在论坛广泛传播，甚至得到传统报刊转载[3]，令大众意识到自己也可以成为内容生产的重要力量。另外，

---

[1] 王山、奉公：《技术赋权、创造性破坏与以人为本——新媒体时代的政府治理创新》，《东北大学学报》（社会科学版）2016年第1期。

[2] 沈阳主编：《中国域名经济》，中国科学技术出版社2004年版，第152—155页。

[3] 方兴东、潘可武、李志敏、张静：《中国互联网20年：三次浪潮和三大创新》，《新闻记者》2014年第4期。

第二章 治理的外部条件：信息生产与传播活动的发生样态

BBS 回帖功能的设置令交互式信息传播成为可能，网络空间形成了用户双向交流的虚拟公共场域，传—受互动不再局限于"读者来信""观众热线"等传统反馈形式。主动搜索信息，通过"用脚（鼠标）投票"形成热帖，以"层层盖楼"方式进行交流，真实反映了用户主动参与和双向互动的社会需求，预示着 Web2.0 时代的技术革命及其对社会的新一轮建构开始启动，经典"一对多"大众传播模式开始发生改变。

1. "一对多"中"一"的多中心化

首先发生改变的是"一对多"中的"一"，即传播主体。2002 年，博客中国网站（blogchina.com）上线，被视为"去专业化"写作时代开启的标志。大众传播的内容不再由记者、编辑、专栏作家等专业人士垄断，那些具备上网条件、具有一定知识水平、熟悉电脑操作的非专业群体通过开设博客，同样可以赢得受众的广泛关注。部分博主所拥有的粉丝数量决定了其在网络空间的影响力完全不亚于传统媒体，如中国女演员徐静蕾从 2005 年开设博客，仅仅 112 天后访问量就突破一千万，[1] 不到两年就突破一亿次。[2] 他们的博客账户成为谢因·波曼与克里斯·威理斯（Shayne Bowman & Chris Willis）所定义的自媒体（We Media）。[3] 支持传播者群体进一步扩大的还有 wiki 技术，在这种由沃德·坎宁汉姆（Ward Cunningham）首先开发、可供多人协同创作的超文本系统中，普通网民可以随时创建并对内容进行编辑，以供公开浏览。它进一步促进了基于互联网的大众传播内容文本由闭合式向开放式转型，也吸引了更多人加入此类协作式写作的社群。以上变化意味着，Web2.0 时代的网络空间中形成了多中心的"一对多"大众传播。

---

[1] 《徐静蕾入选全球最有影响力博客 50 强》，新浪网，2008 年 3 月 23 日，http://tech.sina.com.cn/i/2008-03-23/10462094577.shtml，2023 年 6 月 26 日。

[2] 《开博 620 天点击量过亿，徐静蕾博客全球第一》，新浪网，2007 年 7 月 19 日，http://book.sina.com.cn/news/c/2007-07-19/1143218051.shtml，2023 年 6 月 26 日。

[3] Bowman, S., Willis, C., *We Media: How Audiences Are Shaping the Future of News and Information*, Reston: The American Press Institute, 2003.

2. "一对多"中"多"的网络化

其次发生改变的是"一对多"中的"多",即广大受众。在 P2P、RSS、SNS 等技术支持下,互联网的功能得以扩展,它不再是纯粹的信息聚合与发布平台,同时还兼具传——受即时互动的社交属性。在此条件下,社交网站出现并迅速成为网民活动的中心:2005 年,以大学生为主要受众的校内网创立(后更名人人网);2008 年,以公司白领为主要受众的开心网创立。此类社交网站将中国的"熟人社会"搬到线上,通过用户在现实中的社会网络,如同学(校内网)、同事(开心网)等,令在不同网站间"流浪"的原子化网民具有了社区意识,并以学缘、职缘、趣缘等非传统方式重新组织起来,普通网民之间的人际互动得以频繁且稳定发生。[①] 由于社交网站拥有大量的活跃用户,根据 2011 年人人网赴纽交所上市所披露的信息,截至 2010 年底,已拥有 1.1 亿左右活跃用户,占同年中国网民数量(4.57 亿)[②] 的 24.07%。所以,通过社交网站,以网络化结构联系起来的普通网民成为一个不能忽视的庞大群体——这意味着,作为垂直方向上"一对多"结构中的"多"之间普遍产生了横向联系,令水平方向上出现了"多对多"传播的新层次。大众传播开始表现出"垂直单向传播+水平交互传播"的新样态。

3. "多对多"的圈层化

2009 年 1 月,以工信部向移动、联通、电信三大网络服务运营商颁发 3G 牌照为标志,中国正式迈入移动互联网时代。同年 8 月,新浪推出"新浪微博"内测版,微博(micro-blog)这种新型社交媒体正式进入网民视野。根据第 28 次《中国互联网络发展状况统计报告》,在人人网赴美上市的 2011 年,"手机微博成为增长最快的手机应用"。2014 年微博上市时,人人网日均 IP 访问量跌破 80 万,已不及微博日均活跃用户量的 1.3%。[③]

[①] Hauben, M., Hauben, R., *Netizens: On the History and Impact of Usenet and the Internet*, New Jersey: John Wiley & Sons, 1997.

[②] 中国互联网络信息中心:《第 27 次中国互联网络发展状况统计报告》,2011 年 1 月 18 日。

[③] 根据 Alexa 网站流量全球综合排名查询的人人网日均访问量(77.4 万)和新浪微博上市时信息披露的日均活跃用户数量(6140 万)计算得到。

第二章 治理的外部条件：信息生产与传播活动的发生样态

这从一个侧面反映出，移动互联网技术（与智能移动终端一并）为大众传播带来了颠覆性改变：首先，智能手机上网突破了入网设备门槛，手机相对于台式电脑而言是更大多数人的刚性需求，它令互联网普及率实现跨越式增长；其次，移动互联网技术令用户摆脱了网线的束缚，在无线信号覆盖的范围内，人们随时随地都可以接入互联网，这反过来令互联网也更进一步渗透人们的日常生活；最后，由于上网这一活动逐渐充满了人们的碎片化时间，它也令人们逐渐养成了碎片化的互联网使用习惯。在这种情况下，越来越多的网民开始在传播者和受众之间进行自由的角色转换，以互联网为代表的"第二媒介"所具有的"双向互动"与"去中心化"特征①充分体现，"一对多"传—受关系结构中"一"的多中心化和"多"的网络化趋势都愈发显著。

代表移动互联网的微博"打败"了代表 PC 端上网的博客、人人网，但随后又被同样作为移动互联网代表的微信"打败"。2011 年 1 月 21 日，腾讯推出微信，到了 2015 年，微信的智能手机覆盖率超过 90%，2016 年月活跃用户数达到 8.86 亿，接近同年微博月活跃用户数（3.03 亿）的三倍。② 微信开始占据移动互联网时代社交媒体的"头把交椅"，③ 它集熟人社交、即时通信、资源聚合三个特点于一体，不仅令日常生活与线上生活产生了映射关系，也导致现实社会结构对网络社会（cyber society）结构进行了重塑，互联网作为一个公共场域又开始私人

---

① ［美］马克·波斯特：《第二媒介时代》，范静哗译，南京大学出版社 2000 年版。
② 根据腾讯 2015 年、2016 年业绩报告，以及微博 2016 年财报公布数据计算得到。
③ 这主要基于三方面原因：第一，微信具有"熟人社交"属性，与微博相比，熟人之间的强关系可以有效提升用户数量及黏性，令主打公共讨论的微博难以比拟；与 QQ 相比，微信添加好友的重要方式是面对面扫描二维码，与交换名片类似。而 QQ 好友关系的建立则较为随意，部分好友本质上是互相隐瞒身份的"陌生人"，其"熟人社交"属性亦较为逊色；第二，微信具有"即时通信"属性。微信与手机端 QQ 的一个重要区别，也即微信异军突起的重要原因是：它为了更贴合移动互联网技术特征与之相应的、用户的碎片化使用习惯，没有设置离线功能，给用户以对方随时在线的概念，即便后来推出了 Web 微信，也只是为了连接键盘，提高输入效率，并非专门开发 PC 版；第三，微信具有资源聚合功能，一是通过提供登录入口，将 QQ 好友导入微信联系人；二是整合社交、办公、娱乐、消费等多重功能，这帮助微信成为"一站式超级应用"，迅速垄断了流量。

化、封闭化。具体到大众传播活动,由于个体将其现实烙印带到网络空间,水平方向上原本被视作同质化整体的受众开始出现明显"圈子化"与"层级化"趋势,①其中一个突出表现就是基于作为文化资本的"趣味"而形成的社会区隔。②有自媒体写道,"昔日赵本山'穿个马甲我就不认识你了'和赵丽蓉的'宫廷玉液酒,一百八一杯'这种能够穿透全国人民的梗,再也无法重现了。村村通网后,互联网上显露出来的文化割裂,可曰'北上广没有靳东,四五线没有李诞'"。③从该意义上讲,"一对多"中的"多"明显分化,印证了多元主义理论所指出的:社会上并不存在"多数",只有许多"少数"。④这反映出复合形态大众传播中的第二层次,即横向"多对多"的交互传播表现出"圈层化"特征。

(三)"一"对多重"多"的精准分众传播

2016 年 3 月,"阿尔法狗(AlphaGo)"击败围棋世界冠军李世石,将"人工智能"这一概念带入公众视野的中心。随后,以互联网为平台、以大数据和云计算为基础的人工智能技术得到快速发展与广泛应用,标志着智能互联网已具雏形,人类社会正式步入 Web3.0 时代。

1. "一"对"多重"多

鉴于大众传播的受众结构不断分化,"圈层化"特征日益明显,个性化需求持续表达,⑤掌握不同圈层受众,甚至不同个体受众的差异化偏好,将信息按需分发的需求也愈发凸显。将大数据、人工智能等数字技术应用于传播活动为此提供了一种解决方案:基于海量的数据对用户

---

① 彭兰:《网络社会的层级化:现实阶层与虚拟阶级的交织》,《现代传播》(中国传媒大学学报)2020 年第 3 期。
② [美] 戴维·斯沃茨:《文化与权力:布尔迪厄的社会学》,陶东风译,上海译文出版社 2006 年版,第 189 页。
③ 《北上广没有靳东,四五线没有李诞》,虎嗅网,2020 年 12 月 17 日,https://www.huxiu.com/article/400559.html,2023 年 6 月 26 日。
④ 王绍光:《警惕对"民主"的修饰》,《读书》2003 年第 4 期。
⑤ 彭兰:《新媒体导论》,高等教育出版社 2016 年版,第 105 页。

画像，然后根据算法推断用户偏好，从"内容池"中选择相应的内容产品予以推荐，可以使传播内容与受众个性化需求之间的匹配日益精细化。就像2012年今日头条App上线时提出"你关心的，才是头条"之口号，它所推出的基于平台聚合内容+基于算法推送信息的新模式，对传统依靠人工生产内容+基于客户端发布信息的通用做法构成巨大冲击。如同斯密—熊彼特增长模型所描述的过程，[1]仿效今日头条的一系列资讯推荐阅读平台迅速兴起，进而掀起了一场大众传播的范式革命：过去以渠道为依托，以"大水漫灌"的方式增加传播内容命中率的策略，让位于以平台为中心，依托人工智能技术完成信息精准分发的创新性实践。从一般意义上看，"一对多"传—受关系结构中的"对"带有了目的性，其结果是面向多重"多"的差异化、精准化的信息传播。这反映出有限效果论基础上满足"主动受众"需求的取向[2]得以进一步实现，也标志着垂直方向上"一对多"大众传播模式开始向精准化"一对多"分众传播（focus communication）模式转型。

2."一对多"平台化

另需指出的是，智能互联网时代孕育出了平台传播模式。互联网平台企业的自我定位是一种基础设施，[3]它不提供产品，而只提供降低交易成本的相关服务和条件，即相当于向供给方与需求方分别提供达成交易的更高可能性[4]——对于平台型企业所产生的独特的跨边网络效应，其网络效应大小取决于平台企业内供、需双边用户的数量规模与类型结

---

[1] 张维迎：《走出经济发展和转型的理论误区》，CMRC中国经济观察第40次季度报告会，2015年3月。

[2] Katz, E., Lazarsfeld, P. F., *Personal Influence*: *The Part Played by People in the Flow of Mass Communication*, Glencoe: Free Press, 1955.

[3] 阿里巴巴集团上市之后，马云在致股东公开信中写道："我们认为未来阿里巴巴提供的服务会是企业继水、电、土地以外的第四种不可缺失的商务基础设施资源。"（《马云"一指禅"长文解读阿里战略　打造第四种商业基础设施》，搜狐网，2015年10月9日，https://www.sohu.com/a/34708791_114930，2023年6月26日。）

[4] Gawer, A., Cusumano, M. A., "Industry Platforms and Ecosystem Innovation", *Journal of Product Innovation Management*, Vol. 31, No. 3, 2014, pp. 417–433.

构,故用户规模成为影响平台运营决策的重要质量参数,^① 所以用户是平台媒体之间竞争的重要标的。除此之外,面对围绕用户的激烈竞争,平台媒体还需要考虑如何通过更精准的传播为注册用户带来更好的使用体验,以保障其"流量"和"留量"的稳定。这需要尽可能获得关于用户更多维度的信息,包括社会关系、行为决策、地理位置等。对用户的竞争与为防止用户离开而设置的壁垒共同造成了平台(作为一个整体)对注意力市场的"瓜分"与对数据资源分发途径的垄断,[2] 据统计,2014年底,Facebook月活跃用户(Monthly Active User,MAU)就达到13.5亿,与中国人口数量相当……到2015年底,按照国家人口数量和平台用户数量进行排序,综合排名的前14位中,5个是传统国家,9个是超级网络平台。[3] 在这种情况下,对于非平台的媒体而言,要么转型成为平台(如《人民日报》开设"人民号"平台),要么"委身"于平台内部的二级市场,成为平台用户(如新华社在今日头条开设官方账户),[4] 否则难以获得足够流量,[5] 而这又进一步巩固了平台的垄断地位。因此,互联网平台成为当前大众传播活动发生的主要场域,我们称此变化为"一对多"分众传播的平台化。受众之间的"多对多"交互传播除了发生在平台之内,还包括平台用户跨平台搬运内容产品,例如用户将新浪微博中看到的热点内容分享到微信朋友圈。

此外,Web3.0时代内容生产与消费的"视频化转向"也值得关注。在内容供给的量和质同步增长,网民数量增长率下降、人均上网时间趋于饱和等条件下,受众注意力变成相对稀缺的资源,以注意力为标的的竞争

---

① Roson, R., "Actions in a Two-Sided Network: The Market for Meal Voucher Services", *Networks and Spatial Economics*, Vol. 5, No. 4, 2005, pp. 339–350.
② 吕新雨:《新媒体时代的"未来考古"——传播政治经济学视角下的中国传媒变革》,《上海大学学报》(社会科学版)2018年第1期。
③ 方兴东、严峰:《网络平台"超级权力"的形成与治理》,《人民论坛·学术前沿》2019年第14期。
④ 肖红军:《平台化履责:企业社会责任实践新范式》,《经济管理》2017年第3期。
⑤ 喻国明、李彪:《互联网平台的特性、本质、价值与"越界"的社会治理》,《全球传媒学刊》2021年第4期。

第二章 治理的外部条件：信息生产与传播活动的发生样态

向存量博弈的方向发展，信息内容的表现形式成为影响传播效果的重要因素，这种情况下，视听传播内容显然比图文传播内容更具优势。作为3G和WLAN的结合体，4G技术可以保证100Mbps以上的下载速度和20Mbps的上传速度，几乎能够满足所有用户对无线服务的要求，在高流量套餐的加持下，高质量视频逐步取代文字、图片与音频，成为网络信息传播的主要媒介。[1] 根据TrustData发布的《2018年短视频行业发展简析》显示，有88%的互联网用户会使用短视频社交，短视频应用日均启动次数最高达8次，短视频用户日均使用时长达87分钟，[2] 大有渗透人们日常生活，成为社会交往之底层语言的趋势。[3] 以抖音和快手这两种最具代表性的短视频平台为例，我们容易观察到，一方面，它们应用人工智能技术，对用户特征进行挖掘，并根据每个用户的特点、兴趣、位置等多维情报信息进行个性化推荐；另一方面，它们也在应用中开发并设置社交功能，包括直播、发弹幕、加好友、发私信、点赞、评论等，支持用户之间的充分互动。此外，它们的受众也表现出圈层化特征，数据显示，在城际分布上，"快手"在四线及以下城市的用户数量高于"抖音"，"抖音"在一、二线城市的用户数量高于"快手"；从学历来看，"抖音"在本科以上学历的用户比"快手"多10%，高中以下学历的"快手"用户比"抖音"多14%。[4]

概言之，进入Web3.0时代以来，媒介技术迅猛发展且受众个性化程度进一步增强，由此带来的变化是：垂直方向上的"一对多"大众传播转变为精准化的分众传播，且传播活动以互联网平台为枢纽开展；水平方向上的"多对多"交互传播除了发生在平台内部，还对应表现为用户跨平台搬运内容。大众传播呈现出精准化分众传播与圈层化交互传播的复合样态，短视频成为传播内容的主要表现形式（之一）。

---

[1] 李良荣、辛艳艳：《从2G到5G：技术驱动下的中国传媒业变革》，《新闻大学》2020年第7期。
[2] Trustdata：《2018年短视频行业发展简析》，2018年5月。
[3] 陈秋心、胡泳：《社交与表演：网络短视频的悖论与选择》，《新闻与写作》2020年第5期。
[4] 腾讯新闻、企鹅智酷：《热潮下的社交短视频：抖音&快手用户研究报告》，2018年4月9日。

三 延续与创新：进入5G时代大众传播样态的变与不变

5G技术是第五代移动通信技术的简称。2019年6月6日，工信部向中国电信、中国移动、中国联通、中国广电发放5G商用牌照。此后，北京、深圳等地开始建设5G应用体验区、示范区，中国社会正式进入了5G时代。如同3G带来了移动互联，4G带来了视频交互，由于在数据传输方面具有更快的速度、更高的可靠性和更低的成本，5G被认为会成为推动人工智能、物联网、机器人等应用的催化剂，释放新兴技术的全部潜力。这意味着又将迎来现有技术的集中爆发甚至新技术（应用）的大量涌现，[①] 进而对社会带来新的冲击。

如本章第一部分论述，应用是技术建构社会的前提。那么技术渗透率就可以认为是技术建构社会的调节变量——随着技术渗透率提升（应用范围扩大、频次增加），技术对于社会的建构力度增强、速率增长。类比罗杰斯针对技术扩散而提出的临界大多数（critical mass）理论，[②] 我们可以假设存在一个阈值，当技术渗透率未达到该阈值时，由技术建构引发的是局部、缓慢的社会变迁；而一旦达到该阈值，"肉眼可见"的整体社会变迁将会发生。就像文中所举的由移动互联网带来颠覆性改变的例子。所以，若将5G技术研发成熟走出实验室视为5G时代开启，那么以渗透率阈值为界限便可以将5G时代分为前、后半叶。其中，前半叶是从5G技术出现并被社会接受，到其引起"肉眼可见"之整体社会变迁的这段时期，大众传播如何开展主要取决于既有传—受关系结构和技术应用方式。超过这段时期则进入后半叶，将呈

[①] Ghosh, S., "5G Adoption Key to Succeeding with AI, Iot and Robotics", Martech Series, https://martechseries.com/technology/5g-adoption-key-to-succeeding-with-ai-iot-and-robotics/, August, 2019.

[②] [美] E. M. 罗杰斯：《创新的扩散》，唐兴通、郑常青、张延臣译，电子工业出版社2016年版。

现出传播样态迅速更新的另一番景象。

（一）传—受关系结构的延续

目前我国及全球部分发达国家仍处于 5G 基础设施建设期。2021 年 3 月 13 日，《中华人民共和国国民经济和社会发展第十四个五年规划和 2035 年远景目标纲要》发布，其中提到预计 2025 年我国 5G 用户普及率将达到 56%[①]——它与截至 2017 年 12 月底的互联网普及率（55.8%）[②]水平相当，从全社会尺度看，与被"充分应用"的水平仍有距离，遑论达到具有强建构力的阈值。这也就容易理解为什么当前并未表现出大众传播样态更新的显著迹象。

如果面向未来而进行一种线性预测，那么依据披露的 5G 技术指标，eMBB（增强移动宽带）将满足非身体接触人际互动场景的几乎所有需求；URLLC（超高可靠超低时延通信）将满足人与物连通甚至一体的需求，如车联网、机器人、人机混合等技术在制造、医疗、交通、军事等领域的应用，实现所有场景的人机互动，形塑人机混合的社会；mMTC（大规模物联网）将满足物联网的几乎所有需要，在各个领域真正实现万物互联，甚至建构一个与人机混合世界平行的物联世界。[③] 但是若将上述这些基于单一技术指标提升而可能发生的变化有机组合起来，考量作为一个整体的 5G 技术将给社会结构造成什么影响，则未可知。就像以秉持建立一个自由、开放、共享之社会的初衷而开发的互联网技术，最初被认为会带来更包容、民主的政治，但实际上却导致了更强的控制、更剧烈的社会分化和更严重的不平等[④]——这背后虽然可能存在一种

[①] 《中华人民共和国国民经济和社会发展第十四个五年规划和 2035 年远景目标纲要》，中国政府网，2021 年 3 月 13 日，http://www.gov.cn/xinwen/2021-03/13/content_5592681.htm?webid=1，2023 年 6 月 26 日。

[②] 中国互联网络信息中心：《第 41 次中国互联网络发展状况统计报告》，2018 年 3 月 5 日。

[③] 邱泽奇：《连通性：5G 时代的社会变迁》，《探索与争鸣》2019 年第 9 期。

[④] ［美］马修·辛德曼：《数字民主的迷思》，唐杰译，中国政法大学出版社 2016 年版。

"隐蔽的秩序",但它终究是一个"意料之外"的结果。[①] 所以从这个意义上讲,一个科学严谨的态度是,将5G技术视为改变社会结构的INUS条件,即充分非必要条件中的必要非充分部分(Insufficient but Necessary Part of an Unnecessary but Sufficient Condition,INUS),[②] 而非充分条件。同时将对大众传播新样态的研判,限定在5G技术渗透率达到强建构力阈值之前的可预见未来(文中所定义的5G时代的前半叶)。

因此,我们认为,在可以预见的未来,在传—受关系结构层面,当前多中心"一对多"+圈层化"多对多"复合结构不会被颠覆,变化将主要发生在技术应用层面,体现于信息呈现形式与传播媒介两个方面,应基于既有结构,对在5G技术影响下的大众传播新样态展开"有所克制"的合理想象。

(二) 媒介技术应用的创新

近年来,虚拟现实(VR)和增强现实(AR)技术通过为使用者提供一种区别于外部物理环境的沉浸式(immersive)体验,实现了对以2D画面和键鼠交互为特点之传统媒介的超越,为突破长久以来同质化感官体验提供了答案。有学者总结,沉浸传播应该具有以人为本、无处不在、无时不有的特征,[③] 而现实中的沉浸传播距此仍有差距:对于传播主体而言,传播并非一个连贯过程,在影像制作—产品上线—用户下载—设备播放链条中产生的时滞不可避免;对于受众而言,沉浸式体验的时长无法超越内容产品的预先设定;对于传播内容而言,影像的逼真度与清晰度与使用者的肉眼感知能力存在鸿沟。5G技术带来的前所未有的高速率、低延时、高可靠性,能够支持4K超高清影像的实时传送,进而实现类似现场直播的无时滞传播,并且在传播过程中,可以由受众决定体验

[①] 所谓"隐蔽的秩序"指的是,具有适应性的行动者进行互动,会在宏观层面"涌现"出难以预测的非线性结果,这种必然产生的复杂性背后隐藏着规律和秩序。(Holland, J., *Hidden Order: How Adaptation Builds Complexity*, Massachusetts: Perseus Books, 1995.)

[②] Mackie, J. L., "Causes and Conditions", *American Philosophical Quarterly*, Vol. 2, No. 4, 1963, pp. 245 – 264.

[③] 李沁、熊澄宇:《沉浸传播与"第三媒介时代"》,《新闻与传播研究》2013年第2期。

第二章　治理的外部条件：信息生产与传播活动的发生样态

时间的长短——其与当前的准沉浸传播相比，就像4G时代在线观看高清视频直播与3G时代先下载预先录制的视频再使用本地播放器播放的区别。这意味着，沉浸式体验或将是5G时代大众传播的关键词。① 真实沉浸感对准沉浸感的替代可以带来以下两方面的改变。

第一，垂直方向上，"一对多"单向传播的客体或将是一个可以让受众沉浸其中的"场景"。在此前诸多大众传播方式中，受众自主性再高，也要在传播主体所提供的"导播视野"范围内进行选择，例如，当前网络视频平台在直播晚会时，会根据转播机位提供有限的几个视角供用户选择，以获得不同的观感——这便是4G技术支持下对于还原现场的一种尝试。而在5G技术支持下，能够实现对现场更立体、更清晰的还原，受众则可以在传播者提供的"场景"中获得无限接近真实的沉浸式体验。如上所述，沉浸传播的核心是"以人为本"，借助全息显示、VR等技术，受众可以自定义其在"场景"中的角色、位置、角度，以第一视角切入，获得全方位、多视角的全景观感，甚至依托传感器、可穿戴设备、物联网连接视觉、听觉、触觉、嗅觉、味觉等多种"外感官"，与内视觉、内听觉和情绪记忆三种"内感官"形成共振，获得接近真实的临场感。② 所以，垂直方向上"一对多"精准化分众传播，或将表现为传播主体根据用户画像进行的"场景"分发。

第二，水平方向上，"多对多"交互传播或将转变成为场景交换，令身处异地的行动者实现共同"在场"并进行互动。卡斯特曾在研究中提出，互联网技术打破了空间限制，每个接入互联网的网民都有无穷的行动空间。③ 目前看来，这还只是一种形象比喻，身处异地的人们虽然可以通过语音或视频通话等中介进行即时互动，但无法摆脱人机分离所带来的疏离感，即便声音、面孔与行动在参与互动，身体却只能"旁观"。但是在

---

① 曹竞、刘俞希：《5G时代下的媒体融合发展　中国青年报沉浸式体验新闻的探索与思考》，《新闻与写作》2020年第3期。
② 雷晓艳、胡建秋、程洁：《沉浸式传播：5G时代体育赛事传播新范式》，《当代传播》2020年第6期。
③ [西]曼纽尔·卡斯特：《信息化城市》，崔保国等译，江苏人民出版社2001年版。

5G 技术和相关设备支持下，卡斯特关于"无穷行动空间"的比喻可能变成事实：互动参与者可以与对方交换场景，这相当于创造出一个新的、既不同于现实世界也不同于虚拟世界的"空间之空间"，让身处异地的用户在同一个"场景"中相聚，实现共同在场式的面对面交流。[①]并且，在可穿戴设备等终端的支持下甚至可以完成体感交互。所以，水平方向上"多对多"圈层化交互传播，或将表现为受众之间交换"场景"，并在"场景"交换过程中实现共同"在场"的交流互动。

基于以上讨论，本章的结论是，作为基本社会过程的信息生产与传播活动如何开展，由社会主体之间的传—受关系结构与媒介技术的一般应用方式所共同决定。在当前阶段以及可以预见的未来（5G 技术及相关设备与应用发展较为成熟，但其普及率与渗透率尚未达到具有强建构力之阈值的阶段），信息生产与传播模式都会呈现这样一种复合样态[②]：多元传播主体面向不同受众，以平台为枢纽精准分发信息；同时，不同受众之间基于自身的社会网络在平台中或跨平台进行信息交互。

[①] 喻国明、王佳鑫、马子越：《5G 时代虚拟现实技术对传播与社会场景的全新构建——从场景效应、场景升维到场景的三维扩容》，《媒体融合新观察》2019 年第 5 期。

[②] 有一个特殊情况需要加以说明：2021 年 3 月，世界上最大的多人在线创作沙盒游戏平台 Roblox 上市，随后市值飙升到近 500 亿美元，令"元宇宙"（meta-universe）这一来自科幻小说《雪崩》的概念走进人们的视野。2021 年 10 月，Facebook 公司宣布正式更名为 Meta，则进一步在全球范围引爆元宇宙的热度。所谓元宇宙，指的是基于计算机仿真技术，搭建一个与现实世界平行的虚拟世界。人借助可穿戴设备，能够以数字化身的形式进入其中，在拥有完整经济社会体系的虚拟时空从事生产、生活活动。结合本章研究结论，我们可以认为元宇宙描述的正是一种通往未来 5G 时代的过渡阶段。具体来说，元宇宙是在虚拟空间中比现实世界创造出一个仿真场景，人以虚拟角色的方式进入其中，从此前对类似电脑游戏中"主角"的外部操纵变为深度介入的自我操纵，完成第一视角融合。而文中所构想的进阶状态是在现实空间中创造出一个虚拟场景，人的身体直接浸入这个虚拟场景获得感官体验。由过渡阶段到进阶状态，是以技术和设备的发展为基础，可以理解为令虚拟场景由被限制在设备之"内"到在设备支持下获得"解放"，像空气和水一样无处不在，类似此前移动互联网技术和便携智能设备让互联网摆脱网线和固定 PC，渗透人们的日常生活。因此，必须要说明的是，关于未来信息生产与传播样态的展望必须照应与 5G 技术相适配的设备、用户的适应能力、相关产品的开发速率等现实问题，包括 VR 设备分辨率与肉眼感知的沉浸感鸿沟，设备硬件算力负荷大、功耗高、续航差、价格昂贵造成设备占有壁垒，VR 设备产生的眩晕感降低应用体验，长期开发与短期消费之间的内容供需冲突等均亟待解决。这些由 5G 时代附着给技术、社会、传播的新课题，昭示着上述想象变为现实之路可谓"漫漫其修远兮"，需要政产学研用各界的耐心与努力。

第二章 治理的外部条件：信息生产与传播活动的发生样态

表2-1 技术—社会—传播（T-S-C）框架下大众传播的历史演进

阶段	大众传播样态	社会结构	技术应用
阶段一	经典"一对多"大众传播	"一对多"形成	1. 语言——口述信息 2. 文字——记录信息
		"一对多"稳定	3. 印刷术——复制信息 4. 电子影像技术——播放音像化信息
		"一对多"创新	5. 互联网（Web1.0）——共享信息
阶段二	多中心"一对多"大众传播＋"多对多"交互传播	"一对多"中的"一"多中心化	1. 互联网（Web2.0）——发布信息与双向交流
		"一对多"中的"多"网络化	
		"多对多"圈层化	2. 移动互联网——随时随地联网 3. 3G技术——即时发布信息与双向交流
阶段三	多中心"一对多"分众传播＋圈层化"多对多"交互传播	"一"对多重"多"	1. 互联网（Web3.0）——精准分发信息
		"一对多"平台化	2. 4G技术——丰富信息内容表现形式
阶段四	(沉浸式＋场景化)×(多中心"一对多"分众传播＋圈层化"多对多"交互传播)	"一对多"＋"多对多"	1. 5G技术——优化感官体验

表格来源：笔者自制。

第三章

治理的体系运行：国家管平台，平台管内容

网络信息内容治理如何开展，既受到国家治理信息内容的内在需要所驱动，也受到外在于国家的信息生产与传播活动所约束，它在两者综合作用下、经过反复调适将会形成一种相对稳定而有效的体系结构和运行模式。具体而言，不论国家将信息内容视作什么，对于信息内容及相关生产与传播活动的治理意愿，都要依托于相应的组织机制转化为治理实践——我们称之为政治系统内特定意愿转化之后的输出。有学者分析指出，治理往往滞后于技术化社会变革。[①] 当相对滞后的传统治理作用于相对先行的变革社会，所产生的不（完全）合预期的结果将被视作治理面临挑战的信号（负反馈），亦即开启治理变革的信号——国家根据作为负反馈的挑战信号会在观念层面或组织层面做出调整，进而向社会输出新的治理实践，直至两者适配，稳定产生合预期的结果（正反馈）为止。接下来，本章拟基于前两章的发现和结论，聚焦研究网络信息内容治理的体系运行问题，相关讨论分以下三个部分展开：一是网络信息内容治理作为信息内容治理的真子集，经调适而形成的是什么样的体系

---

① 技术化社会（technological society）指的是一个处处渗透着技术且以技术为工具的社会。技术化社会变革指的是由非技术化社会向技术化社会变迁的过程，即技术由工具，逐渐具备自主性，进而进入人类的社会生活，成为与自然环境、社会环境具有同等意义的，对人的行为产生影响的技术环境。（邱泽奇：《技术化社会治理的异步困境》，《社会发展研究》2018年第4期。）

结构与治理模式；二是国家（包括执政党和政府）在经调适而形成的治理体系中如何履行其作为关键行动者（之一）的角色职责；三是互联网平台在经调适而形成的治理体系中如何履行其作为关键行动者（之二）的角色职责。

在正式开始本章研究之前，需要对研究范围予以讨论说明。本研究认为，从信息内容治理到网络信息内容治理，发生的是质的转变。而造成质的转变的动因，是以互联网技术发展扩散渗透为标志的信息革命导致了社会变革，进而引发国家治理的调适与转型。[1] 具体到第一章所讨论的国家主导信息内容治理的七重属性（宣传动员、新闻报道、舆论监督、问政咨询、舆论引导、政务公开、信息监管），它们分别遭遇来自技术化社会变革不同程度的挑战，促进相应治理实践在不同程度发生转型。

新闻报道：传统新闻媒体，面对媒介技术发展与传播模式转变，其所从事的新闻报道作为一种旨在为社会个体塑造关于外部世界的拟态环境的活动，在与流言蜚语、假新闻、软广告等不符合客观、中立、真实原则的信息生产、传播活动的竞争中面临被"挤出"的风险。为应对该挑战而进行调适的主要方向是推动媒体融合发展，[2] 深化能力建设的同时对新闻资讯的"出口"加强管制，例如2014年8月，中央全面深化改革领导小组《关于推动传统媒体和新兴媒体融合发展的指导意见》，提出要建成几家拥有强大实力的新型媒体集团，形成立体多样、融合发展的现代传播体系。

---

[1] 习近平总书记指出，"从社会发展史看，人类经历了农业革命、工业革命，正在经历信息革命。农业革命增强了人类生存能力，使人类从采食捕猎走向栽种畜养，从野蛮时代走向文明社会。工业革命拓展了人类体力，以机器取代了人力，以大规模工厂化生产取代了个体工场手工生产。而信息革命则增强了人类脑力，带来生产力又一次质的飞跃，对国际政治、经济、文化、社会、生态、军事等领域发展产生了深刻影响。""我们提出推进国家治理体系和治理能力现代化，信息是国家治理的重要依据，要发挥其在这个进程中的重要作用。要以信息化推进国家治理体系和治理能力现代化……"[习近平:《在网络安全和信息化工作座谈会上的讲话》(2016年4月19日),《光明日报》2016年4月26日第2版.]

[2] 有学者指出，党和政府提出媒体融合的任务，从根本上说是旨在突破传统主流媒体影响力衰退、价值使命难以履行的现实困境。（喻国明:《新型主流媒体：不做平台型媒体做什么？——关于媒体融合实践中一个顶级问题的探讨》,《编辑之友》2021年第5期。）

2017年5月，国家互联网信息办公室出台《互联网新闻信息服务管理规定》，要求相关主体必须经许可持证（互联网新闻信息服务许可证）"上岗"，其中非公有资本背景主体"不得介入互联网新闻信息采编业务"，而只（可能）被允许转发转载。所以，作为新闻报道的网络信息内容治理，受到来自技术化社会变革的挑战有限，在新时代条件下形成稳定而有效的模式与过去相比没有质的变化：仍是主流媒体单方面采编新闻资讯（生产信息），然后通过互联网媒介渠道面向受众进行"一对多"单向传播，不仅"把关人"机制仍然有效（即使一些新闻报道中开始使用人工智能生成内容，它也只是辅助写作，仍需要由记者来对内容进行"把关"），甚至由于其他网络媒体转载而增加了传播扩散的速率和广度。

政务公开：各级政府组织，面对媒介技术发展与传播模式转变，其所从事的政务公开活动作为一种旨在保障公民民主权利的公共产品供给，越来越多地面对来自社会的，关于更全面、更及时、更便捷获得政务信息的需求输入。为应对该挑战而进行调适的主要方向是推进各级政府数字化转型，令过去通过会议、张榜、印刷手册等形式公开的政务信息可以通过互联网媒介平台集成发布。例如2005年10月中央人民政府门户网站上线运行（2006年1月正式开通），为中国省、市、县各级政府网站设置"总入口"，为信息发布搭建"总平台"。[①] 2017年5月，国务院发布《政府网站发展指引》，提出要以中国政府网为龙头、部门和地方各级政府网站为支撑，建设整体联动、高效惠民的网上政府。2019年修订的《中华人民共和国政府信息公开条例》进一步提出，"推进政府信息公开平台与政务服务平台融合，提高政府信息公开在线办理水平。"所以，作为政务公开的网络信息内容治理，受到来自技术化社会变革的挑战有限，在新时代条件下形成稳定而有效的模式与过去相比没有质的变化：仍是政府单方面供给政务信息（生产信息），然后通过互联网媒介

[①] 《中国政府网简介》，中国政府网，2016年5月11日，http://www.gov.cn/home/2016-05/11/content_5046257.htm，2023年6月26日。

渠道面向受众进行"一对多"单向传播，并且公开的范围、及时性、便捷性等得到显著提高。

舆论监督和问政咨询：主流媒体和各级政府组织，面对媒介技术发展与传播模式转变，其所分别从事的舆论监督和问政咨询作为旨在保障公民权利、提升治理能力的信息汲取活动越来越受到"众声喧哗"（表达的非制度化）和"众说纷纭"（信息的非结构化）的干扰。为应对该挑战而进行调适的主要方向是建设网络监督/问政平台，健全完善倾听民意表达的制度化渠道。其中具有代表性的问政咨询平台是人民网地方/部委领导留言板。具有代表性的舆论监督平台是中央纪委国家监委举报网站、中共中央组织部"12380"举报网站等。另外，2016年7月30日，国务院办公厅印发《关于在政务公开工作中进一步做好政务舆情回应的通知》，围绕明确责任、设定标准、加强督导与培训等提出一系列具体要求，以此对舆论监督和问政咨询工作起到反向促进作用。所以，作为舆论监督和问政咨询的网络信息内容治理，受到来自技术化社会变革的挑战有限，在新时代条件下形成稳定而有效的模式与过去相比没有质的变化：仍是公众单方面表达诉求（生产信息），然后主流媒体和政府组织通过互联网媒介渠道面向信源进行"一对多"的单向信息汲取，[①] 并且由于传播链路缩短，不必然经中介机构（如巡视组、调研团、主流媒体等）以筛选、整合、简化、加工等方式的再生产，令所汲取的民意信息更完整、更准确、更及时。

宣传动员、舆论引导、信息监管三者作为信息内容治理，不仅是党和政府面向社会公众单方面采取的行动，还包括对社会互动的过程及其结果的介入与干预，即参与到与社会公众的互动中，所以技术建构下的社会变迁（技术化社会变革）对于治理构成巨大挑战。无论是以海量的

---

① 其中也包括政府回应诉求和公众满意度打分所构成的双向错时互动，例如人民网地方领导留言板。我们认为后续双向互动不属于民意信息汲取，而是督促政府"眼睛向下看"，及时汲取信息，真正吸纳民意的激励机制设计。

用户生产内容（User Generated Content，UGC），还是以互联网平台为枢纽的复合式信息传播活动（多中心分众+圈层化交互）为对象，进行网络宣传动员、网络舆论引导和网络信息监管都面临来自能力、成本与正当性等方面的障碍：一是商业平台崛起引发传播结构的转型和对流量的垄断，主流媒体面临针对公众注意力资源的激烈竞争，话语权力受到相对削弱，"四力"亟待进一步提高；①二是政府缺乏直接持续监测平台场域内信息流并识别相关内容的技术能力，向第三方专业机构购买关于公众舆论的情报服务成本巨大；三是政府直接介入平台企业运营并对平台场域内的信息流（私营平台企业经营的内容产品）和用户（账号）进行直接干预的正当性存在争议。所以，新时代条件下经调适形成了与传统治理大相径庭的体系结构与运行模式，两者相比存在质的差别。

综上所述，新闻报道、舆论监督、问政咨询、政务公开四类针对信息内容的国家治理活动，截至目前并未遭遇来自技术化社会变革的强挑战，故而没有发生质的变化，从这个意义上讲，不属于本研究所重点关注的网络信息内容治理的范畴，而更接近于传统信息内容治理在工具、方式、渠道、领域、职能等方面的拓展。相比之下，宣传动员、舆论引导、信息监管三类针对信息内容的国家治理活动，由于需要深度介入到社会互动过程中，所以在新时代条件下面临着来自技术化社会变革（其中以平台化转型最为突出）的巨大挑战，相对于传统信息内容治理而言发生了范式转型——这正是开展本研究的前提和动因，也标志着网络信息内容治理相对于信息内容治理的焦点聚集（由七重属性聚焦为三重属性）。所以，接下来的讨论范围限定为国家履行宣传动员、舆论引导、信息监管三项必要职责，关注正面内容建设与负面内容监管两个主要业务条线，系统考察分析网络信息内容治理体系的结构和运行。

---

① 习近平：《坚持正确方向创新方法手段　提高新闻舆论传播力引导力》，《人民日报》2016年2月19日第1版。

一 挑战与调适：从信息内容治理到网络信息内容治理

（一）技术化社会的挑战：互联网平台的崛起及其社会影响

1. 互联网平台何以崛起

平台（platform）本质上是一种中介载体，它为特定人群实现特定目标提供活动与互动的场域并对其赋能。溯其源头，"平台制与科层制和市场制一样古老，与人类的组织活动相伴随"。[①] 现实生活中为人们所熟悉的集市、百货商场和超级市场等皆属于平台范畴。

平台研究散见于社会学、管理学、经济学和政治学等社会科学不同领域，对平台概念与功能的讨论"百花齐放"。在社会学中，平台被认为是一种组织形制，作为科层制与市场制的混合体，平台具有"科层组织+关联关系网络"的复合结构。[②] 在管理学中，基于赫伯特·西蒙（Herbert A. Simon）[③] 最早提出、鲍德温与克拉克（Baldwin & Clark）[④] 发展完善的模块化理论，平台被视为一种利于企业灵活重组资源来完成产品或业务以应对复杂市场的特殊组织结构。[⑤] 在经济学领域，学者们更多是在以罗切特与梯若尔（Rochet & Tirole）[⑥] 和阿姆斯特朗（Arm-

---

[①] 邱泽奇：《数字平台企业的组织特征与治理创新方向》，《人民论坛·学术前沿》2021年第21期。

[②] 邱泽奇：《数字平台企业的组织特征与治理创新方向》，《人民论坛·学术前沿》2021年第21期。

[③] Simon, H. A., "The Architecture of Complexity", *Proceedings of the American Philosophical Society*, Vol. 106, No. 6, 1962, pp. 467–482.

[④] Baldwin, C. Y., Clark, K. B., "Managing in an Age of Modularity", *Harvard Business Review*, Vol. 75, No. 5, 1997, pp. 84–93.

[⑤] Ciborra, C. U., "The Platform Organization: Recombining Strategies, Structures and Surprises", *Organization Science*, Vol. 7, No. 2, 1996, pp. 103–118; Garud, R., Kumaraswamy, A., Sambamurthy, V., "Emergent by Design: Performance and Transformation at Infosys Technologies", *Organization Science*, Vol. 17, No. 2, 2006, pp. 277–286; 简兆权、刘晓彦、李雷：《基于海尔的服务型制造企业"平台+小微企业"型组织结构案例研究》，《管理学报》2017年第11期。

[⑥] Rochet, J. C., Tirole, J., "Platform Competition in Two-Sided Markets", *Journal of the European Economic Association*, Vol. 1, No. 4, 2003, pp. 990–1029.

strong)① 为代表的双边市场理论基础上解释平台，认为平台是一种特殊的市场类型，② 它在不同消费者之间发挥中介作用以促进交易达成。③ 在政治学领域，早在1892年，杰弗森（Jephson）即关注到平台制在英国社会运动中的作用，认为平台是表达、告知和控制公共观点的工具④。近十年来，随着蒂姆·奥雷利（Tim O'Reilly）提出"政府即平台"（Government as a Platform，GaaP）理论，⑤ 相关研究大部分都在数字政府框架下开展，将平台看作是提升政府组织和服务效率的技术工具。⑥

本章所谓平台即互联网平台，其实质是传统平台与互联网技术相结合而"进化"形成的新形态。随着信息技术特别是互联网技术的发展扩散，个体之间建立了网络化的高度联系，⑦ 这令传统平台的规模限得以突破，组织结构得以优化。在技术革命之语境下率先触到平台实质——信息中介的是尼葛洛庞帝，他在《数字化生存》⑧ 中多次用"媒介""界面"去刻画未来人的数字化生存方式，认为互联网创造出的是一种虚拟但真实的载体，它改变了人们信息传播与交流的时空。特纳从文化视角切入的研究则涉及了平台的社群属性，他将个人计算机定义为"解放自我的武器"，通过它，使用者能够自由链接并建造如"数字乌托邦"一般的公共交流平台。⑨ 2004

---

① Armstrong, M., "Competition in Two-Sided Markets", *Rand Journal of Economics*, Vol. 37, No. 3, 2006, pp. 668–691.

② Hagiu, A., "Strategic Decisions for Multisided Platforms", *MIT Sloan Management Review*, Vol. 55, No. 2, 2014, pp. 71–80.

③ Constantinides, P., Henfridsson, O., Parker, G. G., "Platforms and Infrastructures in the Digital Age", *Information Systems Research*, Vol. 29, No. 2, 2018, pp. 381–400.

④ Jephson, H., *The Platform: Its Rise and Progress*, New York: Macmillan & Co., 1892.

⑤ O'Reilly, T., "Government as a Platform", *Innovations Technology Governance Globalization*, Vol. 6, No. 1, 2011, pp. 13–40.

⑥ 宋锴业：《中国平台组织发展与政府组织转型——基于政务平台运作的分析》，《管理世界》2020年第11期。

⑦ [西]曼纽尔·卡斯特：《网络社会的崛起》，夏铸九、王志弘等译，社会科学文献出版社2001年版，第82—90页。

⑧ [美]尼古拉·尼葛洛庞帝：《数字化生存》，胡泳、范海燕译，电子工业出版社2017年版。

⑨ [美]弗雷德·特纳：《数字乌托邦》，张行舟、王芳、叶富华、余倩译，电子工业出版社2013年版。

年，Web2.0 的概念被提出，随后蒂姆·奥雷利对 Web2.0 做出定义，他指出 2.0 版本的互联网本身就是一个去中心化的开放平台，以用户为主导生产内容，可以实现双向信息实时交互。① 这为基于第二代互联网技术的产业革命和商业变革奠定了基础，也影响了社会科学领域平台研究的重心与方向。进入 21 世纪，互联网企业纷纷开启平台化转型，以谷歌（Google）、亚马逊（Amazon）等为代表的互联网巨头皆在其列。互联网平台研究也已然成为各个学科所关注的热点，学界对于平台的认知随着实践进程不断丰富和拓展。

在新一轮科技革命与产业变革进程中，互联网平台在全球经济社会发展全局中扮演愈发重要的角色，这一点从互联网平台企业异军突起，逐渐成为世界经济和国民经济中的新巨头可以看出。根据普华永道（PwC）发布数据，2010 年，全球上市公司市值前十名只有微软和苹果 2 家互联网企业。而到了 2020 年，则有多达 7 家互联网平台企业进入前十名，除了微软和苹果，还增加了亚马逊、ALPHABET（谷歌母公司）、阿里巴巴、Facebook、腾讯等 5 家。据有学者在 2019 年的测算，我国平台经济规模已经占 GDP 的 10% 左右。平台经济已经深深地融入工业、零售、交通、物流、能源、金融等诸多领域中。② 我们认为，互联网平台在中国的崛起，是科技革命引导、宏观政策促进与微观市场激励三者共同酝酿的结果。

（1）科技革命浪潮的引导

从世界科技发展进程看，20 世纪中后期掀起的第三次科技革命以原子能、电子计算机和空间技术的出现为主要标志，涉及信息、新能源、新材料、生物工程和航天工程等高新科技领域。马克思和恩格斯早在第一次科技革命时期就指出了科技推动人类社会发展的革命性意义，"17 世纪和 18 世纪从事创造蒸汽机的人们也没有料到，他们所制作的工具，

---

① Web2.0 的概念在 O'Reilly 和 MediaLive International 公司之间一次头脑风暴会议中由 Dale Dougherty（O'Reilly 公司副总裁）提出。O'Reilly, T., "What Is Web 2.0: Design Patterns and Business Models for the Next Generation of Software", *Communication & Strategies*, No.65, 2007, pp.17–37.

② 赵昌文：《平台经济的发展与规制研究》，中国发展出版社 2019 年版。

比其他任何东西都更能使全世界的社会状况发生革命"。① 第三次科技革命推动社会经济形态由工业经济向信息经济转型，催生出了信息、咨询、软件等一批知识和技术密集型产业，这些新兴产业日渐壮大并在国民经济结构中处于主导地位，信息经济成为世界各国经济的新增长点。

第三次科技革命处于"大科学时代"，政府在推动科技发展中发挥着主导作用。1962 年美国学者普赖斯基于统计分析提出，以 20 世纪为分界，科技发展从"小科学时代"进入"大科学时代"，科研活动从个人的自由行为转向国家社会的计划行为。② 各国政府都积极制定国家战略计划，力图抢占世界科技制高点。1983 年美国宣布实施"战略防御计划"（星球大战计划）；1985 年西欧提出"尤里卡计划"；1987 年日本推出"人类新领域研究计划"；1989 年韩国制定"尖端产业发展五年计划"；等等。这些战略计划都旨在重点发展计算机技术、机器人技术和通信技术等高新技术。

第三次科技革命明显加快了世界现代化的进程，成为席卷全球的浪潮。有学者指出，"科技发展是文明进步和现代化的组成部分，科技成果是文明和现代化的动力源泉"。③ 此次科技革命的开启与持续同各国政府的大力推动密切相关，科技革命的成果反过来也促进着各国综合国力的提升。在此过程中，欧美发达资本主义国家迎来了黄金发展期，进入现代化的更高阶段，和社会主义国家拉开了差距；日本战后通过科技立国，不断赶超德国、苏联成为世界经济强国；"亚洲四小龙"抓住这次机遇，利用高新技术进行产业结构调整，实现了经济腾飞。④

综上而言，第三次科技革命为我国确定科技发展的重点方向提供了历史机遇；发达国家和地区采取与科技革命相适应的举措和经验，是我

---

① 《马克思恩格斯文集》（第九卷），人民出版社 2009 年版，第 561 页。
② ［美］D. 普赖斯：《小科学，大科学》，宋剑耕、戴振飞译，世界科学社 1982 年版。
③ 何传启：《科技革命与世界现代化——第六次科技革命的方向和挑战》，《江海学刊》2012 年第 1 期。
④ 雷华美、郭强：《历次科技革命与社会主义的发展》，《当代世界社会主义问题》2021 年第 4 期。

国学习借鉴制订科技战略计划的外在推力;而归根到底,想要在生产力落后的新中国,又好又快地进行社会主义现代化建设,则构成了以"科技现代化"作为发展之关键"抓手"的内在动力。①

(2)宏观政策背景的促进

党和国家一贯重视科技发展,并且习惯以积极科学的态度看待由其带来的深刻影响。党的十一届三中全会做出以经济建设为中心、实行改革开放的战略决策。随后,面对第三次科技革命,我国秉持"科学技术是第一生产力"的信念,大力推进信息化建设,以期促进经济高速增长与综合国力提升,实现"弯道超车"。1984年《中共中央关于经济体制改革的决定》提出:"正在世界范围兴起的新技术革命,对我国经济的发展是一种新的机遇和挑战。这就要求我们的经济体制,具有吸收当代最新科技成就,推动科技进步,创造新的生产力的更加强大的能力。因此,改革的需要更为迫切。"科技革命明确了生产力的发展方向,信息科技被视作促进经济发展的关键动力,发展信息科技自然成为"我国加快实现工业化和现代化的必然选择"。②

一方面,从科技发展的宏观政策来看,国家遵循科技自身发展逻辑,面向经济发展,强调重点发展信息科技及其相关高新技术,加快科技成果突破与产业结合转化。根据1978年至2006年制定的六次国家中长期科技发展规划可知,我国在稳步推进信息技术沿着"信息化—网络化—数字化"的方向演化,从发展电子与计算机技术、③ 到互联网技术、④ 再到新一代网络技术,⑤ 国家科技政策为信息技术的更新

---

① 郑永年:《技术赋权:中国的互联网、国家与社会》,邱道隆译,东方出版社2014年版。
② 《江泽民文选》(第三卷),人民出版社2006年版,第545页。
③ 中华人民共和国科学技术部创新发展司:《中华人民共和国科学技术发展规划纲要(1956—2000)》,科学技术文献出版社2019年版。
④ 中华人民共和国科学技术部创新发展司:《中华人民共和国科学技术发展规划纲要(2001—2010)》,科学技术文献出版社2019年版。
⑤ 中华人民共和国科学技术部创新发展司:《中华人民共和国科学技术发展规划纲要(2016—2020)》,科学技术文献出版社2019年版。

迭代规划出清晰的路径。

另一方面，从经济和社会发展的宏观政策来看，政府大力开展信息基础设施建设，实现了从光缆、卫星到移动通信基站、大数据中心；从"两网一站四库十二金"到工业互联网平台、城市大脑的多层次、多领域广泛覆盖。以此带动信息技术产业化和传统产业信息化，鼓励新产业新业态新模式的孵化，催生出国民经济发展的新引擎。通过梳理改革开放后制定的国民经济和社会发展五年计划/规划（从"七五"到"十四五"规划），容易发现从最早的"机械电子工业"[1]"电子工业"[2]，到"信息产业"[3]"信息化"[4][5]，再到"网络经济"[6]"数字经济"[7]，信息产业在政策先行的影响下逐渐从新兴产业上升成为支柱产业，由点到面、脱虚入实，实现了从"跟跑"到"领跑"的跨越。

综上所述，我国在推进信息化建设过程中，始终将科技发展与经济社会发展紧密结合，从国家层面实施战略规划，有重点有方向分阶段地推进信息基础设施建设，促进信息科技与产业的融合发展，形成了"信息经济—互联网经济—数字经济"的演化路径。这为平台经济模式的出现奠定了坚实基础。

（3）微观经济环境的激励

在科技革命与宏观政策交互作用的条件下，市场经济中出现了互联网经济新形态。从微观市场环境看，互联网商业模式的底层逻辑，是通过提

---

[1]《中华人民共和国国民经济和社会发展第七个五年计划（1986—1990）》，人民出版社1986年版。

[2] 李鹏：《关于国民经济和社会发展十年规划和第八个五年计划纲要的报告》，人民出版社1991年版。

[3] 国家发展计划委员会：《中华人民共和国国民经济和社会发展第十个五年计划纲要学习辅导讲座》，人民出版社2001年版。

[4]《中华人民共和国国民经济和社会发展第十一个五年规划纲要》，人民出版社2006年版。

[5]《中华人民共和国国民经济和社会发展第十二个五年规划纲要》，人民出版社2011年版。

[6]《中华人民共和国国民经济和社会发展第十三个五年规划纲要》，人民出版社2006年版。

[7]《中华人民共和国国民经济和社会发展第十四个五年规划和2035年远景目标纲要》，人民出版社2021年版。

供免费的产品，获得一定规模的用户流量，然后以此为"筹码"吸引广告投放来完成变现，实现盈利。①在整个逻辑链条中，流量是盈利的关键。为了在变动的市场中生存和发展，互联网企业必须以吸引更多用户（流量）为目标，从而保持自身的竞争力。按照传统的运营模式，企业不论自行生产还是购买交换，需要不断供给丰富的免费产品或服务，但该种模式的显著缺点是成本投入过高，容易入不敷出。以视频网站为例，为了在节约成本与扩大自身影响力之间寻求平衡，不同视频网站之间曾一度形成了相互盗播各自的"独家"内容之默契②。

竞争激烈化与市场合规化倒逼互联网企业进一步创新商业模式，于是平台运营模式应运而生。该模式可以不直接提供产品，而是通过为生产者与消费者提供互动交易平台及相关服务，形成一个自给自足的生态系统——此举能降低运营成本并实现可持续发展。例如创业初期的今日头条是一家纯粹的技术公司，今日头条 App 没有编辑团队，资讯的提供完全依赖于"算法编辑+智能分发"，即通过爬虫来采集媒体网站的内容，挖掘用户偏好，向用户分发个性化的新闻资讯。与传统企业相比，平台型企业能够在链接市场主体进行交易活动的同时产生同边网络效应与跨边网络效应，从而产生同边用户价值与双边用户价值创造效应，进而间接性产生平台价值创造效应。③

平台的创新模式在实践中得到了成功检验，越来越多的互联网企业开始向平台型企业转型——近年来，互联网平台由几个代表性的电商、社交、资讯平台，迅速发展成为涵盖网络销售、生活服务、社交娱乐、信息资讯、金融服务和计算应用等六大类的庞大群体，并且在各大类别中分化出细类。④

---

① ［美］克里斯·安德森：《免费：商业的未来》，蒋旭峰、冯斌、璩静译，中信出版社 2009 年版。
② 江小涓：《网络时代的政府与市场：边界重组与秩序重构》，《比较》2019 年第 2 期。
③ 阳镇：《平台型企业社会责任：边界，治理与评价》，《经济学家》2018 年第 5 期。
④ 《互联网平台分类分级指南（征求意见稿）》，国家市场监督管理总局，2021 年 10 月 29 日，https:// www. samr. gov. cn/hd/zjdc/art/2023/art_c0086d02fcc544ea9506c997b3ac93c1.html，2022 年 3 月 9 日。

这种趋势符合熊彼特提出的,创新者打破既有均衡获得创新红利,引发其他市场主体以追求潜在利润而竞相效仿的蜂聚现象。① 因此,可以认为,平台经济是数字经济在当前阶段的一个外在表征,而平台崛起即是在平台创新模式的扩散效应下蔚然成风,进而形成的一股不可逆的趋势。

2. 互联网平台崛起的社会影响

(1) 平台模式扩散与网络空间"封建化"

作为市场主体的互联网平台,以用户为标的参与市场竞争,可能致使网络空间"封建化"。前文曾论及平台是一种新型企业组织,其与传统企业组织的重要区别在于,它的作用相当于一种商务基础设施——可以不直接参与产品的生产与供给,而只创造并提供降低交易成本的相关条件,进而促进供给方与需求方达成交易。一般而言,基础设施的价值取决于使用者的规模,所以日活跃用户(DAU)被视为反映平台商业价值的核心指标,那么这自然决定了,以增值营利为基本目标的平台企业,会在市场中围绕用户展开激烈竞争。一个典型案例就是,2014 年,网约车平台公司"滴滴"与"快的"(在合并前)之间轰轰烈烈的"赔本赚吆喝"大战。除了通过低价策略吸引用户注册并应用,平台同时还会设置退出壁垒以防用户流失,例如各大互联网平台一方面会构建"有墙花园"(walled gardens),限制自家平台的内容被一般的搜索引擎搜索到;② 另一方面也会构建兼容性的屏障,让其他企业的内容和产品无法在自家平台上正常呈现。平台企业竞相以这种"开源节流"的模式发展扩张,从宏观层面看,无异于一场针对流量而开展的"圈地运动",其结果将是网络空间"封建化":尽管网民拥有自主选择的权利,但他们一旦因为体验、兴趣、利益、社交等不同原因入驻一个平台,便可能因为高昂的迁移成本而放弃退出,从而成为平台的

---

① [美] 约瑟夫·熊彼特:《经济发展理论——对于利润、资本、信贷、利息和经济周期的考察》,何畏、易家详等译,商务印书馆1990 年版,第294 页。

② Netanel, N. W. , "Temptations of the Walled Garden: Digital Rights Management and Mobile Phone Carriers", *Journal on Telecommunications and High Technology Law*, Vol. 6, 2007, pp. 75 – 99.

"常驻人口"。① 由此可见，即便是自由开放的网络空间，仍有可能因为平台企业围绕用户的竞争，而被分割成一个个封闭的无形"领地"。

(2) 平台场域扩张与网络空间"空心化"

作为次级市场的互联网平台，承担资源配置的功能，可能致使一级市场，即平台场域以外的网络空间"空心化"。在市场中，人们的基本工作是在与其他行动者的互动中找到自己的立足点，促进交易的达成。② 对于在一级市场中被平台吸引而入驻平台的用户而言，平台即市场，他们在其中分别扮演买家或卖家的角色，完成生产、消费和交易等活动。所不同的是，平台制的行动结构不再是理想市场中完全自由的交易行动结构，而是受平台约束的交易行动结构。③ 这意味着，原本在一级市场中实现的资源配置开始向平台转移，令一级市场面临"空心化"风险④——实际上，这在一定程度上已经成为一种现实：以短视频平台为例，据统计，2020 年，抖音日活跃用户突破 6 亿，⑤ 占全国人口总数约 42%；快手主站平均日活跃用户为 2.65 亿，⑥ 占全国人口总数约 18%。另一份研究报告显示，我国短视频用户规模达 10.53 亿，占网民整体的 96.4%。⑦ 在这种情况下，迫于生存压力，一级市场的

---

① Rheingold 提出虚拟社区的概念（Rheingold, H., *The Virtual Community: Homesteading on the Electronic Frontier*, Massachusetts: The MIT Press, 2000），用于描述网络空间中具有非地域性边界的共同体。虚拟社区理论认为，在网络空间中，意识、行为、利益是维系共同体的关键因素，它们常"化身"为社区成员共同关心的话题。此外，个体也会通过各种建立在人际互动之上的关系链条或纽带发生联系，由此编织起来的社会网络同样能够催生共同体意识（彭兰：《从社区到社会网络——一种互联网研究视野与方法的拓展》，《国际新闻界》2009 年第 5 期）。这些是除了应用体验之外促进"封建化"的重要原因。

② [美] 哈里森·C. 怀特：《市场与厂商：通向经济社会学未来的解释》，载 [西] 莫洛·F. 纪廉、[美] 南德尔·柯林斯、[美] 保拉·英格兰、[美] 马歇尔·迈耶主编《新经济社会学：一门新兴学科的发展》，姚伟译，社会科学文献出版社 2006 年版，第 177—203 页。

③ 邱泽奇：《数字平台企业的组织特征与治理创新方向》，《人民论坛·学术前沿》2021 年第 21 期。

④ 刘晗：《平台权力的发生学——网络社会的再中心化机制》，《文化纵横》2021 年第 1 期。

⑤ 抖音：《2020 抖音数据报告》（完整版），2021 年 1 月 5 日。

⑥ 快手：《截至 2020 年 12 月 31 日止年度业绩公告》，2021 年 3 月 23 日。

⑦ 中国互联网络信息中心：《第 53 次中国互联网发展状况统计报告》，2024 年 3 月 22 日。

非平台主体要么向平台转型并在客观上加入"架空"市场的集体行动（如人民日报开设"人民号"平台），要么"委身"于平台内部的次级市场（如人民日报在抖音、快手等平台开设官方账户），①以用户身份接受平台对资源的调配，唯此才有可能获得足以支持其独立运营的"注意力"。因此，一旦某个平台在某一领域实现垄断，那么也就相当于垄断了该领域的用户及其相应的生产力和购买力资源，或将在该领域取代一级市场。②例如，滴滴快的合并后市场份额一度超过99%，③倒逼出租车公司纷纷向网约车平台转型或与平台合作以竞争客户，导致一级市场变得有名而无实（乘客几乎不能通过沿街招手而拦到并搭乘出租车），网络空间——作为承载包括市场交易在内的各种社会活动的场域，表现出"空心化"特征。

（3）平台企业运营与政府"悬浮化"

作为局部公权力主体的互联网平台，能够相对独立创设与执行规则，可能致使政府"悬浮化"。④平台企业作为平台的运营主体，面对市场竞争、用户需求与行政指令，自发、应该且有必要对平台内部的次级市场进行干预，通过警告、扣分、限流、屏蔽、下架、封号等措施，在局部提供公平、效率与秩序的公共品。所谓"自发"指平台出于"自利"动

---

① 肖红军：《平台化履责：企业社会责任实践新范式》，《经济管理》2017年第3期。

② 数字平台往往具有自然垄断属性。原因在于，规模经济和范围经济在数字平台上更多体现为直接与间接网络效应。（Parker, G., Van Alstyne, M. W., "Two-sided Network Effects: A Theory of Information Product Design", *Management Science*, Vol. 51, No. 10, 2005, pp. 1494 – 1504.）这让平台模式具有"赢者通吃"的特征，进而形成了对垄断的正向激励。

③ 《滴滴快的合并占有99.8%市场份额是否涉嫌垄断？》，人民网，2015年2月15日，http://it.people.com.cn/n/2015/0215/c1009-26568821.html，2023年6月26日。

④ "悬浮"概念最早是社会学家在研究税费改革对国家与农民关系的影响中提出的，指税费改革切断了基层政府从农村收取税费的途径转而依靠上级政府的转移支付，于是基层政权从汲取型变为与农民关系更为松散的"悬浮型"，进而使国家政权"悬浮"于乡村社会之上。（周飞舟：《从汲取型政权到"悬浮型"政权——税费改革对国家与农民关系之影响》，《社会学研究》2006年第3期。）随后，成为基层治理中定义纵向关系的核心概念，指基层政府与社会两者割裂或疏远的关系。文中"悬浮化"是一种引申，指政府与互联网平台内部次级市场相割裂的状态，致使政府部分职能无法触及平台内部，成为国家治理困境的重要原因。

机,激发用户之间的互动与竞争,从而激发平台内部系统活性,增加平台的商业价值,例如采用交叉补贴策略、设置社交功能等;"应该"指平台面对用户的正当需求,如"保护知识产权""保护隐私"等,做出积极回应,履行服务提供方应尽的义务;"有必要"指落实政府行政指令,控制与平台规模伴生的负面社会效应,承担如内容审查、信用评级、仲裁纠纷等公共性职责。假如某一平台在某一领域实现垄断,平台企业就等于从公共职责的承担者转型为该领域政府职能的替代者,[1] 出现"公司国家化""企业办政府"的情况。[2] 这在本质上是一种自我赋权(self-empowerment),也是对现代民主政治制度的挑战,即平台企业可以不经过民主程序,便能以强制但隐蔽的方式获得并行使某种公权力。其中,强制意味着用户如果不同意平台的用户条款,就要放弃加入平台,毫无协商的余地和渠道;隐蔽意味着用户不认为或完全意识不到因为点击"同意"而让渡了与自身利益密切相关的重要权利。从另一个角度理解,用户主动呼吁并自觉服从(平台干预)的行为,反映出平台权力已经在某种程度上具备了所谓领导权(hegemony)的属性。[3] 该情况直到2021年1月6日,时任美国总统特朗普(及其竞选团队)因支持者冲闯国会事件而被推特、脸书等社交媒体平台冻结账户,导致其在网络空间几乎完全噤声,才真正引起全世界的警觉。

(4) 平台算法调节与用户"赛博格化"

作为智能社会子系统的互联网平台,在算法调节下运行,可能致使平

---

[1] Kirkpatrick, D., *The Facebook Effect: The Inside Story of the Company that is Connecting the World*, New York: Simon & Schuster, 2010, p.254.

[2] 马云:"全世界最好的商业模式是国家,国家本来就是一个公司。当然,国家是不能随便成立的,但是有一个地方可以成立国家,那就是在虚拟的网络上……在虚拟的世界,阿里巴巴突然发现可以做这个事情。"(阿里巴巴集团:《马云内部讲话:关键时,马云说了什么》,红旗出版社2012年版,第119页。) 王坤、周鲁耀:"这不是传统小打小闹式'企业办社会',简直就是'企业办政府'。"(王坤、周鲁耀:《平台企业的自治与共治》,《浙江学刊》2021年第1期)。

[3] [意]安东尼奥·葛兰西:《狱中札记》,曹雷雨、姜丽、张跣译,中国社会科学出版社2000年版。

台用户"赛博格化"。① 平台用户、用户之间的关系与用户活动共同构成一个社会子系统,或者称为社区(community)。② 理论上讲,通过自组织、自协调、自适应等被称为"无形之手"的机制,系统可以在一定程度上产生自稳定秩序。但对于作为社会子系统的平台而言,其平衡状态得以涌现并维持,并非完全自发,而是在人工智能技术的精细化干预下"诱发"的,例如电商平台中交易的发生并非完全自发,而是在"千人千面"算法③的促进下发生的,由此产生的交易额远超无算法调节情况下形成的均衡状态。所以,对于向互联网平台这个系统施以调节作用的算法机制,我们可以称之为"提线之下的无形之手"。平台企业所开发并应用的算法与平台用户分别位于"提线"两侧:在其中一侧,平台企业利用算法整合用户身份、行为等多维数据,描摹用户画像并投其所好推送产品;在另一侧,绝大多数用户不知道或难以察觉算法调节的存在,好似在分别"自主"地从事生产、消费和交易活动。

(二)国家的调适:委托—代理关系与发包制治理模式的形成

基于以上分析可知,科技革命、政策推动、市场调节三者综合作用下,平台制与互联网技术相结合,克服了空间限制,令其相对于市场制与官僚制的优势得以放大和扩散,这促成了互联网平台崛起(平台化社

---

① 赛博格(cyborg)是20世纪中叶,美国科学家在讨论如何解决宇航员的太空生存问题而提出的概念,它最初被定义为"作为无自觉的整合性自体平衡系统而实现功能的,外源性扩展与组织化的复合体"。随后作为一种隐喻,被引申定义为"人与机器的相互嵌合"。它强调,与使用工具不同,赛博格是自体平衡(homeostatic)的,人对于机器的支持是无意识的(unconscious)。(阮云星、高英策:《赛博格人类学:信息时代的"控制论有机体"隐喻与智识生产》,《开放时代》2020年第1期。)文中所谓用户"赛博格化"是一种类比,指的是社会与机器的相互嵌合,即人工智能技术深度嵌入平台场域内社会子系统运行,对平台用户的活动与互动施加调节与控制,而(绝大多数)用户不自知的状态。

② 波斯特提出:社区的实质就是成员之间各种各样模式化的、定期的、持续重复的行为或实践。([美]马克·波斯特:《第二媒介时代》,范静哗译,南京大学出版社2000年版)在实践中,由平台运营者所制定,要求平台用户遵守的制度会被称为"社区规则"或"社区公约"。

③ "千人千面"算法即个性化推荐算法,所谓"千人千面"是对算法推荐效果的比喻,即每个人在使用同一个平台App时,其用户界面都是符合自身偏好而与其他人不同的。

会转型）。① 将由此带来的社会影响具体对应到网络信息内容及相关生产与传播活动，可以得到四个方面的显著变化趋势。

趋势之一对应网络空间"封建化"，即网民以互联网平台为主场域从事信息生产并进行社会互动（信息传播），平台（场域）成为网络空间中的网民"属地"，在平台场域之外"流浪"的原子化网民越来越少。

趋势之二对应网络空间"空心化"，即信息内容的生产与传播主要是在互联网平台（场域）之内或跨平台（场域）发生，平台成为网络空间中信息内容生产与传播的枢纽，② 发生在平台场域之外的活动与互动越来越少。

趋势之三对应政府"悬浮化"，即互联网平台运营由纯粹的商业活动生发出社会责任与公共属性，③ 平台（场域）成为网络信息内容治理的基本治理单元，政府直接面对的治理对象越来越少。

趋势之四对应用户"赛博格化"，即互联网平台运营者依托于人工智能算法对平台场域内的信息内容以及相关的生产与传播活动进行干预，成为调节平台舆论生态的那只"看不见的手"，不受算法调节的社会过程越来越少。

相对于先行的这四种显著变化趋势（技术化社会带来的挑战），相对滞后的治理在相当一段时间采用的是许可备案＋负面清单＋条线监管＋依规惩戒的办法。在与前者相遇之后，经历了两轮较为显著的调适，针对网络信息内容及相关生产与传播活动的治理，形成了当前相对稳定的体系结构与治理模式。

根据 2000 年 9 月 25 日发布，2011 年 1 月 8 日修订的《互联网信息服务管理办法》，针对相关主体提出的主要要求包括：第一，规定从事新闻、

---

① Van Dijck, J., Poell, T., De Waal, M., *The Platform Society: Public Values in a Connective World*, New York, NY: Oxford University Press, 2018.
② 张志安、聂鑫：《互联网平台社会语境下网络内容治理机制研究》，《中国编辑》2022 年第 5 期。
③ 肖红军、李平：《平台型企业社会责任的生态化治理》，《管理世界》2019 年第 4 期。

出版、教育、医疗保健、药品和医疗器械等互联网信息服务要经有关主管部门审核同意；要向省、自治区、直辖市电信管理机构或者国务院信息产业主管部门申请办理"互联网信息服务增值电信业务经营许可证"（经营性）或办理备案手续（非经营性）。拟开办电子公告服务的还要提出专项申请或专项备案。未取得许可或者未履行备案手续的，不得从事互联网信息服务。取得许可或履行备案手续的互联网信息服务提供者不得超出经许可或者备案的项目提供服务。第二，规定了互联网信息服务提供者不得制作、复制、发布、传播含有"反对宪法所确定的基本原则""散布谣言、扰乱社会秩序、破坏社会稳定"等九类内容的信息（"九不得"）。第三，国务院信息产业主管部门和省、自治区、直辖市电信管理机构，依法对互联网信息服务实施监督管理。新闻、出版、教育、卫生、药品监督管理、工商行政管理和公安、国家安全等有关主管部门，在各自职责范围内依法对互联网信息内容实施监督管理。第四，对无证提供网络信息服务和超出许可项目提供网络信息服务的，视情节严重程度采取没收违法所得、罚款、限期整改、吊销许可证、关闭网站等惩罚措施。

在治理实践中，虽然这一套办法在大部分情况下可以有效发挥作用，但是也面临来自技术能力短缺、行政成本高企与治理正当性争议等方面的困扰。例如互联网平台将自身定位为基础设施，平台运营者所从事的工作并非《管理办法》所定义的"通过互联网向上网用户提供信息的服务活动"，这令其中具体条款的适用性存疑。即使遵守该法规，归口管理+事后追责起作用的前提是有效监管，这需要新闻、出版、教育、卫生、药品监督管理、工商行政管理等有关主管部门分别设立网监部门，这对相关部门的技术能力提出巨大考验并且要承担极高的行政成本。如果多部门之间协调不力还会出现政出多头的问题，类似 2009 年文化部与新闻出版总署曾在某款网络游戏审批方面出现过"政策打架"的情况。[①] 在这种情况

[①]《文化部：出版署终止〈魔兽世界〉审批越权》，环球网，2009 年 11 月 3 日，https://china.huanqiu.com/articleqcakrnJmBCT。

下，国家调适的初步做法是在2011年成立国家互联网信息办公室（国家网信办），"负责网络新闻业务及其他相关业务的审批和日常监管"等工作，在2014年成立中央网络安全和信息化领导小组及其办事机构（中央网信办），相当于在原来多部委"九龙治水"格局之上构建了新的顶层设计和统筹协调机制，通过以权威为依托的纵向协同模式，极大程度解决由归口管理带来的政出多门、职能交叉、管理碎片化等与官僚制伴生的问题。① 并且经国务院授权，国家（中央）网信办负责全国互联网信息内容管理工作，并负责监督管理执法②，这意味着领导小组办事机构成为实质上的职能部门。之后在2018年党和国家机构改革中，中央网信领导小组改为中央网络安全和信息化委员会——从"领导小组"到"委员会"，是责任使命任务导向的升级，是隐匿化机构③的制度化、常态化、稳定化，④本质是优化党中央决策议事协调机构，目的是建立健全党对重大工作领导体制机制，加强党对涉及党和国家事业全局的重大工作的集中统一领导。⑤

然而，即便将作为信息内容治理"真子集"的网络信息内容治理从整体中切割并单列出来，⑥ 同时以领导小组（委员会）负责顶层设计与

---

① 周志忍、蒋敏娟：《中国政府跨部门协同机制探析——一个叙事与诊断框架》，《公共行政评论》2013年第1期。

② 《国务院关于授权国家互联网信息办公室负责互联网信息内容管理工作的通知》，国家互联网信息办公室，2014年8月28日，http://www.cac.gov.cn/2014-08/28/c_1112264158.htm，2023年6月26日。

③ 所谓隐匿化指的是"中央领导小组"既不进入正式的党政组织机构名录，也不挂机构牌子，没有具体可查的办公场所。（周望：《"领导小组"如何领导？——对"中央领导小组"的一项整体性分析》，《理论与改革》2015年第1期。）

④ 《人民网评："小组"变"委员会"，既是升格，更是升华!》，国家互联网信息办公室，2018年3月30日，http://www.cac.gov.cn/2018-03/30/c_1122617517.htm? isappinstalled =0，2023年6月26日。

⑤ 《中共中央关于深化党和国家机构改革的决定》，《光明日报》2018年3月5日第3版。

⑥ "完善互联网信息内容管理是重要工作，建设清朗网络空间是长期任务。"（《中央网络安全和信息化领导小组成立》，中华人民共和国国务院新闻办公室，2014年2月28日，http://www.scio.gov.cn/ztk/hlwxx/zywlaqhxxhldxzdychyzk/30595/Document/1365615/1365615.htm，2023年6月26日。）

统筹协调，以领导小组（委员会）办事机构（网信办）化身为网信部门，[①] 专事协调并执行对网络信息内容的全面综合治理工作，实现了从决策到执行的"一体化"整合，大大压缩了内部成本。但技术能力短缺、行政成本高企与治理正当性争议等问题还是不能彻底解决，例如平台所具备的多副"面孔"令网信部门直接监管平台场域内信息内容生产与传播活动的性质并不完全明晰：到底属于是从事公共管理工作还是属于介入非公有制企业内部具体经营活动？这引发了国家调适的第二步行动，即与互联网平台之间建立正式的委托—代理关系，形成"国家管平台，平台管内容"的基本格局。2021年9月，中央网信办出台《关于进一步压实网站平台信息内容管理主体责任的意见》，明确指出要"充分发挥网站平台信息内容管理第一责任人作用"，既要"培育积极健康、向上向善的网络文化，确保网上主旋律高昂、正能量充沛"，又要"严防违法信息生产传播，自觉防范和抵制传播不良信息，确保信息内容安全"[②]，将网络信息内容治理的职责正式赋予互联网平台。2019年12月15日，中央网信办出台《网络信息内容生态治理规定》（2020年3月1日正式施行）指出"网络信息内容生态治理，是指政府、企业、社会、网民等主体，以培育和践行社会主义核心价值观为根本，以网络信息内容为主要治理对象，以建立健全网络综合治理体系、营造清朗的网络空间、建设良好的网络生态为目标，开展的弘扬正能量、处置违法和不良信息等相关活动。""国家（地方）网信部门负责统筹协调全国（本行政区域内）网络信息内容生态治理和相关监督管理工作，（地方）各有关主管部门依据各自职责做好（本行政区域内）网络信息内容生态治理工作。""网络信息内容服务平台应当履行信息内容管理主

[①] 周望：《办事机构如何办事？——对领导小组办公室的一项整体分析》，《北京行政学院学报》2020年第1期。

[②] 《关于进一步压实网站平台信息内容管理主体责任的意见》，国家互联网信息办公室，2021年9月15日，http://www.cac.gov.cn/2021-09/15/c_1633296790051342.htm，2022年10月8日。

体责任，加强本平台网络信息内容生态治理，培育积极健康、向上向善的网络文化。"这标志着，委托—代理关系之下，以党和政府为发包方、互联网平台为承包方的发包制网络信息内容治理模式正式确立。其中，政府掌握剩余控制权，负责设定治理目标，提出要求或倡议，并对互联网平台进行监督和奖惩；互联网平台则拥有实际的治理权，以完成目标为导向，结合自身情况，将自上而下的要求或倡议进行转化并开展治理实践，同时根据反馈进行动态调整。治理效果很大程度上取决于后者对其作为"第一责任人"职责的履行情况，主要方式就是通过技术架构设计、算法推荐技术应用、社区规则制定等，将承载自相关不同职责条线的目标设定、要求、倡议等[1]转化为对信息内容予以审查，对用户行为加以约束和引导，对传播过程持续施加干预、进行调节。[2] 技术能力短缺、行政成本高企与治理正当性争议等问题由此得以有效解决。

综上所述，面对平台化社会转型这一最突出的新时代条件，网络信息内容治理接收到表现为能力短缺、成本居高不下与正当性争议的负反馈，经反复调适形成了"国家管平台，平台管内容"的基本治理格局，其中国家（党和政府）与互联网平台之间建立了正式的委托—代理关系，整个治理体系以委托方向代理方"发包"的基本模式稳定运行。接下来，本章将分别围绕作为委托方的国家与作为代理方的互联网平台如何在发包制治理模式中履行各自角色职能开展研究。

---

[1] "规制空间"内行政权威的碎片化格局，亦即规制权力分散于不同监管机构之间的客观事实，极大增加了政府监管的组织协调成本，这往往导致单个监管机构无法完全按照自主意愿，从而依循"规制金字塔"的设计模式来依次提升执法制裁的严厉程度。（卢超：《互联网信息内容监管约谈工具研究》，《中国行政管理》2019年第2期。）

[2] 当然，用户也被鼓励参与网络信息内容生态治理，"通过投诉、举报等方式对网上违法和不良信息进行监督"，对平台形成监督与反制。此外，行业协会、MCN机构、广告商等多元主体也实质性地影响治理的过程和结果。总而言之，网络信息内容治理成为以平台场域为单元的多主体——政府、平台（运营者）、网民——持续互动的过程。

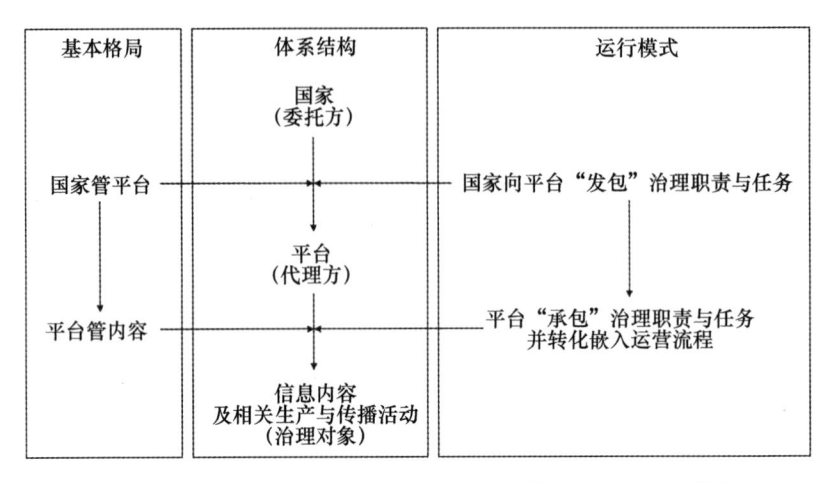

图 3-1 网络信息内容治理的基本格局、体系结构与运行模式

图示来源：笔者自制。

二 国家"发包"：网络信息内容治理委托方的具体行动

（一）网络信息内容治理中的党政主体

依据职责分工，作为国家化身的党和政府诸多组织机构不同程度参与介入网络信息内容治理实践，扮演不同角色并以不同方式开展"弘扬正能量、处置违法和不良信息等相关活动"，共同"营造清朗的网络空间、建设良好的网络生态"。[①] 根据前述关于信息内容治理在互联网时代遭遇的挑战与调适，并按照各组织机构参与介入网络信息内容治理实践的程度差别，可以将相关党政组织分为两大类：其一是业务逻辑线索下的党政部门；其二是技术逻辑线索下的党政部门。

在业务逻辑下，涉及网络信息内容治理的党政组织主要包括党的宣传部门以及负责文化、广电、新闻、教育、精神文明建设等工作的政府职能部门，其中党的宣传部门发挥业务指导的核心作用。

[①] 习近平：《在网络安全和信息化工作座谈会上的讲话》，2016 年 4 月 19 日，《光明日报》2016 年 4 月 26 日第 2 版。

第三章　治理的体系运行：国家管平台，平台管内容

　　一方面，党的宣传部门包括中共中央宣传部（以下简称"中宣部"）与地方各级党委宣传部，是党中央和地方各级党委主管意识形态方面工作的职能部门，是社会主义精神文明建设的牵头协调部门。为加强宣传与意识形态工作领导，各级党组织设有宣传思想工作领导小组作为议事协调机构，至于日常工作事实上由党的宣传部门承担。根据《中国共产党宣传工作条例》，各级党的宣传部门承担着统筹分析研判和引导社会舆论、统筹指导社会主义核心价值观建设、负责宣传工作的内容建设和口径管理等16项职责，是"宏观指导互联网宣传和信息内容建设管理工作，统筹协调新媒体建设与管理"的职能责任部门。在网络信息内容治理等各项宣传工作中，中宣部在党的领导下对党和国家相关职能机构发挥指导统筹作用，各级党委宣传部对同级相关党政组织发挥指导统筹作用。[1] 与此同时，在"条块分割"的党政体系下，各级党的宣传部门既要指导下级党委宣传部工作，也要完成同级党委和上级党委宣传部交办的各类任务。需要说明的是，根据2018年《深化党和国家机构改革方案》，中宣部对外加挂国务院新闻办公室、国家新闻出版署（国家版权局）、国家电影局的牌子，[2] 负责承担制定互联网新闻事业发展规划，指导协调互联网新闻报道工作，[3] 监督出版物内容和质量，管理著作权，组织对电影内容进行审查等相关具体职责。[4] 另有中央精神文明建设指导委员会办公室（以下简称"中央文明办"），设在中宣部，由中宣部代管负责精神文明建设与道德问题整治的相关事宜。[5] 如

---

[1] 《一图读懂〈中国共产党宣传工作条例〉有哪些干货?》，人民网，2019年9月4日，http://dangjian.people.com.cn/n1/2019/0904/c117092-31336411.html，2023年6月26日。

[2] 《党中央机构》，中央机构编制网，2019年1月18日，http://www.scopsr.gov.cn/zlzx/jggk/201901/t20190118_359604.html，2023年6月26日。

[3] 《中华人民共和国国务院新闻办公室介绍》，中华人民共和国国务院新闻办公室，http://www.scio.gov.cn/xwbjs/index.htm.，2023年6月26日。

[4] 《中共中央印发〈深化党和国家机构改革方案〉》，中国政府网，2018年3月21日，http://www.gov.cn/xinwen/2018-03/21/content_5276191.htm#1，2023年6月26日。

[5] 苏颖：《守土与调适：中国政治传播的制度结构及其变迁》，《甘肃行政学院学报》2018年第1期。

搭建宣传思想文化和精神文明建设网上宣传阵地等。①

另一方面，在党的宣传部门指导下，各级政府承担新闻宣传文化职能的行政部门也在网络信息内容治理中扮演重要角色，它们自身职能大多涉及信息治理、舆论宣传工作，参与网络信息内容治理实质上是原有职能业务向网络空间的拓展延伸。以中央政府层面为例，主要包括国家广播电视总局（以下简称"国家广电总局"），负责制定网络视听节目服务管理的政策措施，并起草相关法律法规草案，承担节目的审查、管理职责；②文化和旅游部（以下简称"文旅部"），负责指导全国文化市场（含网络直播）综合执法，组织查处各类违法行为③；教育部，负责高等学校网络文化建设与管理工作；④等等。需要说明的是，新华通讯社、中央广播电视总台、人民日报社、求是杂志社、光明日报社等主流媒体直接参与网络信息内容的生产与传播，但作为企业运作的（党中央或国务院直属）事业单位，暂不纳入"国家"范畴加以讨论。

在技术逻辑下，参与网络信息内容治理的党政组织主要包括网信部门以及涉及网络技术、网络通信、网络信息内容监管与惩治等职责的政府部门，其中网信部门发挥统筹作用。

一方面，网信部门即国家和地方互联网信息办公室，⑤是互联网治理的专门机构，是互联网平台企业的主管部门、直接责任部门。目前，它的职能几乎涵盖网络信息内容治理的全过程、全链条：在决策执行方面，涉及互联网信息传播政策制定、督导、实施、监管、执法等各个环节；在管

---

① 侯化生：《中国有个文明办——纪念中央文明委（办）成立30周年》，《精神文明导刊》2017年第7期。

② 《国家广播电视总局职能配置、内设机构和人员编制规定》，国家广播电视总局，http://www.nrta.gov.cn/col/col2013/index.html，2023年6月26日。

③ 《文化和旅游部主要职责》，中华人民共和国文化和旅游部，https://www.mct.gov.cn/gywhb/zyzz/201705/t20170502_493564.htm，2023年6月26日。

④ 《教育部主要职责内设机构和人员编制规定》，中华人民共和国教育部网站，https://www.moe.gov.cn/jyb_zzjg/moe_188/202006/t20200604_462577.html，2023年8月24日。

⑤ 《网信部门行政执法程序规定》，国家互联网信息办公室，2023年3月23日，http://www.cac.gov.cn/2023-03/23/c_1681211418907384.htm，2023年6月26日。

理对象方面，囊括网络信息内容的生产者、消费者、信息服务提供方以及网络行业组织等相关行动者；在监管范围方面，覆盖网络新闻、视听、出版等网络文化业务领域。① 需要说明的是，根据2018年印发的《深化党和国家机构改革方案》，为加强党中央对涉及党和国家事业全局的重大工作的集中统一领导，强化决策和统筹协调职责，中央网络安全和信息化领导小组改为中央网络安全和信息化委员会，发挥顶层设计、总体布局、统筹协调、整体推进、督促落实的重要职责。国家互联网信息办公室（"国家网信办"）和中央网络安全和信息化委员会办公室（"中央网信办"）一个机构两块牌子，列入中共中央直属机构序列。②

另一方面，在各级网信部门统筹下，市场监管部门、商务部门、税务部门、公安部门、工信部门等基于自身的技术手段、资源优势或监管需要以不同方式参与网络信息内容治理，一般是依法运用监管执法权力在自身业务领域开展工作，例如对因不同事由而违反相关法律法规的平台企业或网民个人进行惩处，从而能够客观影响网络信息内容治理的效果。有时也会以治理工具供给者的角色非常态化地参与到网信部门主导的各类网络信息内容治理实践中，配合相关工作，发挥辅助性作用。具体而言，市场监管部门负责平台企业日常经营活动监督，尤其是反垄断审查和执法；③ 商务部门负责执行平台企业对外技术贸易、出口管制；④ 税务部门负责组织实施对网络主播等纳税人的分类管理，对平台企业的税源管理；⑤ 公安部

---

① 《国家互联网信息办公室的主要职责》，中华人民共和国国务院新闻办公室，2012年1月20日，http:// www.scio.gov.cn/zhzc/9/6/Document/1086658/1086658.htm，2023年6月26日。
② 《国务院关于机构设置的通知》，中国政府网，2023年3月20日，http://www.gov.cn/zhengce/zhengceku/2023-03/20/content_5747309.htm，2023年6月26日。
③ 《国家市场监督管理总局职责》，国家市场监督管理总局，https://www.samr.gov.cn/jg/#zjzz，2023年6月26日。
④ 《商务部主要职责》，中华人民共和国商务部，http://www.mofcom.gov.cn/mofcom/zhize.shtml，2023年6月26日。
⑤ 《国家税务总局主要职能》，国家税务总局，http://www.chinatax.gov.cn/chinatax/n810209/index.html，2023年6月26日。

门尤其是网络警察部门负责对涉及"黄赌毒"、邪教内容的处置,对网络诈骗、黑灰产流转等实施监控,同时也对可能演变为线下群体性事件的舆情舆论进行监测;①工信部门负责加强互联网安全审查,拟定互联网数据安全管理政策、规范、标准并组织实施,负责网络安全防护、应急管理和处置;②等等。

(二)网络信息内容治理中的党政关系

根据本章第一部分所论述,"国家管平台,平台管内容"是针对网络信息内容治理形成的基本格局。其中,国家作为委托方,在此治理格局中既是一个整体,所谓"管平台"是作为一个整体的国家对互联网平台(运营者)进行的关于网络信息内容治理的元治理(meta governance);同时也是一个包含若干相关党政组织及其互动关系的政治系统,所谓"管平台"是作为系统的国家面向互联网平台(运营者)输出的干预,输出什么样的干预在极大程度上取决于系统内党政组织之间存在什么样的互动关系。因此,针对网络信息内容治理中的委托方如何行动进行研究,重点在于对党政组织关系的把握。

根据治理结构,我们可以在以下两个维度综合把握党政关系:一是结构维度存在于规章制度中的静态关系,即政治系统内部党政组织围绕网络信息内容治理所形成的分工协作关系。党的组织和政府部门基于自身职责,在对应的网络信息内容治理层级以及相关业务条线履职尽责,彼此之间在纵横向度上构成了立体的分工合作网络。二是过程维度存在于治理过程中的动态关系,即党的组织和政府部门在不同情境下与互联网平台产生具体联系,并在过程中彼此之间根据实际情况开展必要的交流互动。接下来,

---

① 根据公开资料整理,详见《中华人民共和国反电信网络诈骗法》《中华人民共和国网络安全法》《中华人民共和国数据安全法》《中华人民共和国计算机信息系统安全保护条例》《互联网信息服务管理办法》《网络信息内容生态治理规定》等法律法规。

② 《工业和信息化部机构职责》,中华人民共和国工业和信息化部,2015年9月16日,https://www.miit.gov.cn/gyhxxhb/jgzz/art/2020/art_4a8ec0f5dc754b30be418107d0de6c1b.html,2023年6月26日。

我们将以此作为考察与分析党政关系的基本框架，基于政策法规、新闻报道等公开资料，以及在互联网平台企业的参与式观察和对党政机关相关公务人员和平台企业相关负责人的深度访谈，梳理归纳静态与动态党政关系，进而揭示国家在网络信息内容治理实践中的具体行动。

1. 规章制度中的党政静态关系

（1）意见—落实关系

委员会/领导小组是党中央为加强对涉及党和国家事业全局的重大工作的顶层设计、总体布局、统筹协调、整体推进①而设立的决策议事协调机构。委员会/领导小组办公室是其办事机构，通过实地调研、文件起草、政策阐释、督促落实等方式服务于委员会/领导小组的工作运转与治理议程，②两者之间存在多个层面的意见—落实关系。例如《关于推动资本市场服务网络强国建设的指导意见》是由中央网信办（会同中国证监会）研究起草并发布③——这属于是在决策层面贯彻落实党的意见。此外，还包括在执行层面贯彻落实党的意见：其一是办事机构（作为决策议事协调机构双层次构造中的一个层次④）履行委员会/领导小组的协调职能，超越科层官僚制结构的部门边界，统筹协调相关职能部门在重大工作中各司其职。例如《网络信息内容生态治理规定》中提到"各有关主管部门依据各自职责做好网络信息内容生态治理工作"，要求"国家网信部门负责统筹协调全国网络信息内容生态治理和相关监督管理工作"。其二是依托于"一个机构，两块牌子"的机制安排，办事机构以另一重身份执行具体工作，直接落实党的意见于治理实践，例如中央网信办和国家网信办是"一个机

---

① 《中共中央关于深化党和国家机构改革的决定》，《光明日报》2018年3月5日第3版。
② 周望：《办事机构如何办事？——对领导小组办公室的一项整体分析》，《北京行政学院学报》2020年第1期。
③ 《关于印发〈关于推动资本市场服务网络强国建设的指导意见〉的通知》，国家互联网信息办公室，2018年4月13日，http://www.cac.gov.cn/2018-04/13/c_1122676837.htm，2023年6月26日。
④ 周望：《"领导小组"如何领导？——对"中央领导小组"的一项整体性分析》，《理论与改革》2015年第1期。

构，两块牌子"，前者可以使用后者身份——获得国务院授权的职能部门[①]，在全国范围直接开展与互联网信息内容管理相关的监督管理执法工作[②]（包括突破属地管理原则向下越级执法[③]）。除了依托于委员会/领导小组制，意见—落实关系还基于国家治理条块结构而发生，所谓"条"是指业务条线上的部门体系，"条"上存在上级对下级部门的垂直业务指导，例如从中央到地市的宣传部门，都要对下级党委宣传工作进行指导；[④] 所谓"块"是指行政区划内的部门体系，"块"上存在党委对非党组织的水平属地领导，例如各级党委负责定期研究部署宣传工作重要工作和重大事项，制定重要政策，领导宣传部门做好宣传工作，领导同级人大、政府、政协、法院、检察院、人民团体、企事业单位等做好本部门本单位本领域宣传工作。[⑤] 这相当于党的意见先在"条"上垂直传导再在"块"上水平辐射，由此党政组织间形成一种复合式的意见—落实关系。

（2）统筹—参与关系

为充分履行执政党职责，发挥党的职能部门作用，党政组织之间依托"归口管理"机制建立起统筹—参与关系。其中所谓"口"是党对工作事项进行分类的单位，职能涉及同一类工作的若干党政机构会被划归同一个系统，成为该"口"的组成部门，统一接受党的相应职能部门的统筹协调，开展相关具体工作，即所谓"归口"。党的职能部门作为负责统筹协

[①]《国务院关于授权国家互联网信息办公室负责互联网信息内容管理工作的通知》，国家互联网信息办公室，2014年8月28日，http://www.cac.gov.cn/2014-08/28/c_1112264158.htm，2023年6月26日。

[②]《网信部门行政执法程序规定》，国家互联网信息办公室，2023年3月23日，http://www.cac.gov.cn/2023-03/23/c_1681211418907384.htm，2023年6月26日。

[③] "上级网信部门认为必要的，可以直接办理下级网信部门管辖的案件，也可以将本部门管辖的案件交由下级网信部门办理。"（《网信部门行政执法程序规定》，国家互联网信息办公室，2023年3月23日，http://www.cac.gov.cn/2023-03/23/c_1681211418907384.htm，2023年6月26日。）

[④]《一图读懂〈中国共产党宣传工作条例〉有哪些干货?》，人民网，2019年9月4日，http://dangjian.people.com.cn/n1/2019/0904/c117092-31336411.html，2023年6月26日。

[⑤]《一图读懂〈中国共产党宣传工作条例〉有哪些干货?》，人民网，2019年9月4日，http://dangjian.people.com.cn/n1/2019/0904/c117092-31336411.html，2023年6月26日。

调的中枢性角色,一般通过主持、组织跨部门联席会议等定期与非定期沟通机制,实现对"口"的组成部门的有效管理,例如,作为党的职能部门的中宣部,发挥归口协调职能,统筹宣传系统和领域各项工作,[1] 协助党委领导同级各类组织做好本部门本单位本领域宣传工作。[2] 这里存在一种特殊情况,即党并未在某一类工作领域设立相应职能部门,由中央决策议事协调机构(的办事机构)直接行使"归口管理"职责,例如网络安全审查就是在中央网信委员会领导下,国家网信办会同国家发改委、工信部、公安部、国家安全部、财政部、商务部、中国人民银行、市场监管总局、广电总局、中国证监会、国家保密局、国家密码管理局建立国家网络安全审查工作机制,由国家网信办牵头组织协调开展。[3] 这与前面提到的意见—落实关系的区别在于侧重点不同:意见—落实是决策议事协调机构与办事机构(同时作为国家职能部门)之间的关系,统筹—参与是决策议事协调机构(作为一个包括办事机构的整体)与接受协调的有关业务主管部门之间的关系。此外,党政组织之间还会通过联合研究起草、印发颁布相应规章条例等方式践行统筹—参与关系。近年来,《互联网信息服务算法推荐管理规定》[4]《关于加强网络直播规范管理工作的指导意见》[5]《非法证券活动网上信息内容治理工作方案》[6] 等一系列网络信息内容治理领域的政策文件,都是由中央网信办(或以"一个机构,两块牌子"为依托由国家网信办)牵头制定,工信部、公安部、市场监管总局等多部委同意基

---

[1] 《中共中央关于深化党和国家机构改革的决定》,《光明日报》2018年3月5日第3版。
[2] 《一图读懂〈中国共产党宣传工作条例〉有哪些干货?》,人民网,2019年9月4日,http://dangjian.people.com.cn/n1/2019/0904/c117092-31336411.html,2023年6月26日。
[3] 《网络安全审查办法》,国家互联网信息办公室,2022年1月4日,http://www.cac.gov.cn/2022-01/04/c_1642894602182845.htm,2023年6月26日。
[4] 《互联网信息服务算法推荐管理规定》,国家互联网信息办公室,2022年1月4日,http://www.cac.gov.cn/2022-01/04/c_1642894606364259.htm,2023年6月26日。
[5] 《关于加强网络直播规范管理工作的指导意见》,国家互联网信息办公室,2021年2月9日,http://www.cac.gov.cn/2021-02/09/c_1614442843753738.htm,2023年6月26日。
[6] 《非法证券活动网上信息内容治理工作方案》,国家互联网信息办公室,2022年12月23日,http://www.cac.gov.cn/2022-12/23/c_1673432294970963.htm,2023年6月26日。

础上共同签发颁布的。

(3) 分工—协作关系

网络信息内容治理作为党政系统多个主体共同参与的综合治理领域，经过几轮职能调整和机构改革，基本满足了"一类事项原则上由一个部门统筹、一件事情原则上由一个部门负责"的要求，① 同时基本实现了参与其中的党政机构职能共同对网络信息内容治理工作的全领域覆盖。并且，经总体统筹协调，各党政机构并非相互独立、"各管一摊"，而是在纵横交错的职能网络中配合联动，形成当前"齐抓共管"的协同共治格局②：首先是治理逻辑层面的分工—协作。从执政党视角出发，所关注的工作事项不可避免存在交集，所以在统筹存在交集的工作事项时会有不同维度的侧重，这一点在中央决策议事协调机构的设立上有所体现——中央网信领导小组（委员会）是因关注网信事业而设立，中央宣传思想工作领导小组是因关注新闻宣传文化事业而设立。具体到网络信息内容治理工作，网信部门主要是从技术逻辑出发统筹相关部门，宣传部门主要是从业务逻辑出发统筹相关部门，两种治理逻辑的互补，促进治理实践的协同。其次是业务流程层面的分工—协作。治理活动是包括目标、关系、过程等在内的集合概念，具体到网络信息内容治理，其所涉及的规划、决策、监管、协调等具体工作实际上构成了一个业务链条，相关党政部门的职责分别对应上下游不同位置，有的主要负责规划，如国务院新闻办负责制定互联网新闻事业发展规划，并指导协调互联网新闻报道工作；③ 有的同时负责执行，如中央文明办，依托中国文明网开展网络文明传播的相关具体工作；④ 等等。这些党政部门各司其职，令网络信息内容治理相

---

① 《中共中央关于深化党和国家机构改革的决定》，《光明日报》2018年3月5日第3版。
② 谢新洲、石林：《基于互联网技术的网络内容治理发展逻辑探究》，《北京大学学报》（哲学社会科学版）2020年第4期。
③ 《国务院新闻办公室职责》，中华人民共和国国务院新闻办公室，http://www.scio.gov.cn/xwbjs/index.htm，2023年6月26日。
④ 侯化生：《中国有个文明办——纪念中央文明委（办）成立20周年》，《精神文明导刊》2017年第7期。

关工作在业务链条上环环相扣。最后是治理领域层面的分工—协作。相关党政机构基于各自职责分工，分别从事具体治理工作，共同构成了网络信息内容治理的完整业务拼图，例如，广电总局负责对信息网络和公共载体传播的视听节目进行监管，审查其内容和质量；① 文旅部负责对进口互联网文化产品②、网络游戏③进行内容审查；新闻出版署负责对网络出版物内容和质量进行监管④；等等。

（4）互嵌—赋能关系

党政之间不仅是在组织层面发生关系，党政机构负责人同样深度参与党政关系建设进程，主要表现为机构负责人的职务兼任。以中宣部为例，部门副职一般兼任国家网信办、广电总局、中央文明办、国务院新闻办以及中央广播电视总台等机构的负责人，或者反过来说，上述机构的（拟任）负责人往往会被授予中宣部副部长一职。⑤ 在国家机构"兼职"即相当于对党的干部"赋职"，以此强化党对某个系统的领导力，促进这些领域实际工作向党的精神看齐，⑥ 即通过职务互嵌实现对党的领导赋能。比

---

① 《国家广播电视总局职能配置、内设机构和人员编制规定》，国家广播电视总局，http://www.nrta.gov.cn/col/col2013/index.html，2023年6月26日。

② 《互联网文化管理暂行规定》，中国政府网，2011年3月21日，http://www.gov.cn/flfg/2011-03/21/content_1828568.htm，2023年6月26日。

③ 《网络游戏管理暂行办法》，中国政府网，2010年6月22日，http://www.gov.cn/zhengce/2010-06/22/content_2603314.htm，2023年6月26日。

④ 《网络出版服务管理规定》，中国政府网，2022年11月9日，https://www.gov.cn/zhengce/2022-11/09/content_5724634.htm，2023年6月26日。

⑤ 需要说明的是，地方各级党政组织在是否兼任党委宣传部副部长一职方面存在区别。一般而言，省级党政部门的兼任情况基本与中央一级保持一致，而市级及以下则有所不同，往往只有网信办、文明办、新闻办等少数几个部门负责人继续兼任。如此区别的背后或许有两方面原因：一是上述部门都属于"一个机构，两块牌子"或由党委代管的政府部门，因此本就隶属于党委直属机构序列；二是出于政府机构精简与职能优化的考量，地方政府对许多行政部门进行了合并、裁撤等，这导致在职能、名称等方面上下级政府部门间存在一定出入。

⑥ 例如2023年1月4日至5日，全国网信办主任会议在京召开，中宣部副部长、中央网信办主任（国家网信办主任）庄荣文出席会议并讲话。会议传达学习了中共中央政治局常委、中央书记处书记蔡奇和中共中央政治局委员、中央书记处书记、中央宣传部部长李书磊在全国宣传部长会议上的重要讲话精神……会议要求全国网信系统认真学习领会，抓好贯彻落实。（《全国网信办主任会议在京召开》，国家互联网信息办公室，2023年1月5日，http://www.cac.gov.cn/2023-01/05/c_1674552520996222.htm，2023年6月26日。）

领导干部兼职更进一步的是机构嵌入，典型的做法是在非党组织的领导机关中成立党组，负责人担任党组书记，党组应接受批准其设立的党委领导，定期汇报工作。① 这相当于提供了坚持同级党委领导原则的抓手，确保党的方针政策和决策部署能够在同级组织中得到贯彻落实，例如从中央到地方，各个层级的政府部门普遍设有党组，由部门一把手担任党组书记，有些部门即使是在"一个机构，两块牌子"的情况下也会设立党组，如北京市委网信办主任同时任北京市网信办党组书记。② "一个机构，两块牌子"是党的机构与政府机构相互嵌入的另一种具体形式，是党实现自我行政赋权与赋能的有效方式。它一方面是以"机构调整"为"职能调整"奠定基础，通过合而为一式的深度互嵌打通了党政组织间的"最后一公里"，从而在特定领域实现对党组织的有效"赋权"，将党的集中统一领导落到实处；另一方面也是避免党政机构分立、叠床架屋的负面效应，是一种以党政组织边界虚化实现党的职能扩张合法化的模式。例如中央网信办和国家网信办实行"一个机构，两块牌子"的组织策略，意味着党面向网信工作的决策协调议事机构与国务院授权的互联网信息内容管理职能部门相互嵌入、合二为一，中央网信办由此获得双重身份，根据工作需要灵活转化，行使党政双重职能。③ 在党的职能部门加挂牌子，是"一个机构，两块牌子"的变种，其结果可以称为"一个机构，多块牌子"，它以归口管理为依托，被加挂牌子的机构隶属关系发生转移，同时其职能从政府体系剥离而转嫁给党的职能机构行使，后者由此获得多重职能。例如，作为国务院直属机构的国家新闻出版署（国家版权局）、作为国务院办事机构的国务院新闻办公室，在中宣部加挂牌子，由中宣部承担相关职责。通过"加挂牌子"实现机构互嵌，意味着执政资源从行政系统经多个源流转纳入党的政治系统，党的机构

---

① 《中共中央关于深化党和国家机构改革的决定》，《光明日报》2018年3月5日第3版。
② 本刊编辑部：《各地网信办主任谈网络安全宣传周》，《网络传播》2017年10月增刊。
③ 景跃进、陈明明、肖滨：《当代中国政府与政治》，中国人民大学出版社2016年版。

职能由此获得扩充，党的领导得以进一步强化。

2. 治理过程中的党政动态关系

(1) 动议—转化关系

公共政策是一种基本治理工具，以维护公共利益为旨归，以社会行动者为对象，在特定范围具有普遍约束力——从该意义上讲，政策过程就是治理过程。在党的领导下，政府应用政策工具进行治理，其中包括政策目标设定、政策方案制定等皆是对党的意志的操作化。这相当于是党的意志启动政策议程，政府因而启动决策程序，在治理（政策）过程中党政组织之间存在动议—转化关系。具体到网络信息内容治理，作为议程启动方，党根据国家现代化建设布局，提出关于网络信息内容治理的目标、原则、工作重点，以决议、决定、意见、条例等方式呈现；作为转化方，政府部门调研、制定、颁布、实施关于网络信息内容治理的行政法规、部门规章、政策文件等，这些政策法规为互联网平台企业的行为提供约束和引导，为相关部门开展监管工作提供正当性理据。主要包括三种情况：一是动议—转化在一个机构内部完成。以"一个机构，两块牌子"模式运作的中央网信办（国家网信办）无异于党政一体的机构，在其中能够高效实现自我动议、自我转化，如《网络信息内容生态治理规定》《互联网新闻信息服务管理规定》《互联网用户公众账号信息服务管理规定》等具有法律效力的部门规章，皆是经网信办室务会议审议通过即予以颁布的。二是动议—转化由多个部门联合完成。当某项工作涉及多项党政职能，相应的行政法规或部门规章要么由多部门联合制定，要么由一个部门制定后经其他相关机构审议同意，最后由多部门联合颁布，例如《互联网信息服务管理办法（修订草案征求意见稿）》由国家网信办会同工业和信息化部、公安部共同起草（2021年1月8日面向社会公开征求意见）；[①]《互联网信息

[①] 《关于〈互联网信息服务管理办法（修订草案征求意见稿）〉公开征求意见的通知》，国家互联网信息办公室，2021年1月8日，http://www.cac.gov.cn/2021-01/08/c_1611676476075132.htm，2023年6月26日。

服务深度合成管理规定》则经历了由网信办起草拟定，到工信部、公安部审议同意，再到三部门联合签署发令的"三步走"。① 三是动议—转化由不同部门分别独立完成。这指的是党的机构形成指导意见，政府部门根据指导意见出台相关政策，例如 2021 年 9 月 15 日，国家互联网信息办公室发布《关于进一步压实网站平台信息内容管理主体责任的意见》，② 随后市场监管总局组织起草了《互联网平台分类分级指南（征求意见稿）》和《互联网平台落实主体责任指南（征求意见稿）》，并在 2021 年 10 月 29 日通过官网公开征求意见。③ 这与前面提到的意见—落实关系和统筹—参与关系的区别在于，意见—落实和统筹—参与侧重的是政策起草制定中的权力运行关系，动议—转化突出的是业务流程关系。

（2）履责—通道关系

会议是一种治理工具，筹办会议相当于是搭建信息共享、诉求表达、统筹资源、协同互动的平台，召开会议则相当于是主办方面向参会者进行组织传播，在思想观念进而是行动层面施加特定影响，促进会议精神在相应领域得到有效贯彻落实，提高治理成效。从该意义上讲，开会就是承办方"搭台"、主办方"唱戏"、参会方"听戏""学戏"，其中主办方和承办方形成了履责—通道关系。在网络信息内容治理实践中，党政组织之间存在类似的履责—通道关系。定期或不定期组织平台企业相关负责人开会是各相关党政机构开展监管工作的一种方式，例如，根据《互联网新闻信息服务单位内容管理从业人员管理办法》，国家和地方网信部门，需要对互联网新闻信息服

---

① 《互联网信息服务深度合成管理规定》，国家互联网信息办公室，2022 年 12 月 11 日，http://www.cac.gov.cn/2022-12/11/c_1672221949354811.htm，2023 年 6 月 26 日。

② 其中"指导思想"部分提到，"以促进网站平台自我规范管理为着力点，围绕强化网站平台信息内容管理主体责任工作主线，引导推动网站平台准确把握责任，明确工作规范，健全管理制度，完善运行规则，切实防范化解各种风险隐患，积极营造清朗网络空间。"（《关于进一步压实网站平台信息内容管理主体责任的意见》，国家互联网信息办公室，2021 年 9 月 15 日，http://www.cac.gov.cn/2021-09/15/c_1633296790051342.htm，2023 年 6 月 26 日。）

③ 《关于对〈互联网平台分类分级指南（征求意见稿）〉〈互联网平台落实主体责任指南（征求意见稿）〉公开征求意见的公告》，国家市场监督管理总局，2021 年 10 月 29 日，https://www.samr.gov.cn/hd/zjdc/art/2023/art_c0086d02fcc544ea9506c997b3ac93c1.html，2023 年 6 月 26 日。

务单位中专门从事互联网新闻信息采编发布、转载和审核等内容管理工作的人员进行教育培训。① 籍此传达宣讲党的新闻舆论工作相关精神，无异于政府职能部门（如网信部门）履行教育培训职责，为党的职能部门（如宣传部门）提供了通道。党政组织间的履责—通道关系还存在另外一种情况，即通过其他沟通机制直接下达指令，根据《中国共产党宣传工作条例》，党委负责"定期研究部署宣传工作重要工作和重大事项"，宣传部门作为党的职能部门则需履行"宣传工作的内容建设和口径管理"等职责，后者除了向直管的主流媒体下达指令，还要向网信办等政府职能部门"借道"，通过后者向其对接监管的平台企业发布临时性指令，实现让作为民营企业的平台配合宣传工作的目的，这相当于实现了党的职能部门对民营单位的间接领导或开展业务指导。例如，2022 年，中央网信办启动"踔厉奋发新时代 笃行不怠向未来"2022 年网上重大主题宣传活动。按照中央宣传部统一部署，统筹指导各地各网站，围绕习近平新时代中国特色社会主义思想开展网上宣传，紧扣迎接宣传贯彻党的二十大主题主线，制定 2022 年网上重大主题宣传和重大议题设置方案。② 另外，根据对平台企业相关负责人的访谈了解到，关于党的精神的宣传倡议经常有，但只有倡议的话平台一般不会立即采取行动而是选择先观望，看到监管部门有"动作"才会真采取行动。这从"反事实"的角度突出了"通道"之于"履责"的意义。

（3）监管—兜底关系

治理活动是社会政治生活中一种偏重工具性的政治行为，③ 从行为层面讲，其相对于治理对象而言相当于是管理的替代话语。④ 直接针对行动

---

① 《互联网新闻信息服务单位内容管理从业人员管理办法》，国家互联网信息办公室，2017 年 10 月 30 日，http://www.cac.gov.cn/2017-10/30/c_1121877917.htm，2023 年 6 月 26 日。
② 《"踔厉奋发新时代 笃行不怠向未来"2022 年网上重大主题宣传启动》，国家互联网信息办公室，2022 年 3 月 17 日，http://www.cac.gov.cn/2022-03/17/c_1649125529635373.htm，2023 年 6 月 26 日。
③ 俞可平：《中国的治理改革（1978—2018）》，《武汉大学学报》（哲学社会科学版）2018 年第 3 期。
④ Tollefson, C., Zito, A., Gale, F., "Symposium Overview: Conceptualizing New Governance Arrangements", Public Administration, Vol. 90, No. 1, 2012, pp. 3–18.

者的治理工具包括两种：一是许可审批。许可审批本质上是一种关于行业准入的监管手段，通过对人员、资金构成等条件的审查，确认是否给予企业等行动者涉足特定领域的相应资质，有助于筛选特定领域的从业者并控制其规模。对于平台而言，获得相应许可是参与网络信息内容生产与传播的前置条件，例如从事互联网信息服务需要先从电信部门获得《互联网信息服务增值电信业务经营许可证》，① 从事新闻采编转载平台服务需要先从网信部门取得《互联网新闻信息服务许可证》，② 从事网络出版服务需要先从出版行政主管部门取得《网络出版服务许可证》，③ 从事网络视听节目服务需要先从广电部门取得《信息网络传播视听节目许可证》，④ 等等。二是行政执法，行政执法部门针对涉事企业和个人的违法违规行为行使执法权，采取的手段包括行政罚款、行政约谈⑤、督导组入驻⑥等。例如，针对豆瓣网存在的严重网络乱象，2022 年 3 月 15 日，国家网信办指导北京市网信办派出工作督导组，进驻豆瓣网督促整改。⑦ 从理论上讲，唯有先取得特定

---

① 《互联网信息服务管理办法》，中国政府网，2020 年 12 月 26 日，http://www.gov.cn/zhengce/2020-12/26/content_5574367.htm，2023 年 6 月 26 日。

② 《互联网新闻信息服务许可事项服务指南》，国家互联网信息办公室，2019 年 7 月 23 日，http://www.cac.gov.cn/2019-07/23/c_1565410775838394.htm?ivk_sa=1024320u，2023 年 6 月 26 日。

③ 《网络出版服务管理规定》，中国政府网，2022 年 11 月 9 日，http://www.gov.cn/zhengce/2022-11/09/content_5724634.htm，2023 年 6 月 26 日。

④ 《〈信息网络传播视听节目许可证〉审批事项服务指南》，国家广播电视总局，2018 年 10 月 1 日，http://www.nrta.gov.cn/col/col2477/，2023 年 6 月 26 日。

⑤ 约谈是指国家互联网信息办公室、地方互联网信息办公室在互联网新闻信息服务单位发生严重违法违规情形时，约见其相关负责人，进行警示谈话、指出问题、责令整改纠正的行政行为。（《互联网新闻信息服务单位约谈工作规定》，国家互联网信息办公室，2015 年 4 月 28 日，http://www.cac.gov.cn/2015-04/28/c_1115112600.htm，2023 年 6 月 6 日。）

⑥ "各级网信部门对网络信息内容服务平台履行信息内容管理主体责任情况开展监督检查，对存在问题的平台开展专项督查。网络信息内容服务平台对网信部门和有关主管部门依法实施的监督检查，应当予以配合。"（《网络信息内容生态治理规定》，国家互联网信息办公室，2019 年 12 月 20 日，http://www.cac.gov.cn/2019-12/20/c_1578375159509309.htm，2023 年 6 月 26 日。）

⑦ 《网信部门工作督导组进驻豆瓣网》，国家互联网信息办公室，2022 年 3 月 15 日，http://www.cac.gov.cn/2022-03/15/c_1648951412843416.htm?dt_platform=douban_broadcast，2023 年 6 月 26 日。

许可证，拥有从事相应网络信息内容生产与传播活动的合法性，才会被列入监管范围，成为（如果有违法行为）行政执法的对象，即先有许可，后有监管。[①] 但实际治理过程中存在一种将审批职权后置的逆向操作策略，即将许可审批作为对平台企业进行有效监管的一种兜底工具。根据访谈，由于许可审批条件较为苛刻，绝大多数平台难以在短期内获得特定资质，但是为了竞争用户进而获得流量、提升"日活"（DAU），会通过间接方式获得资质使用权，例如邀请拥有新闻采编或转载资质的媒体入驻平台并发布新闻资讯——根据《互联网新闻信息服务许可管理实施细则》，这种"打擦边球"的行为属于违规提供新闻信息服务。[②] 但网信部门出于多种原因考虑，一般采取不举不究的态度，只有在必要时，会联系备案许可资质授权部门，以违规提供信息服务的理由对平台予以"一票否决"式的惩戒。[③] 由此可见，党政关系中存在以行政部门的审批权力为党的机构开展监管治理工作提供兜底保障的情况，这种兜底保障的存在反过来也为日常监管提供可信承诺预期，强化职权行使。

（4）借力—授让关系

专项整治（运动式治理）是一种治理工具，它打破了常态化治理中

[①] "国家对经营性互联网信息服务实行许可制度；对非经营性互联网信息服务实行备案制度。未取得许可或者未履行备案手续的，不得从事互联网信息服务。从事经营性互联网信息服务，在申请经营许可或者履行备案手续前，应当依法经有关主管部门审核同意。取得有关主管部门同意的文件后，向省、自治区、直辖市电信管理机构或者国务院信息产业主管部门申请办理互联网信息服务增值电信业务经营许可证。"（《互联网信息服务管理办法》，国家互联网信息办公室，2000年9月30日，http://www.cac.gov.cn/2000-09/30/c_126193701.htm，2023年6月26日。）

[②] 《互联网新闻信息服务许可管理实施细则》明确规定，"通过互联网站、应用程序、论坛、博客、微博客、公众账号、即时通信工具、网络直播等形式向社会公众提供互联网新闻信息服务，应当取得互联网新闻信息服务许可，禁止未经许可或超越许可范围开展互联网新闻信息服务活动。"其中互联网新闻信息服务包括传播平台服务，即"为用户传播新闻信息提供平台的服务。"（《互联网新闻信息服务许可管理实施细则》，国家互联网信息办公室，2017年5月22日，http://www.cac.gov.cn/2017-05/22/c_1121015789.htm，2023年6月26日。）

[③] 互联网信息服务提供者违反相关法律法规规章，需由电信主管部门关闭网站、吊销互联网信息服务增值电信业务经营许可证或者取消备案的，转电信主管部门处理。（《互联网信息内容管理行政执法程序规定》，国家互联网信息办公室，2017年5月3日，http://www.cac.gov.cn/2017-05/02/c_1120902931.htm，2023年6月26日。）

的官僚制结构，统一汲取和调用相关治理资源，在短时间内集中对某领域或某项事务进行高强度集中干预管理，以期取得较为突出的治理效果，是对于常规治理的有力补充。[1] 在网络信息内容治理工作中，运动式治理表现为各类专项整治行动，用于打击遏制相应乱象的滋生与蔓延。其作为治理工具的应用一方面与时机相关，在特定时间节点前后开展，例如"清朗·2023年春节网络环境整治"[2]；另一方面取决于常态治理效果，根据抽查[3]、考核[4]、跟踪评估[5]等的结果，按照职能领域，由相关党政机构牵头启动，同时要求平台企业积极履行治理主体责任，主动作为，根据整治行动相关要求对平台产品、内容与生态进行自查自纠。例如2021年6月15日，国家网信办开展"清朗·'饭圈'乱象整治"专项行动，豆瓣随即开展整治"饭圈"乱象的专项工作，关停多个涉及极端话题的讨论小组。[6] 从主体构成看，有的专项行动是由网信部门独立组织开展，例如"清朗"系列专项行动，包括"清朗·网络暴力"专项治理行动、"清朗·整治网络直播、短视频领域乱象"专项行动、"清朗·从严整治

---

[1] 周雪光：《运动型治理机制：中国国家治理的制度逻辑再思考》，《开放时代》2012年第9期。

[2] 《中央网信办启动"清朗·2023年春节网络环境整治"专项行动》，《人民日报》2023年1月19日第11版。

[3] "国家和地方互联网信息办公室建立抽查、考核等日常检查和定期检查相结合的监督管理制度，加强对互联网新闻信息服务活动的监督检查，有关单位、个人应当予以配合。"(《互联网新闻信息服务单位内容管理从业人员管理办法》，国家互联网信息办公室，2017年10月30日，http://www.cac.gov.cn/2017-10/30/c_1121877917.htm，2023年6月26日。)

[4] "各级网信部门建立政府、企业、社会、网民等主体共同参与的监督评价机制，定期对本行政区域内网络信息内容服务平台生态治理情况进行评估。"(《网络信息内容生态治理规定》，国家互联网信息办公室，2019年12月20日，http://www.cac.gov.cn/2019-12/20/c_1578375159509309.htm，2023年6月26日。)

[5] "各地网信部门要加大督导检查力度，跟踪评估属地网站平台履行主体责任工作效果，督导检查网站平台各项工作制度机制的制订情况，督导检查网站平台制度机制的落实情况，对存在的各种问题及时纠正处置。网站平台要自查自纠制度机制执行情况，对违规行为及时处罚，每年主动向属地网信部门报告履行主体责任情况，及时报告涉及履行主体责任的重大事项。"(《关于进一步压实网站平台信息内容管理主体责任的意见》，国家互联网信息办公室，2021年9月15日，http://www.cac.gov.cn/2021-09/15/c_1633296790051342.htm，2023年6月26日。)

[6] 谢若琳：《网信部门工作督导组进驻 豆瓣App再遭部分平台下架》，《证券日报》2022年3月16日第A3版。

'自媒体'乱象"专项行动等；有的则是多部门联合开展的专项行动，①其中便涉及党政部门之间的借力—授让关系。包括两种情况：一种是出于能力需要，由于牵头部门不具备某项业务能力，需要向相关部门"借"技能，例如，网信部门在执法过程中需要有关机关或者其他行政区域网信部门协助调查取证；②另一种是出于权力需要，为了增强惩戒力度，牵头部门会向相关部门"借"职权，包括市场监管总局的反垄断调查职权，工信部的违规收集个人信息调查职权等。还有就是两种情况的综合，例如国家网信办、广电总局曾在全国开展清理整治网络视频有害信息专项行动，其中网信部门负责牵头建立联席会议制度，具体包括：制定工作方案，指导属地网站开展自查自纠，全面清理网盘、微盘、App 应用商店、互动环节等关键节点存在的视频有害信息，关闭一批性质恶劣、影响严重的账号、网站等。广电部门负责有害视听节目的监控、研判及无视听节目服务资质网站查处工作，负责做好违规互联网电视等智能终端软件核查。③无论哪种情况，这些政府职能部门为网信部门治理互联网平台授让能力或权力，都相当于是在非本职能领域发挥工具性辅助作用。

综上所述，相关党政组织基于各自职能，围绕"管平台"开展了一系列具体工作，相互之间形成了多种类型的分工合作与交流互动关系，令党在网络信息内容治理领域的全面集中统一领导得以加强——它令国家能够作为一个整体，扮演委托方的角色将相关职责与任务顺利"发包"给互联网平台，是决定治理体系如何运行和治理模式何以奏效的第一个关键环节。

---

① "国家互联网信息办公室会同国务院电信、公安、新闻出版广电等部门建立信息共享机制，加强工作沟通和协作配合，依法开展联合执法等专项监督检查活动。"（《互联网新闻信息服务管理规定》，国家互联网信息办公室，2017 年 5 月 2 日，http://www.cac.gov.cn/2017-05/02/c_1120902760.htm，2023 年 6 月 26 日。）

② 《网信部门行政执法程序规定》，国家互联网信息办公室，2023 年 3 月 23 日，http://www.cac.gov.cn/2023-03/23/c_1681211418907384.htm，2023 年 6 月 26 日。

③ 《国家互联网信息办、国家新闻出版广电总局联合开展清理整治网络视频有害信息专项行动》，国家互联网信息办公室，2014 年 11 月 7 日，http://www.cac.gov.cn/2014-11/07/c_1113151783.htm，2023 年 6 月 26 日。

三 平台"承包":网络信息内容治理代理方的具体行动

如前文提及,人们在不同语境下对于平台概念的使用,实际上指向互联网平台所具备的不同"面孔",包括但不限于场域,即为特定人群的活动与互动提供基础设施和服务的中介载体,例如,所谓入驻某平台中的"平台";行动者,即运营管理平台场域的商业主体,例如,所谓平台仲裁中的"平台";组织形制,即具备"科层组织+关联关系网络"之复合结构的混合体,[①] 例如,所谓平台型企业中的"平台";等等。从平台用户的视角看,平台(场域)是一种特殊类型的基础设施,能够让用户彼此相互联系起来,并在扮演生产者角色与消费者角色的用户之间发挥中介作用并"撮合"双方达成交易;[②] 从平台运营者的视角看,平台(场域)是一个双边市场,[③] 双边市场效应即价值创造效应,[④] 平台(组织形制)是可以更好满足其自身实现从市场中盈利之目标的理性工具。[⑤] 因此,"平台管内容"的实质就是平台运营者在以平台场域内的用户、用户行为和信息内容产品为对象而开展日常运营管理活动的同时,开展网络信息内容治理相关工作(不论负面内容监管,抑或是正面内容建设)。运营管理活动如何开展及其背后的逻辑是共同形塑信息内容治理之结果的关键因素。因此,本部分主要对平台制下信息内容产品的管理流程,以及平台运营者对其内生盈利目标与外赋治理职责的结合方式进行考察探索,进而揭示互联网平台在网络信息内容治理实践中的具体

---

① 邱泽奇:《数字平台企业的组织特征与治理创新方向》,《人民论坛·学术前沿》2021 第21期。
② Constantinides, P., Henfridsson, O., Parker, G. G., "Platforms and Infrastructures in the Digital Age", *Information Systems Research*, Vol. 29, No. 2, 2018, pp. 381–400.
③ Rochet, J. C., Tirole, J., "Platform Competition in Two-Sided Markets", *Journal of the European Economic Association*, Vol. 1, No. 5, 2003, pp. 990–1029.
④ 阳镇:《平台型企业社会责任:边界、治理与评价》,《经济学家》2018年第5期。
⑤ Taylor, W., "Decision Making and Problem Solving", in March, J., eds., *Handbook of Organizations*, Chicago: Rand Mc-Nally, 1965, pp. 48–86.

第三章 治理的体系运行：国家管平台，平台管内容

行动。

本研究以K平台和X平台为对象，先后开展了两期分别持续6个月和3个月的参与式观察，并且与5个不同类型的头部平台有关负责人进行深度访谈，同时搜集分析了大量公开资料。在参与式观察中，本研究进入互联网平台企业内部，尝试在不带任何理论预设的情况下进行观察，以期不带"偏见"地打开机制"黑箱"，还原互联网平台运行的实际面貌。在深度访谈中，本研究试图了解运营者的真实想法，对象选择的范围涵盖各类头部平台（包括以视频为主的平台K、以文字为主的平台W、主流媒体建设的平台R、面向特定群体的平台X和面向特定区域的平台T），以期归纳提炼出具有共性的行动逻辑。另外，从研究报告、新闻报道等渠道广泛收集公开资料可以对通过观察与访谈获得的一手资料形成重要补充，有助于本研究进行充分对比、分析和考证，从而确保研究的内部效度。

总体上看，互联网平台运营者要基于对来自国家的相关政策要求和行政指令的理解，将其转化并贯彻于特定程序和机制之中。运营者对平台场域内信息流的管理并非一个线性过程，而是多部门参与、多线程并进、人与机器协作互构、循环往复的复杂性过程。整体工作由研发、运营、产品、市场、公关等各个部门合作完成，每个部门要完成分解的具体任务，皆有赖于其他部门的相关工作成果或任务需求。同时，作为一个开放系统，还需要时时与非运营方的其他主体互动，比如广告商、知名博主、MCN机构、第三方技术团队等。尽管不同平台在具体做法上存在差异，但基本采用同一套以算法为核心、符合平台制特征的运营模式。通过对基本流程的提炼和简化，本研究将互联网平台运营者对平台场域内信息内容产品的管理，归纳概括为四个主要环节（图3-2）：一是内容审查，识别每个信息内容产品并为其打上特征标签；二是用户画像，计算推断每个用户的偏好需求；三是根据内容产品的特征标签与用户的偏好需求，完成特征匹配；四是根据匹配结果，向用户分发推荐信息。

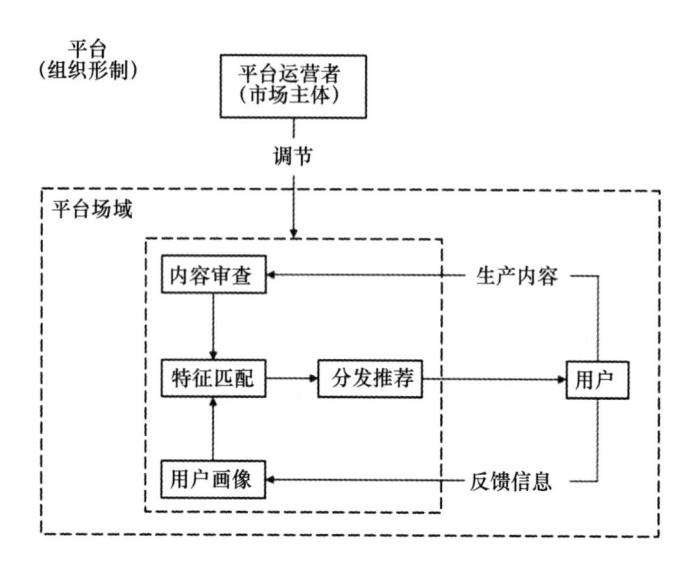

图 3-2　互联网平台运营者对平台场域内信息流的管理

图示来源：笔者自制。

（一）信息内容的审查与认证

信息内容产品输入平台（或在平台生产）后，首先要经过内容审查。内容审查是一个多次、多维的复杂环节，包括安全审核、内容识别、质量审核等诸多程序。这些程序或并行或顺次进行，不同平台依据对内容发布效率要求和成本之间的权衡，采取不同的方式。接下来以三个程序顺次进行的方式为例做简要介绍。

1. 安全审核

即平台的许可（licensing）程序，其结果是决定信息内容产品可否进入特征匹配与分发推荐环节的前置条件。信息经用户上传后，首先会经过平台内部的安全审核技术系统。用户的账户属性是安全审核技术系统做出判断的第一条依据：对于部分官方机构账号（如新华社），平台会将其列入"白免审"名单，经此帐号上传的信息可以不经审核，（在完成内容识别和质量审核后）直接与用户特征匹配，进入分发推荐环节；而对于多次上传违法违规内容，或经常收到大量举报的账户，平台可能

第三章　治理的体系运行：国家管平台，平台管内容

将其列入"黑免审"名单，对经该账户上传的内容直接进行负向处理。所谓负向处理，即指对信息的传播进行不同程度的限制。

> 负向处理分四个级别，程度递增：禁止互动（能被其他用户看到，但不能评论回复）、禁止推荐（精准搜索可以看到，推荐页看不到）、禁止传播（上传后可以自己看到，但不能分享，不能被其他用户看到）、禁止上传。
>
> ——平台 X 负责人 B（访谈记录）

其次，对于一般用户上传的信息，平台将通过内容理解算法，判断其是否符合平台内部社区规范，[1] 依据结果，将完全符合规范的内容导向后续程序，投入面向 C 端（consumer，即作为消费者的用户）的"内容池"中，对明确不符合某条规范的内容进行不同程度的负向处理。

机器审查的基础上，对于需要进一步辅以人工判断的信息，将分发至审核组进行人工审核。以字节跳动公司为例，该公司就为人工审核业务建立了统一的 TCS 任务平台，[2] 审核人员根据统一标准对该平台上特定队列的待审核内容进行审核[3]。在审核标准方面，不同平台内部的社区规范不尽相同，但基本源于对国家政策法规的吸纳与对平台自身价值导向的转化。值得注意的是，审核标准并非固定不变，而是随着内容生

---

[1] 各个网络平台为了保护用户创造的内容、维护良好的社区环境，会依据法律法规，设定用于本网络平台的社区规则，对用户发布的信息和用户行为进行合规审核和管理。例如《社区管理规范》（快手），https://www.kuaishou.com/norm.html，2022 年 10 月 8 日；《社区规则》（哔哩哔哩），https://www.bilibili.com/blackboard/blackroom.html，2022 年 10 月 8 日；等等。

[2] TCS 任务平台是字节跳动总公司针对人工审核等业务建立的统一任务平台，任务不同，平台中会有相应的任务队列，系统会在不同时段自动分配待审核文章，审核人员则需进入负责队列，按照审核规则统一标准认真完成审核。（参见刘振宇《人机协作中的调节与控制——今日头条人工审核把关研究》，《传媒论坛》2021 年第 20 期。）

[3] 刘振宇：《人机协作中的调节与控制——今日头条人工审核把关研究》，《传媒论坛》2021 年第 20 期。

态的变化动态更新。平台的安全部门也会对高负面评价和高正面评价的内容进行专门的案例分析，根据用户反馈不断完善审核规范，使信息内容不仅不违背法律底线，也不"冒犯"用户。

有些内容并不违法，但是会让人感觉不舒服，就会产生大量点踩。我们的安全部门就会对这些内容进行案例分析，总结归纳出原因，进而完善审核标准。有些高热内容实际上是通过侵犯少数群体获得的热度，我们也会通过案例分析找到相应的情况与原因，增加到审核的考察范围中。

——平台T工作人员W（访谈记录）

审核组每天早上开工前都会开晨会，明确对最新舆情的判断标准，也会下发有关近期舆论的文字版审核说明。如果在一天内发生了重要舆情事件，在上级讨论确定基调后，会给审核员及时召开说明会，统一标准。

——平台K工作人员Z（访谈记录）

通过人工审核后的信息（在经过内容识别与质量审核而打上多重特征标签后），将进入面向C端的"内容池"中，而未通过审核的内容则会由系统对其进行负向处理。

除此之外，信息经分发推荐后，那些获得较高曝光量的内容，或受到较多点踩、举报及命中其他召回策略的内容，都将被召回进行安全审核复审，以最大程度降低因为机器或人工误判而造成负面影响扩散的可能性。如果在召回审核中确实发现信息存在不符合社区规范的情况，系统将对其进行负向处理；如果信息通过复审，则被投入更高级别的内容池，获得更多流量分配。

2. 内容识别

即平台的类型认证程序，其结果影响在特征匹配环节信息内容产品的流向。经过安全审核之后，平台还会对内容进行识别，根据主题为其打上多层次类型标签（如美食—中餐—地方小吃），实现用户上传信息的索引化处理。在具体操作过程中，不同平台采取了不同的策略：部分平台拥有精准度较高的内容识别算法模型，可以由机器首先识别内容类别，将识别结果向上传该信息的用户展示，由用户确认（或修改）后提交，提交后再次由平台审核团队进行审核，形成"算法—用户—审核团队"的三重确证；部分平台可能省去机器预识别的环节，要求用户在上传信息的同时自主选择类型标签，审核团队会对标签的真实性和准确性进行审核。如果某一用户多次选择与实际内容不符的标签，平台就会通过负向处理（如降低流量分配）等方式，对该用户进行惩罚；还有部分平台直接由运营团队进行内容识别并"打标签"，无须用户参与。

> 我们原来也试过由安全审核团队打标签，但是安全审核人员的专业度不够，对内容的辨识不够清晰，无法做到贴身服务头部用户。像我们这种体量不是特别大的平台，头部用户不多，也就几千人，上传的内容其实大部分都是他们产生的，作者运营团队直接人工筛选就够了。
>
> ——平台 X 负责人 B（访谈记录）

总体而言，内容识别在根本上要服务于平台的实际运营需求。而选择何种识别方式，则与平台的体量大小、技术水平等客观条件有关，体量越大、技术水平越高的平台，其识别过程一般也更加复杂精细。

3. 质量审核

即平台的质量认证程序，其结果影响在分发推荐环节信息内容产品的流量。信息经过安全审核和内容识别后，会进入平台社区规则下的质量把控环节。质量审核主要侧重用户的感官体验，审核目的是对信息内容产品进行质量评级，以备满足更高层次的市场需求。为了筛选出适合在更大范围传播、可能受更多用户欢迎的信息，平台需要对与质量相关的诸多因素进行严格把关。

> 质量审核主要就是从技术和审美角度对视频质量进行认证。是不是"挂羊头卖狗肉"（视频封面与内容不符——笔者注），是不是大红大绿的配色，清晰度高不高，是不是粗制滥造等，都需要进行审核。
>
> ——平台 R 负责人 Z（访谈记录）

> 质量审核主要可以分为三个维度。基本质量（底层）维度主要审核视频的客观质量，如色彩、明亮度、清晰度、大光圈、流畅度等；观感维度审核视频是否会引起不适，如引发密集恐惧、巨物恐惧等；价值观维度则需要依靠人的理解，审核视频是否符合社会主义核心价值观等。
>
> ——平台 K 负责人 L（访谈记录）

通过越高级别的质量审核，意味着信息内容产品的质量等级越高，那么便能够进入面向越广范围受众的内容池，进而获取更大流量分配。以 K 平台为例，质量审核分为多个等级。内容产品经过质量审核 1 的环节，将被投放到内容池 a 中。内容池 a 中的内容产品若在传播过程中能够得到广泛关注，达到 4 万次左右曝光量（数字为受访者估计的平均值，下同），就将进入质量审核 2 的环节，如果能通过审核将被投放到拥有更多流量分配的内容池 b。此后，内容产品若能达到 150 万次左右的播放量，将进入质量审核 3 的环节，若仍能通过，则将被投放到拥有最多流量分配的内容池 c 中。一般而言，每日约有 6000 条内容产品能够进入内容池 c 中。值得一提的是，对于"白免审"账户发布的内容，大部分平台不再进行质量审核，但也有少部分大型平台出于追求卓越生态的更高标准，依然会进行质量审核。这反映出平台运营者始终依据成本收益、发展阶段、目标定位等现实状况调整管理流程与方式。

第三章 治理的体系运行：国家管平台，平台管内容

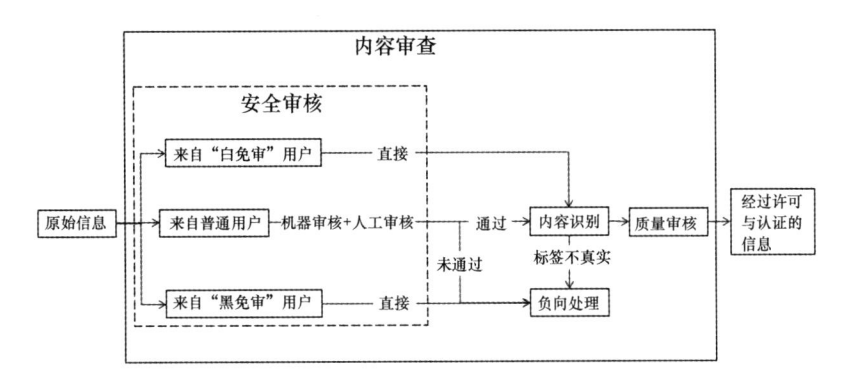

图3-3 互联网平台内容审查流程示意

图示来源：笔者自制。

综上所述，在内容审查环节，平台运营者将监管方制定的政策法规内化于平台规则，贯彻于各个工作机制，通过机器审核和人工审核相结合的方法，对信息内容产品进行许可和认证。经过内容审查的信息将成为一条符合社区规则、带有类型标签、获得质量评级的内容产品。

（二）用户的偏好识别与特征描摹

用户在使用互联网平台时会产生大量数据，用户画像就是平台广泛采集并加工这些数据，反向推断数据生产者（包括平台内容的生产者与消费者）具备什么特征。一方面，用户数据在其使用平台的一次次点击中不断丰富。另一方面，像腾讯、阿里巴巴等大型集团，能够获得集团控股的不同平台的交叉数据，[1] 像今日头条这样的资讯平台，也能通过允许用户使用其他社交平台（如微博、QQ等）账号登录，获得更多维

---

[1] 曾广受争议的腾讯游戏服务平台 WeGame《第三方信息共享清单》表明，在用户使用腾讯游戏服务的过程中，腾讯会收集和使用用户的微信与QQ好友关系、用户的实名身份信息、充值记录、消费记录、照片或存储文件、麦克风、摄像头、地理位置信息、面部识别特征、手机号码等，同时无论用户是否真的使用第三方服务，这些信息还将被共享至第三方。(《腾讯的〈第三方信息共享清单〉，为何引起热议?》，零壹财经，2021年11月16日，https://baijiahao.baidu.com/s?id=1716959035585685922&wfr=spider&for=pc，2022年10月8日。)

度的数据。① 这使得用户画像不仅能够描摹人的群体的、物质的、外在的、局部的特征，更能够进一步呈现人个体的、意识的、内在的、全面的特征，从而充分展现个体的兴趣爱好、消费需求、文化偏好等。

具体来看，互联网平台通过同时描摹用户的静态画像和动态画像来准确识别个人偏好。静态用户画像数据主要包括性别、年龄、受教育程度、婚育情况、常住位置等独立于信息获取与使用场景之外的属性；动态用户画像数据则包含以点赞、评论、分享、关注为代表的显式行为，和以页面停留时长、播放比例、用户操作行为轨迹为代表的隐式行为。② 随着用户对平台的使用，用户的个人画像始终处于动态更新中。在不同场景之中，用户标签特征也会被赋予不同的权重。今日头条在公开算法原理本质的分享会上就曾指出，今日头条的推荐算法主要解决的问题即为"这个内容在这个场景下对这个用户是否合适"。③ 总而言之，平台对用户画像的描摹，会随其在平台中的行为数据不断增加而愈加精准，同时对其偏好类型的掌握也会更加全面。

从平台的运营逻辑出发，平台在描摹用户画像时，最主要的考虑因素就是画像的准确性。为此，平台会力图获得更多维度的数据，部分平台还会采取外包的方式，购买第三方的专业技术服务——这也从侧面说明平台并不会在用户画像环节过多掺杂自身意志。在此过程中，平台始终需要在合法性、数据完备性、用户体验三者间做出权衡。2020 年 7 月，工业和信息化部发布《关于开展纵深推进 APP 侵害用户权益专项整治行动的通知》，明确对违规收集个人信息、超范围收集个人信息、违规使用个人信息和强制用户使用定向推送功能进行整治。④ 在此背景下，平台不再能通过"同

---

① 丁毓：《今日头条：读懂用户才能实现内容扩张》，《上海信息化》2016 年第 10 期。
② 闫泽华：《内容算法》，中信出版社 2018 年版，第 34 页。
③ 《今日头条公开算法原理本质》，人民网，2018 年 1 月 12 日，http://it.people.com.cn/n1/2018/0112/c196085-29762253.html，2022 年 10 月 8 日。
④ 《工业和信息化部关于开展纵深推进 APP 侵害用户权益专项整治行动的通知》，中华人民共和国工业和信息化部，2020 年 7 月 24 日，https://www.miit.gov.cn/jgsj/xgj/gzdt/art/2020/art_c5f69af7882247198657b2ac6777ad62.html，2022 年 10 月 8 日。

意或退出"的方式强制收集用户数据,必须为不愿提供(部分)数据的用户继续提供服务。这使得平台在提高了行为合法性的同时,一定程度上降低了能够获取信息的完备性。而依据《互联网用户账号名称管理规定》要求,平台需要在注册时采集用户的手机号或身份证号,以完成实名认证。一方面这确实使平台能够合法收集个人敏感信息,另一方面却也造成了用户体验的下降。

身份证、手机号,说白了一方面平台确实想要,另一方面也觉得麻烦,因为它需要输入的过程。我们在给用户提供服务的时候希望用户操作相对简单,加了这样一个输入过程,对公司来说是有损的。其实我们不通过用户拿到这些信息也不是不可能,但现在必须有这个(输入过程),所以公司也很纠结。

——平台 X 负责人 B(访谈记录)

(三)信息—用户的特征匹配

从技术层面讲,特征匹配即是根据用户画像(偏好特征),从内容池中选取标签与其相符的信息内容产品进行"配对",作为分发推荐的依据。但如何真正实现这一点,在实践中则十分复杂和具有挑战性。由于已有大量文献从技术角度对平台如何进行有效的匹配展开讨论,在此不予赘述,仅做简要介绍。2006 年,Netflix 公司发起了 Netflix Prize 大奖赛,为能够将名为 Cinematch 的电影评分预测系统的准确率提高 10% 的参赛者提供 100 万美金,① 吸引了大量专业人士投身于推荐系统领域的研究中,这成为该领域最具标志性的事件之一。此后,随着技术的创新发展,越来越多的数据能够被获取和分析使用,基于内容的过滤、基于协同的过滤、混合推荐模型、神经协同过滤等更多不同类型的算法模型也

---

① Amatriainand, X., Basilico, J., "Netflix Recommendations: Beyond the 5 stars (Part 1)", Netflix, http://techblog.netflix.com/2013/03/system-ar-chitectures--for.html, March, 2013.

由此被运用到特征匹配工作中。① 例如，基于内容的过滤（content-based filtering）核心在于根据推荐内容的元数据，发现内容的相关性，进而基于用户以往的偏好记录推荐相似内容；② 基于协同的过滤（collaborative filtering）则认为"物以类聚，人以群分"，通过寻找邻近偏好的用户群来进行内容与用户的匹配；③ 等等。

值得注意的是，在平台的实际运行过程中，用户偏好特征与内容产品属性的相关性并非唯一考虑要素，政府、广告商等外部行动者也会通过行政干预或竞价投放等方式影响匹配的结果。首先，政府会通过召开专项会议、发文、直接沟通等方式，在重要时间节点前向平台布置信息发布要求。目前，政府要求推广的信息除了在重点位置版块呈现，如首页首屏、弹窗、热搜、榜单等，基本不进行用户特征的匹配，而是无差别地投放、有规律地推荐。

> 我们一般的做法就是按要求置顶、推荐，或者隔若干条（视频）主动推送一个官方讲话或解读的内容。
> ——平台 X 负责人 B（访谈记录）

其次，对于广告投放方式而言，既有在进入界面、首屏等突出位置展现的无差别投放方式，也存在根据产品特性和用户特征匹配的结果，将个性化广告内嵌于信息流中的信息流广告投放方式。④ 以微信为例，

---

① 《Modern Recommender Systems》，https://towardsdatascience.com/modern-recommender-systems-a0c727609aa8，October，2022.

② 王道平、李秀雅、杨琴：《基于内容相似度的知识协同过滤推送算法研究》，《情报理论与实践》2013 年第 10 期。

③ 关菲、周艺、张晗：《个性化推荐系统中协同过滤推荐算法优化研究》，《运筹与管理》2022 年第 11 期。

④ 信息流广告即将广告嵌入用户每日接触的大量信息流之中的推广广告。它试图根据收集到的用户信息、历史记录、社交关系和地理位置计算用户"画像"，并有针对性地投放。（参见牛耀红《操控、赋权、话语空间：理解社交媒体广告的三个维度——以微信信息流广告为例》，《编辑之友》2017 年第 10 期。）

在投放广告时，微信会根据用户的年龄、所在区域、手机型号等标签刻画用户特征，进而通过后台算法对细分的用户与品牌"调性"进行匹配投放，用户收到广告后进行的点赞、评论或者屏蔽等行为反应，也将成为后续广告投放所参考的用户画像要素。①

综上，平台实际运营中的匹配远比技术意义上的匹配要复杂，既需要考虑用户的偏好，也需要综合政府、广告方的投放需求，在对政策要求、短期利益、长期利益等的综合考量下，除了通过算法技术具体实现信息内容产品特征与用户偏好特征的实际匹配，还形成了区别于"特征—偏好"的例外匹配策略。

（四）信息内容的分发推荐

如果说特征匹配环节决定着信息流的"流向"，那么分发推荐环节则决定着信息流的"流量"。用户反馈、注资推广等因素都会影响信息内容产品的流量分配。首先，针对用户生产的内容产品，平台通过综合考虑作者情况、冷启动能力、传播效果、平台价值观等因素进行流量分配。不同平台在实践中可能存在考量因素的差异，本部分仅就一般情况进行讨论。对于普通用户，当发布一条内容后，即开始冷启动过程。所谓"冷启动"，是与"热启动"相对的一个术语，它指平台最初并不给此类内容分配流量，当用户通过自主转发等方式，使该内容的曝光量积累达到某一初始阈值，平台才会开始分配流量。对于大流量用户，则不涉及冷启动过程，平台会根据用户等级，直接分配几千至上万次不等的流量。随后，消费者的行为反馈将影响内容产品是否能够得到更进一步的推荐。大部分平台依循"优者更优"的推广路径（参见质量审核部分）。在此过程中，只有已经具备一定曝光量基础的信息内容产品才有机会进入面向更广范围受众的内容池，使得其积累的初始"人气"被系统

---

① 施琴：《社会化媒体信息流广告研究——以微信朋友圈信息流广告为例》，《传媒》2015年第17期。

逐级快速放大。

　　视频最开始投放在流量基数较小的内容池中，如果这条视频获得了很多正面的用户反馈，那么在经过审核后，就会被投放到流量基数更大的内容池中，可能被更多人看到。
　　　　　　　　　　　　——平台 T 工作人员 Z（访谈记录）

但为了占据细分市场，不同平台也可能存在自己独特的考量。例如平台 K 更加注重给底层的、相对"粗糙"的视频分配流量，以体现平台秉持的普惠价值观。

　　（我们）秉持的一个价值观还是普惠，要让大家都有机会充分曝光，不是只关注头部用户和产品。
　　　　　　　　　　　　——平台 K 质量负责人 D（访谈记录）

其次，广告商可以通过付费获得平台场域内的产品推广，常用的方式包括统一竞价和单独签订合同两种。大部分平台均有自己的广告竞价系统或插件，不同广告主的广告投放团队在其上通过竞价获得曝光机会。平台常见的计费方式包括千次展示计费（Cost Per Mile, CPM）、点击计费（Cost Per Click, CPC）、转化行为计费（Cost Per Action, CPA）等，其中千次展示计费最常采用。广告呈现方式包括开屏广告、信息流内的插屏广告，以及播放视频中出现的中插广告。广告投放的价格实时调整，主要随大盘情况（广告商整体的资金情况）和广告呈现方式变动。

　　每个广告主的广告投放团队，每天会同时盯好多平台，比如今日头条、微信、微博等。每个平台每天会有当天的基准价格，比如 40 元每千次。但是，对平台来说，可能今天只想投 2000 次，但广告主非常多,那放谁不放谁?广告投放团队就会在竞价系统上进行点击竞价,你的价格最高,就投你的。

中插广告是最贵的。广告对用户体验的影响越大,就越贵。

——平台 X 负责人 B(访谈记录)

此外,广告主也可以单独与平台签订合同,采取一揽子定价的方式,平台每日按合约分时间段、分地域进行广告投放,广告主无须进行实时竞价。

最后,大多数平台也提供创作推广服务,即俗称的"充流量"。创作者可以通过参加平台举办的创作比赛、投入一定的经费等方式,直接进入面向更多受众的内容池这一"快车道",得到更广泛的主动推荐。平台也会对参与创作推广的信息生产用户提出视频时长、画质等方面更高的标准和要求,确保平台内容的质量。

对于一些刚起步的"网红",公司会给他们"充流量"。"充流量"就是通过给平台付费,让平台把他们的产品直接投放到更高浏览量的内容池中,获得更多曝光。这个效果还是挺明显的,流量一多,粉丝基数就上来了,就会有更多的正向反馈,之后就能获得更多流量。

——平台 T 工作人员 Z(访谈记录)

总体来看,在运营过程中,包括用户、广告商、政府部门等在内的多个主体都需要并追求流量,但平台场域内每日的总曝光量基本固定,因此平台运营者在分发推荐环节的核心任务就在于平衡好外赋职责与内生目标,提高流量分配的总效率。

比如平台日活是 1000 万人,用户平均每人每天刷 50 个视频,这决定了平台上任意内容被看的总数上限就是 5 亿(1000 万 × 50

次)。所以平台的流量是有负荷的,平台流量分配的实质是存量流量的高效分配。

——平台 X 负责人 B(访谈记录)

综上所述,互联网平台的日常运营以人工智能算法为依托,遵循一套大致相同的管理流程。其围绕"管内容"而开展的具体工作,即将"承包"自国家的责任和任务进行转化,然后以不同方式内嵌于平台日常运营的工作机制之中,实现对平台用户行为的约束引导和对平台场域内信息流的动态干预。这种做法将常态化治理活动与日常经营活动在形式上合二为一,是互联网平台履行其作为网络信息内容治理"第一责任人"职责的有效举措,是决定治理体系如何运行和治理模式何以奏效的第二个关键环节。

第四章

治理的结构性矛盾：关键主体权责错位与行动逻辑冲突

在"国家管平台，平台管内容"的基本治理格局中，网络信息内容治理体系依托于委托—代理关系和发包制治理模式得以稳定且有效地运行，国家主导的常态化治理实践与互联网平台的日常运营实践实现了形式上的统一。作为调适的结果，这标志着，治理变革过程在当前时期已经进入了间断—均衡理论模型所描述的均衡阶段。然而需要注意的是，所谓"调适"是治理实践与作为环境的、与技术协同演化的社会变迁发生"双向运动"的过程，而所谓"均衡"是"双向运动"过程轨迹中的一个特定位置，它意味着治理与环境在一定程度上达成了相互适配，但并非必然是完全实现了预设的治理目标。那么当前网络信息内容治理的效果是否达到了预设目标？如果没有，是什么原因造成的？它指向治理体系运行中存在的哪些结构性矛盾？对应表现为治理实践中的哪些症候？本章将围绕上述问题对网络信息内容治理实践进行更进一步的分析讨论。

一 治理效果的落差及其诊断框架

安全与发展是网信工作领域需要处理好的一对核心关系，[1] 维护网

---

[1] 习近平总书记主持召开中央网络安全和信息化领导小组第一次会议强调："网络安全和信息化是一体之两翼、驱动之双轮，必须统一谋划、统一部署、统一推进、统一实施。"（《习近平主持召开中央网络安全和信息化领导小组第一次会议强调 总体布局统筹各方创新发展努力把我国建设成为网络强国》，《人民日报》2014年2月28日第1版）在4·19网信工作座谈会上又强调指出："网络安全和信息化是相辅相成的。安全是发展的前提，发展是安全的保障，安全和发展要同步推进。"[习近平：《在网络安全和信息化工作座谈会上的讲话（2016年4月19日）》，《光明日报》2010年4月26日第2版]

络信息内容安全和推动互联网健康发展是网络信息内容治理和互联网治理体系建设的两大重要目标。①为此，国家确立了坚持正面宣传为主与依法管理相结合的新闻舆论工作基本方针，②以及弘扬正能量与抑制负因素相统一的用网治网基本方略，③指引网络信息内容治理实践沿着正面内容建设与负面内容监管两条路径开展。从习近平总书记的相关重要论述与党和政府相关重要文件中，我们可以根据相似的表述获得国家为网络信息内容治理所设定的预期目标，如习近平总书记在2018年全国宣传思想工作会议上指出，要"坚持营造风清气正的网络空间"；④在网络安全和信息化工作座谈会上指出，要"培育积极健康、向上向善的网络文化"⑤；党的十九届四中全会《中共中央关于坚持和完善中国特色社会主义制度 推进国家治理体系和治理能力现代化若干重大问题的决定》指出，要"营造清朗的网络空间"；⑥党的二十大报告指出，要"塑造主流舆论新格局……推动形成良好网络生态"；⑦《网络信息内容生态治理规定》提出，要"营造清朗的网络空间、建设良好的网络生态"；⑧等等。

沿着治理路径，向着治理目标，相关部门积极进行网络信息内容治理实践探索，不仅提倡"理念、内容、形式、方法、手段等创新"，而且注重"经济、法律、技术等多种手段相结合"，开展了"精神的力

---

① 谢新洲、朱垚颖：《网络综合治理体系中的内容治理研究：地位、理念与趋势》，《新闻与写作》2021年第8期。
② 柳斌杰、郑雷：《新媒体环境下中国新闻管理与舆论引导问题、趋势分析》，《国际新闻界》2019年第2期。
③ 庄荣文：《科学认识网络传播规律 努力提高用网治网水平》，《小康》2018年第29期。
④ 《习近平在全国宣传思想工作会议上强调 举旗帜聚民心育新人兴文化展形象 更好完成新形势下宣传思想工作使命任务》，《光明日报》2018年8月23日第1版。
⑤ 习近平：《在网络安全和信息化工作座谈会上的讲话（2016年4月19日）》，《光明日报》2016年4月26日第2版。
⑥ 《中共中央关于坚持和完善中国特色社会主义制度 推进国家治理体系和治理能力现代化若干重大问题的决定》，人民出版社2019年版，第24页。
⑦ 习近平：《高举中国特色社会主义伟大旗帜 为全面建设社会主义现代化国家而团结奋斗——在中国共产党第二十次全国代表大会上的报告》，《求是》2022年第21期。
⑧ 《网络信息内容生态治理规定》，国家互联网信息办公室，2019年12月20日，http://www.cac.gov.cn/2019-12/20/c_1578375159509309.htm，2023年6月26日。

第四章 治理的结构性矛盾：关键主体权责错位与行动逻辑冲突

量·新时代之魂""点亮网络文明之光"等一系列主题宣传活动，以及"净网""剑网""清源""护苗""清朗"等一系列专项整治行动，取得了丰硕成果和不俗成绩，"网络生态持续向好"。但是也要指出，与管住舆论安全底线取得的显著成效相比，[1]正面内容建设的实际效果不尽如人意。多项理论与实证研究揭示，尽管各大主流媒体如火如荼地开展新媒体矩阵建设，但是"除个别案例可圈可点之外，总体而言并没有取得令人满意的成效"。[2]从全国范围看，与对社交网络账户的审查管理和对不良信息的监管取得的显著进展相比，舆情信息中的正面内容比率相对偏低。[3]虽然近年来国家权力在视听媒体领域不断扩张、延伸，但"内卷化"现象明显，正面内容建设效果并未获得同等水平的提升，青少年群体中建立起来的反而是"另一种异质性的文化领导权"。[4]总体而言，主流传播影响力式微已是不争事实。[5]这反映出，两条路径在治理成效上存在落差，正面内容建设工作仍有待进一步改善。

基于第三章的研究发现，我们不禁对此产生疑惑：互联网平台作为网络信息内容治理的"第一责任主体"，处于相同的制度环境和权力结构之中，遵循相同的管理流程、依托相同的工作机制对平台场域施以调节（对平台用户和信息流施以干预），那么从"第三人称"视角看，为何来自相同外部主体（国家）的政策与指令输入会有完全不同的反馈输出（在网络信息内容治理的两条路径表现出上述效果反差）？这呼唤针

---

[1] 参见国家网信办《2021年累计清理违法和不良信息2200万余条，处置账号13.4亿个》，光明网，2022年3月17日，https://m.gmw.cn/baijia/2022-03/17/1302850631.html，2022年10月8日；《清朗·春节网络环境专项行动取得积极成效》，中国政府网，2021年3月25日，http://www.gov.cn/xinwen/2021-03/25/content_5595539.htm，2022年10月8日。

[2] 喻国明、李彪：《互联网平台的特性、本质、价值与"越界"的社会治理》，《全球传媒学刊》2021年第4期。

[3] 王铎、王晰巍、贾若男、郑晴晓：《大数据驱动的社交网络舆情生态性评价及实证研究》，《情报资料工作》2020年第2期。

[4] 吴畅畅：《视频网站与国家权力的"内卷化"》，《开放时代》2021年第6期。

[5] 喻国明、张馨宇：《主流传播的破局之道：游戏范式的启发与借鉴》，《现代视听》2021年第10期。

对网络信息内容治理体系运行中存在的问题及其成因进行深入诊断。本研究认为，诊断的重点在于"转化"环节，对此应该在发包制理论框架下予以更进一步的考察。

发包制（subcontract）模式最早源于经济学中的企业治理问题，用于形容委托方与代理方相互分离的关系。与雇用制（employment）相区别，发包制是指"发包"企业通过外部购买等方式要求"承包"企业负责提供生产工具、雇用工人并组织其从事生产。[1] 后来被引入政治领域，认为在行政组织边界之内，统一权威之下嵌入着上下级之间的发包关系，被称作"行政发包制"。其特征包括在行政权分配上发包方具有正式权威和剩余控制权，承包方拥有具体的执行权和决策权，以及许多实际控制权，在经济激励上承包方拥有剩余索取权并受到强激励，在内部考核上呈现为结果导向和人格化责任分担。[2] 这一理论自提出以来，就受到学界重点关注并围绕相关主题开展了大量讨论，[3] 同时被广泛运用于考察并解释中国政府不同领域的运行实践。

随着互联网平台崛起并逐渐成为影响经济社会发展的重要力量，学界的注意力也开始向与政府—平台关系相关的领域转移。在注意到政府具有机构分散、人员有限、信息贫乏和技术滞后的特点，无法对互联网上的海量对象进行直接监管，而是需要通过互联网平台来进行实际治理[4]之后。学者们尝试从不同视角对国家发包、平台承包的现象进行理论描述，揭示了在网络信息内容治理的实践中，与政府上下级之间的行政发包相似，政府作为发包方具有正式权威和剩余控制权，平台企业则承担正面内容建设与负面内容监管的实际工作，负有主体责任；政府对互联网平台的治理成果进行检验，对于不合格的企业，

---

[1] Coase, R., "The Nature of the Firm", *Economica*, Vol. 4, No. 16, 1937, pp. 386 – 405.
[2] 周黎安：《行政发包制》，《社会》2014 年第 6 期。
[3] 如《社会》杂志在 2014 年第 34 卷组织专题讨论，刊登了周黎安的原文，周雪光、张静、曹正汉和冯仕政四位教授的评论文章，以及周黎安的回应文章，对理论的潜在预设、学科视角局限、完善方向等进行了充分的讨论。
[4] 刘鹏：《以网管网：第三方平台监管的兴起及其逻辑》，《治理研究》2021 年第 5 期。

第四章 治理的结构性矛盾：关键主体权责错位与行动逻辑冲突

采取罚款、行政约谈、派驻督导组乃至下架等方式督促其整改，总体上以结果导向的监督审查为抓手，通过较强的负面激励措施来确保平台履责。

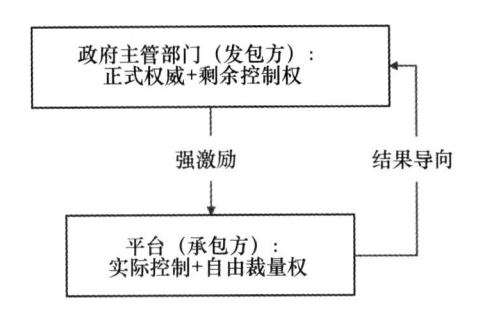

```
┌─────────────────────┐
│ 政府主管部门（发包方）：│
│  正式权威+剩余控制权  │←──┐
└─────────┬───────────┘   │
          │强激励     结果导向
          ↓              │
┌─────────────────────┐   │
│  平台（承包方）：    │───┘
│  实际控制+自由裁量权  │
└─────────────────────┘
```

图 4-1　基于发包制理论的诊断框架

图示来源：笔者自制。

发包制下的网络信息内容治理模式确实取得了明显成效，但也存在着结构性问题。在理论的提出者周黎安教授看来，采用行政发包制可以降低治理成本，但会提高公共服务的质量压力，从而增加统治风险。[1] 虽然承包方并不必然追求"降低成本"而忽视"提高质量"，[2] 但发包制的激励特征和可能被滥用的自由裁量权都意味着这种质量压力始终存在。[3] 例如承包方可能会因狭隘地实现自身目标而损害委托方发包目标之外的其他利益。[4] 特别是在网络信息内容治理中，承包方由作为公共部门的下级政府变为私营企业的互联网平台，履职的质量风险进一步加剧。具体到本研究，我们认为激励特征、自由裁量权和剩余控制权仍然是造成治理问题的症结所在，但呈现出不同以往的影响方式。接下来，

---

[1] 周黎安：《行政发包制》，《社会》2014 年第 6 期。
[2] 周雪光：《行政发包制与帝国逻辑——周黎安〈行政发包制〉读后感》，《社会》2014 年第 6 期。
[3] 周黎安：《再论行政发包制：对评论人的回应》，《社会》2014 年第 6 期。
[4] 周黎安：《行政发包的组织边界：兼论"官吏分途"与"层级分流"现象》，《社会》2016 年第 1 期。

本章第二部分将以发包制理论模型作为诊断框架，对治理体系运行中的问题与症候进行讨论。

二 发包制治理模式中的问题与症候

（一）强激励的消解：政府失灵与非常态参与

发包制的有效运行有赖于发包方对承包方施加较强的激励举措。在传统上下级政府间的发包关系中，上级政府会对下级政府施加较强的经济激励（财政预算和人员绩效奖励），以确保下级政府有足够的动机和意愿完成任务。具体到政府对互联网平台的信息内容治理发包，在负面内容监管方面，政府采取了强负面激励措施，使互联网平台将履责看作是关乎企业生存的根本性任务。为此，平台运营者普遍将安全审核程序前置，采用机器审核＋人工审核的方法，并制定多种召回复审策略。目前，应用根据"负面清单"训练好的算法模型，通过关键词过滤、敏感标志物识别、视频抽帧等方式判断内容是否合规，同时人工对高浏览量和机器难以判定的内容进行复审，已经实现了对负面信息内容的高准确率甄别。

> 内部的技术要求算法审核做到人工失误率的一半以下。现在对违法违规内容机器识别的误判率已经可以控制在1%以下，这能够确保平台不踩到违法违规的"红线"。
>
> ——平台 K 负责人 J（访谈记录）

然而在正面内容建设方面，虽然目前各类文件中反复强调要加大力度、压实责任，但激励措施难以有效实施。一方面，正面内容本身涉及价值判断，究竟什么样的平台内容生态可以称为"主旋律高昂、正能量充沛"缺乏明确、可量化的标准，且正面内容治理带来的社会效益更加难以甄别，结果导向中的"结果"不明，使得政府的监督考核面临极大困境，进而令负面激励失据。另一方面，对于违法违规内容的管理，可以采取多种强制

第四章　治理的结构性矛盾：关键主体权责错位与行动逻辑冲突

性手段带来强负面激励，但是对于正面内容建设，由于其不像负面内容监管是直接影响社会稳定而需要守住的"底线"，[①] 政府注意力分配相对不足，那么从平台角度看，尽管理论上讲政府仍可以为实现"正气充盈"而对平台施加强负面激励，但这在动机和必要性意义上是缺乏可信承诺的。[②]

如果改为采取正面激励措施，对于已经具备一定垄断属性的头部互联网平台，通过给予一定的政治优惠来引导其生产并传播正面内容，可能会造成平台权力的进一步扩张，存在诸多风险；若给予其一定经济激励，相对于平台的盈利而言微不足道，而用以弥补为此付出的成本则无异于杯水车薪；此外，授予平台荣誉奖励亦难以真正起到良好效果。

> 对正面宣传现在有一些扶持项目，比如年度正能量作品征集，入选者奖励一两万奖金和证书。但实话说，这个吸引力不大。
>
> ——平台×负责人 B（访谈记录）

平台运营以市场逻辑为主导，以获取最大利润（流量）为根本目标。因此，存在一种情况：若能够带来流量，就有动力参与正面内容建设，甚至主动策划相关活动；但是在缺乏足够经济激励而仅面临行政指令的情况下，更倾向于采取便宜原则——能拖则拖，拖不了则以成本最低的方式完成传播"正能量"等行政任务。

综上，对于成本—收益的考量和对监管态度与力度的感知导致发包方的强激励消解，使得互联网平台在正面内容建设上投入精力和资源有限。这意味着，发包制下平台参与正面内容建设，存在着政府失灵的情况，成为一种主要受到市场机制调节的非常态行为。

[①] 张权：《网络舆情治理象限：由总体目标到参照标准》，《武汉大学学报》（哲学社会科学版）2019 年第 2 期。

[②] Shepsle, K. A., "Discretion, Institutions, and the Problem of Government Commitment", in Bourdieu, P., Coleman, J. S., eds., *Social Theory for a Changing Society*, Boulder, CO: Westview Press, 1991, pp. 245–263.

(二) 自由裁量的重负:"政治局限"与避责策略

给予承包方以较大的自由裁量权是发包制区别于科层制和雇用制的重要特征,有助于减少信息摩擦、降低沟通成本,大幅提升工作效率。具体到网络信息内容治理过程中,由于政府的治理资源有限、互联网平台的产权性质属于非公有、政府与平台之间存在较大的技术与人才落差,[①]将实际治理权下放到互联网平台以实现有效治理是必要且理性的。对于平台而言,在负面内容监管中,自由裁量权的赋予有助于平台运营者灵活变通地转化监管要求,并贯彻于对信息内容产品管理的既有流程中,以较低成本高效率地完成政府要求。然而,在正面内容建设中,自由裁量权却成为互联网平台的"负担",令其陷入履责困境。

当前平台对于信息内容产品的管理高度依赖人工智能技术,但后者仍然处于"弱智能"阶段——所谓"弱"是专用人工智能相对于通用人工智能而言的,算法技术所承担的任务实质上是执行性的 (performative),[②]主要根据具体规则进行客观判别,并不能达到像人一样基于对内容的真正理解而自主做出判断,这也是为何流程中的不同环节要依靠不同算法模型执行对应任务。因此,现有内容审查系统虽然能够准确识别违法违规内容并执行负向处理,却难以判断一条信息的价值内涵,进而无法在分发推荐中实现正面价值引导。若要让机器具备这方面智能,必须要像提供"负面清单"一样给机器提供作为规则的"正面清单",并辅以大量数据训练,才能实现深度学习。该过程的本质是将抽象价值操作化,完成由正面价值到可供机器学习的规则的"转译",这也构成了机器进行"价值判断"的前提。

需要指出的是,将正面价值"转译"为机器学习的规则,这一过程不

[①] 于洋、马婷婷:《政企发包:双重约束下的互联网治理模式——基于互联网信息内容治理的研究》,《公共管理学报》2018 年第 3 期。

[②] 肖红军:《算法责任:理论证成、全景画像与治理范式》,《管理世界》2022 年第 4 期。

第四章 治理的结构性矛盾：关键主体权责错位与行动逻辑冲突

仅是技术性的，也是政治性的，涉及对正面价值及其背后意识形态的阐释，而这与平台运营者市场主体的属性存在着张力。习近平总书记在党的新闻舆论工作座谈会上强调，党的新闻舆论工作要适应国内外形势发展，从党的工作全局出发把握定位，要尊重新闻传播规律，创新方法手段，切实提高党的新闻舆论传播力、引导力、影响力、公信力。① 这实则体现出对宣传工作两个不同面向的要求：一方面定位要准，即要确定好什么是需要宣传的"正面价值"（定调）；另一方面，传播效果要好，即要将需要宣传的正面价值以合适的形式呈现并通过特定媒介传播出去（"转译"与推广）。在"党管媒体"的原则下，宣传部门是负责"定调"的专门机构，新华社、人民日报等主流媒体则是负责内容生产和传播的专业机构。② 这意味着，确定"正面价值"与将正面价值"转译"为宣传内容均是由广义的政府部门③承担，互联网平台运营者显然并不具有对正面价值做出阐释的权力，也不具备必要的公共性和合法性——由此带来的"政治局限"掣肘了其在正面内容建设中对于自由裁量权的行使，难以直接对信息内容产品的价值导向做出判断，那么作为替代方案，就只能采取将生产者的组织属性作为判断标准等更加简单且可以避责的方法。

退一步讲，如果根据《关于进一步压实网站平台信息内容管理主体责任的意见》赋予平台信息内容治理的主体责任，以及《网络信息内容生态治理规定》鼓励平台积极呈现含有"宣传党的理论路线方针政策和中央重大决策部署"等七类内容的信息，而认为平台运营者在履责实践中获得了对正面价值进行"转译"的变相授权，或者认为对正面价值的"转译"仅是平台运营者作为承包方履职的技术性环节，运营者仍然会因为可能误判所带来的政治风险而在正面内容建设中采取避责策略。具体而言，在负面

---

① 参见习近平《坚持正确方向创新方法手段　提高新闻舆论传播力引导力》，《人民日报》2016年2月19日第1版。
② 邓绍根：《"党媒姓党"的理论根基、历史渊源和现实逻辑》，《新闻与传播研究》2016年第8期。
③ 朱光磊：《当代中国政府过程》（第三版），天津人民出版社2008年版。

内容监管实践中，如果将非负面内容误判为负面内容而进行负向处理，其商业风险是发散的，即假阳性率越高，①用户体验越差；但政治风险却是收敛的，即假阳性率越高，能够规避掉更多可能的违法违规内容流出。对于平台而言，用户体验可以通过其他方式弥补，但未做到避免违法违规内容的流出却是不能碰的"红线"。因此，对于误判的更高容错率催生了负面内容监管中"宁可多误伤，不可漏识别"的理性策略。

与负面内容监管相反，在正面内容建设实践中，如果根据自身理解（对正面价值的"转译"）而将非正面内容误判为正面内容并向其分配更多流量，其商业风险是收敛的而政治风险是发散的。对于平台而言，令部分不符合正面导向的内容扩散，不一定会对受众的感官体验产生冲击，甚至反而会产生"商机"。

> 比如一个视频内容是天上的云形成伟人头像，这乍一看也是宣传领袖，但实际上是软件做的，属于虚假新闻。这种带有政治性的"擦边球"用户很喜欢，一出现流量就会暴涨。
>
> ——平台 X 负责人 B（访谈记录）

但这种误判却会带来递增的政治风险。如有学者指出，正面内容，其表现形式（能指）与其所希望传递的正面价值（所指）之间的关系越灵活，越容易被解码出新的意义②。有时，即便是政府内部的不同部门之间，对同一内容的判断也可能存在差别。一旦某些看似"正面"实则具有争议的内容，如"低级红""高级黑"，在平台场域广泛传播并造成了不良社会影响，那么与负面内容监管失责无异，同属触碰"红线"的范畴，甚至有过之而无不及。因此，对于误判的更低容错率催生了正面

---

① 假阳性率（FPR）即实际阴性，但被判为阳性的百分比。
② 张权、宋庆宇：《5G 技术、"灰色区域"与网络信息内容治理》，《新媒体与社会》2020 年第 2 期。

内容建设中"宁肯先观望,不可急冒进"的理性策略。

(三) 剩余控制权的扰动:马太效应与信息倦怠

如前所述,互联网平台通过内容审查标注特征标签、用户画像推断偏好需求、将信息内容特征标签与用户偏好需求进行匹配、根据匹配结果分发推荐信息四个环节,基本形成了一套动态稳定、自我调适的信息流管理系统。目前互联网平台普遍高度重视人的社交属性,注重通过分享、点击所代表的"喜欢相关性"进一步推动信息的分发。这使得越多的正向反馈带来越多的流量,越多的流量带来更多获得正向反馈的机会,从而在平台层面造成了"马太效应"。考虑到这一点,平台的推荐算法将多样性(diversity)作为评价个性化推荐的重要指标,着力挖掘同一用户的不同偏好,并据此为用户提供不同面向的信息内容①,很大程度上缓解了同质化信息过载这一潜在问题。

在正面内容建设实践中,主管部门有时会基于正式权威(对平台的监管权和业务指导权),行使剩余控制权(不受约束的干预权),定期要求平台直接采用主流媒体生产的"通稿"②,面向用户广为传播。对这类内容产品的分发推荐本身独立于互联网平台内部自洽的信息内容产品管理流程,既不遵循信息内容特征和用户偏好需求相匹配的原则,也不考虑个性化推荐中的多样性补偿,使得人们容易产生正面信息倦怠。

> 在实操层面,我们会和商业平台做沟通,比如标题折行、图片裁切等,是否按照我们的样式来。我们会要求他们人工监管我们的内容时,不要乱动我们的东西。
>
> ——平台 R 负责人 Z(访谈记录)

---

① 朱郁筱、吕琳媛:《推荐系统评价指标综述》,《电子科技大学学报》2012 年第 2 期。
② 《中国共产党宣传工作条例》规定了党委要"定期研究部署宣传工作重要工作和重大事项"。

首先，独立的正面内容信息流不具有市场逻辑的认受性，在用户接收到的大量兴趣相关的内容中很可能显得"格格不入"，易于产生排斥心理，难以实现正面内容传播由数量（铺天盖地）到效果（入脑入心）的实际转化。其次，在平台传播模式下，各个平台分别单独投放的正面内容经过用户间基于社交网络的交互传播，[①]可能与算法个性化推荐造成的"马太效应"相叠加，使正面内容供给量在短时间内以乘数级增长。最后，各平台在原有运行过程中为吸引用户，会采取一定的差异化竞争策略，形成相互区别的所谓"调性"，令用户获得不同的内容消费体验。但是，在当前不同平台皆以主流媒体生产的"通稿"作为分发推荐之主要客体的情况下，用户在多个平台所浏览到的正面内容同质性概率极大。上述三点原因叠加，造成用户接受的正面信息可能过载，从而产生信息倦怠与信息回避[②]。

行使剩余控制权所带来的"扰动"，令上述意外后果涌现，不仅降低了正面内容建设的实际效果，同时削弱了用户体验，进而令互联网平台面临两难抉择——既需要落实主管部门的要求以确保生存空间，又需要照顾用户体验以谋求在市场竞争中的发展机会，所以实践中，平台唯有在两个重要变量的掣肘下努力维持平衡。

> 这个问题(用户面对多方供给的大量同质化正面信息，容易产生正面信息倦怠与回避)还真没有思考过，但我认为应该是存在的。不

---

① 交互传播包括平台内分享，如将微信公众号文章在微信朋友圈转发，也包括跨平台搬运，如将抖音视频发到微信朋友圈。个体对于正面内容的传播既可能是内部动力驱动，如兴趣使然，也可能是外部压力驱动，如被动落实单位要求等。

② Holton, A. E., Chyi, H. I., "News and the Overloaded Consumer: Factors Influencing Information Overload among News Consumers", *Cyberpsychology, Behavior, and Social Networking*, Vol. 15, No. 11, 2012, pp. 619–624; Chen, V. Y., Chen, G. M., "Shut Down or Turn Off? The Interplay between News Overload and Consumption", *Atlantic Journal of Communication*, Vol. 28, No. 2, 2020, pp. 125–137; Renjith, R., "The Effect of Information Overload in Digital Media News Content", *Communication and Media Studies*, Vol. 6, No. 1, 2017, pp. 73–85; 李彪、张雪、高琳轩：《从管理新闻到回避新闻：社交分发环境下新闻消费方式的转向》，《新闻与传播研究》2021年第9期。

第四章　治理的结构性矛盾：关键主体权责错位与行动逻辑冲突

过这也没办法，我们既管不了别人，也管不了用户，只能管好自己。

——平台 R 技术负责人 Z（访谈记录）

综上所述，相比负面内容监管工作，委托—代理关系下以互联网平台为"第一责任主体"的正面内容建设存在一定的局限性，反映出治理体系运行的结构性矛盾。原因可以简要概括为：政府对平台的正面内容建设要求难以通过较强的负面激励实现，同时互联网平台权责之间存在着张力，自由裁量权反而成为沉重负担，加之外源性的"通稿"供给与无差别的推送方式在平台传播"马太效应"的叠加作用下容易进一步造成同质化信息的大量传播，引发受众针对正面内容的信息倦怠与信息回避。因此，从化解结构性矛盾，改善治理效能的角度出发，亟待提出一种低成本、依循平台制之特征、符合平台运营逻辑的正面内容建设模式。

表 4-1　不同发包类型对比

	政府间发包	负面内容监管发包	正面内容建设发包
激励特征	赋予下级政府剩余索取权，激励较强	对未履责平台采取行政约谈、派驻督查组，乃至关停的惩戒措施，激励强	对履责平台进行经济与荣誉奖励，对未履责平台采取（缺乏可信承诺的）惩戒措施，激励弱
自由裁量权	承包方因地制宜地处理具体事务	政府提供指导意见，平台运营者将相关政策法规自主转化为"负面清单"，内嵌于信息内容产品管理的一般流程	政府提供指导意见，企业没有资质和意愿进行"转译"
剩余控制权	剩余控制权在中央政府和地方政府之间分配	平台运营者拥有并运用剩余控制权	政府拥有并运用剩余控制权，对平台运营产生较大扰动
产生问题	下级政府可能降低公共服务质量以提升收益，增加统治风险	过度审查；政企关系紧张	平台参与正面内容建设意愿较低，用户体验下降，治理效果不尽如人意

表格来源：笔者自制。

第五章

治理的现代化转型：更进一步
调适与治理效能提升

党的十九届四中全会着重研究了推进国家治理体系与治理能力现代化的若干重大问题，在《中共中央关于坚持和完善中国特色社会主义制度　推进国家治理体系和治理能力现代化若干重大问题的决定》中提出"将制度优势转化为治理效能"的新命题。根据不同学者的阐释，治理效能的提升是实现治理现代化的关键环节，① 换言之，治理现代化的实现进程是以治理效能提升为指标。② 具体到本研究，网络信息内容治理效果的不平衡，反映出在正面内容建设这条路径上存在治理效能不足的问题。那么进一步推动网络信息内容治理的现代化转型，理应从提升正面信息内容建设的治理效能着手。本部分拟借鉴互联网平台在参与负面内容监管所普遍采用、行之有效的"负面清单"模式，③ 提出作为其"镜像"④ 版本的"正面清单"式内容建设思路与方案，以期在尽量不抬高平台运营成本的前提下，有效提升正面内容建设的效能转化，进而推进网络信息内容治理的现代化转型。

---

① 虞崇胜：《将制度优势转化为治理效能——国家治理现代化的关键环节》，《理论探讨》2020 年第 1 期。
② 马亮：《从评价到体检：国家治理效能评价的范式转换》，《国家治理》2022 年第 9 期。
③ 何明升：《网络内容治理：基于负面清单的信息质量监管》，《新视野》2018 年第 4 期。
④ "镜像"是指物体在平面镜中反射的虚像，物体与镜像以平面镜为对称轴，两者大小形状完全相同，但左右颠倒。本研究所谓"镜像"版本，是指"正面清单"式内容建设与"负面清单"式内容监管是依托完全相同的工作机理，但实际开展所遵循的逻辑是相反的。

第五章　治理的现代化转型：更进一步调适与治理效能提升

一　从"负面清单"到"正面清单"：一个"镜像"式改革思路

根据前面章节的论述可知，网络信息内容治理实践依循如下逻辑链条层层展开：设定治理目标（"天朗气清""正气充盈"等）—履行公共职能（宣传动员＋舆论引导＋信息监管）—认证网络信息内容（属于正面信息内容/负面信息内容）—适应网络信息内容生产与传播模式（以互联网平台为枢纽的多中心分众＋圈层化交互复合传播）—依托平台制企业运营方式（人工智能算法＋人工）—开展具体治理活动（对用户行为与平台场域内信息流施以干预）。在负面内容监管路径中，这整个逻辑链条上的各个环节通过"负面清单"实现了彼此连通。具体而言，政府应该对网络信息内容履行监管职能，需要做的工作是从海量监管对象中识别包含违法、有害、不良元素的负面内容，然后执行删除、打码等减少其可见度的负向处理，同时约束引导相关的行动者，抑制负面信息内容的生产和传播，以实现网络空间信息内容生态改善。在"政府管平台，平台管内容"的治理格局下，政府会提出关于监管负面内容的总体原则或具体要求，然后将直接监管责任发包给互联网平台并对平台承包监管工作的过程与结果进行元监管。互联网平台则一方面会将政府提出的要求转译为约束和引导平台用户活动的制度（社区规则），另一方面会根据平台制的运行机理与依托于算法的运行方式，将政府提出的要求转译为识别判断什么是负面内容的标准化清单（"负面清单"），然后基于"负面清单"训练算法模型、培训审查员，通过人工智能和人工合作完成负向处理负面信息内容的相关具体工作，如此便将负面监管职责嵌入日常经营中，将负面监管实践并入对信息流的管理实践中。

网络负面内容监管之所以能够获得相对成功的关键，即其值得借鉴的地方主要在于将法规中的原则性要求（《网络信息内容生态治理规定》中的"十一不得"和"九防范"）和非常态化的具体指令转化为"负面清单"，为治理实践提供了基本尺度：第一，"负面清单"为政府"减负",通过降低互联网平台履行相关职责的难度与门槛,避免对"负面"的有意曲解或无意误解,让负面内容监管不必由政府直接完成,通过委托—代理突破了能力与资源不足且正当性存在争议的困境。第二,"负面清单"充当触发有关干预手段的临界装置,帮助互联网平台实现对信息内容进行清晰而明确的认证,让网络信息内容治理由常态化的备勤巡查工作变为一种应急响应工作,在负面内容被发现并生成处理提示的情况下,再从"治理工具箱"中选择适宜的工具进行干预。第三,"负面清单"具有操作性,其作为规则,不仅能够被人理解,而且可以被机器学习,由此训练形成的算法模型可以对负面内容进行自动识别与认证,人工负责复核兜底——促成机器与人协同合作,大幅提高了内容审查的准确性和效率,节约治理成本。第四,"负面清单"是平台管理的有力抓手,有了"负面清单",互联网平台就能够以(基于"负面清单"所训练的)算法为媒介,将履行负面内容监管的职责充分融入平台的常态化信息管理流程之中,节约运营成本。

与监管(规管)一样,濡化同样是一种基础性国家能力①(对应宣传动员和舆论引导两项职责),此前一直基于"党管媒体"的领导机制,通过主流媒体开展新闻舆论工作实现。但如前文所述,随着技术化社会变革发生,以互联网平台为枢纽的信息生产与传播模式逐渐成为主流,既有治理体系受到强烈的冲击和挑战。在这种情况下,新闻舆论工作的关键由原来处理好党和媒体的领导—被领导关系,极大程度上转变为处理好政府和互联网平台企业的委托—代理关系。由此一度凸显的矛盾是:政府机构不掌握意识形态话语权,难以把握正面宣传的标准和尺度,缺乏通过发包制委托平台进行正面内容建设的能力和动力。而党的机构不承担公共管理职能,与互联网平台企业的关系没有理顺,并不掌握直接

---

① 濡化能力就是说,不能纯粹靠暴力、靠强制力来维持社会的内部秩序,要形成广泛接受的认同感和价值观。[王绍光:《国家治理与基础性国家能力》,《华中科技大学学报》(社会科学版)2014年第3期。]

第五章　治理的现代化转型：更进一步调适与治理效能提升

"管平台"的抓手。① 进而一度导致国家治理资源非均衡配置的结果，即国家作为委托方的注意力在正面内容建设上分配得相对较少，在负面内容监管上分配得相对较多，互联网平台作为代理方更多承包的是负面内容监管职责和相关任务，造成网络信息内容治理中负面内容监管和正面内容建设的效果落差。所以，此后开启的治理调适，通过推进媒体融合战略，帮助党领导下的主流媒实现转型并迅速在当前的信息传播格局中占据重要位置，进而令党对网络信息内容治理（正面内容建设）的能力提升；通过党和国家机构改革，令党领导的新闻舆论工作由宣传部门和网信部门共同承担，进而建立了依托网信部门这个跨党政机构（cross party-government agency）对互联网平台进行直接管理的工作机制；等等。在此不做重复论述。

现如今，正面内容建设与负面内容监管基本具备了相同的组织和制度基础，即具备借鉴"负面清单"式内容监管思路的充分条件。吕鹏等在研究中提出的观点，"促进平台善治，关键还是通过完善国家对平台的治理形成外部结构性压力，促进企业内生治理变革，形成可持续的共同治理模式"，② 则指出了借鉴"负面清单"式内容监管思路的必要性。从该意义上讲，网络信息内容治理的进一步改革进入一种"万事俱备，只欠东风"的情境——目前所欠的东风就是比照"负面清单"式内容监管模式建立起一套相当于其"镜像"版本的"正面清单"式内容建设模式，让治理体系更均衡地运转起来。这在本质上也可以理解为是推动网络信息内容治理的调适由制度或结构层面向技术层面"下沉"，打通治理现代化转型的"最后一公里"。具体工作主要涉及以下三个方面。

一是将国家的原则性要求或倡议转化为具体的标准，建构可操作的"正面清单"，涉及建构方式、清单规模、建构方法等问题。

---

① "宪法法律以及党的政策文件规定，党的领导主要通过政治领导、思想领导与组织领导等方面来进行，并不直面社会、市场等治理场域。"（杨欢、丁俊萍：《当代中国党领导国家政权机关的制度体系与过程机制》，《理论与改革》2021年第3期。）

② 吕鹏、周旅军、范晓光：《平台治理场域与社会学参与》，《社会学研究》2022年第3期。

二是以"正面清单"为标准训练专用算法模型，实现对"正面信息"的自动识别与认证，即习近平总书记所指出的"用主流价值导向驾驭'算法'，全面提高舆论引导能力"。①

三是将训练成熟的算法模型嵌入互联网平台日常运营的相关工作机制中，对信息流施以干预，同时调整并优化相关工作流程令其更好发挥作用，② 这涉及治理逻辑、治理策略等问题。

"负面清单"式内容监管与"正面清单"式内容建设的对比如表5-1。接下来，本研究将围绕上述第一项工作（"正面清单"建构）与第三项工作（"正面清单"应用）分别展开分析讨论；第二项工作（算法训练）属于技术实现问题，在本研究中暂不做讨论。

表5-1 "负面清单"式内容监管与"正面清单"式内容建设对比

	"负面清单"式内容监管	"正面清单"式内容建设
治理逻辑	负面内容监管，为监管设立关于"负面"的禁区	正面内容建设，为建设提供关于"正面"的依据
清单建构方式	自建/购买/外包	自建
清单建构依据	《网络信息内容生态治理规定》中的"十一不得"和"九防范"	《网络信息内容生态治理规定》中的"七鼓励"
清单呈现形式	提供具体但较宽泛的标准，如旗帜、服饰、肖像等	提供抽象但较狭窄的标准，如社会主义核心价值观
清单建构方法	依靠人工主观建构，在实际应用中完善扩充	通过文献档案研究建构，通过交叉信度检验调修
算法训练	人工标注数据+机器学习	人工标注数据+机器学习
算法应用	嵌入平台信息流管理相关工作机制	嵌入平台信息流管理相关工作机制

---

① 习近平：《加快推动媒体融合发展 构建全媒体传播格局》，《求是》2019年第6期。
② 将算法置于网络内容经济的增值过程中，才能实现对算法的解码和祛魅。相关治理应以分析算法在平台经济中的规则建构能力为基础，将算法的设计初衷和商业功能、平台的责任规避主张、内容经济的组织架构、平台风险社会化的倾向纳入考量，据此制定相应的治理策略。（翟秀凤：《算法祛魅：网络内容经济中的算法规则建构及其治理进路》，《新闻与写作》2022年第3期。）

第五章 治理的现代化转型：更进一步调适与治理效能提升

续表

	"负面清单"式内容监管	"正面清单"式内容建设
应用原则	允许错标（把非负面标为负面）但不允许漏掉（没有识别出负面内容）	允许漏掉（没有识别出正面信息）但不允许错标（把非正面标为正面）
机制保障	人工审核＋召回复审机制兜底，避免拦截错标的非负面内容	人工审核＋召回复审机制兜底，避免推广错标的非正面内容

表格来源：笔者自制。

二 "正面清单"建构：价值认证依据的操作化

"正面清单"式内容建设是"负面清单"式内容监管的"镜像"版本，"正面清单"的建构与"正面清单"式内容建设保持逻辑自洽，与"负面清单"建构所遵循的逻辑相反。

"负面清单"式治理的逻辑是"法无禁止皆可为"，故坚持扩大化原则建设敏感词库（"负面清单"）——以宽泛的标准训练算法再以人工审核＋召回复审机制兜底，其目的是避免将机器错标的非负面内容拦截。敏感词库中的类型设置来自《网络信息内容生态治理规定》中的"十一不得"和"九防范"，包括旗帜、制服、肖像等。举例而言，"十一不得"中包括不得"（四）歪曲、丑化、亵渎、否定英雄烈士事迹和精神，以侮辱、诽谤或者其他方式侵害英雄烈士的姓名、肖像、名誉、荣誉的"，那么平台会在"负面清单"中设置"肖像"这一类型，然后将各种英雄烈士的肖像加入其中。在实际应用中若某条信息包括"负面清单"中的肖像，则机器会自动给它打标签，然后由人工复审，若属于侵害性质的使用则将该信息拦截并处理，若不属于侵害性质的使用则将该信息放行。同时，"负面清单"也会在应用中不断得到扩充，例如若发现被用户举报的负面内容中包括未被加入"负面清单"的英烈肖像，则会将其补充进去。

与之对照，从"正面清单"的功能（为正面内容的遴选提供依据）出发，应确定收缩化原则建设"正面清单"，同样依靠人工审核＋

召回复审机制兜底，以避免对机器错标的非正面内容进行推广。"正面清单"的建设以《网络信息内容生态治理规定》所列出"七鼓励"中的非政治性类型为依据。需要说明的是，"七鼓励"中既包括如"（一）宣传习近平新时代中国特色社会主义思想，全面准确生动解读中国特色社会主义道路、理论、制度、文化"的政治性正面信息内容，也包括如"（四）弘扬社会主义核心价值观，宣传优秀道德文化和时代精神，充分展现中华民族昂扬向上精神风貌"的非政治性正面信息内容。前文提到，生产传播政治性正面信息内容有资质门槛，平台必须使用主流媒体提供的"通稿"，所以若将其纳入"正面清单"对于平台而言不仅无意义且有政治风险，因此仅将"七鼓励"中的非政治性类型作为"正面清单"建构依据。所以我们以社会主义核心价值观为基础，建构"正面清单"本质上讲就是对社会主义核心价值观的操作化。

针对社会主义核心价值观的操作化问题，本部分力图建构一套指标体系（即"清单"本体），共分为三级结构：一级指标是社会主义核心价值观的基本内容，即党的十八大提出"三个倡导"所包含的12个具体价值观，二级指标、三级指标是对一级指标的分解细化和具象描述。其中，二级指标是对一级指标的内涵分解，主要是在学理层面挖掘并概括每一个价值观概念所涵盖的本质属性；三级指标是对二级指标的外延分解，主要是概括并列举特定时代条件下能够在经验层面反映具体价值观的典型对象。

（一）建构方法

如果认为社会主义核心价值观的提出是"将无限具体的内容简化为集中类型，使之可以进行概括的描述、比较和汇总"。[1] 那么社会主义核

---

[1] ［美］詹姆斯·C. 斯科特：《国家的视角：那些试图改善人类状况的项目是如何失败的》，王晓毅译，社会科学文献出版社2019年版，第102页。

第五章 治理的现代化转型：更进一步调适与治理效能提升

心价值观指标体系的建构就是该过程的一个逆过程，即挖掘不同价值观的内涵，将价值观拆解；然后针对不同内涵概括描述其所对应的经验层面的无限的具体现象（包括行为、情绪、姿态、话语等）。我们通过文献档案研究（documentary research）和交叉信度检验的方法完成建构工作[①]，具体做法如下。

首先，以社会主义核心价值观（共12个）作为一级指标，从马克思主义经典著作、党的思想理论文献、相关重要学术著作中搜集整理与每一个价值观相关的权威性阐述，通过研读、梳理、筛选、提炼，对其内涵进行挖掘，由此确定二级指标，实现思维抽象到思维具体。

其次，将二级指标进一步细化，即在概念内涵（二级指标）的指导和限定下拓展概念外延，结合新时代社会背景，对现实中与其对应的相关经验现象进行列举、甄别、辨析、聚类，形成概括性描述，从而确定三级指标，实现思维具体到现实具体。

最后，在实际应用中进行交叉信度检验并调试指标体系。具体过程是，组织10名马克思主义理论相关专业研究生集体学习通过文献档案研究而初步建构的社会主义核心价值观指标体系，以2人为一组"背靠背"分别根据指标体系对一定数量的样本（从新浪微博平台爬取的十万份微博内容文本中随机抽样获得）进行编码，一方面自行记录编码过程中遇到的问题，另一方面在编码完成后，两两交换相互检查并对有异议的编码结果进行记录，然后收集全部问题进行集体讨论，根据讨论结果对指标体系进行调试，包括对重复或意思相近的指标、缺失与遗漏的指标、定义模糊而不好把握的指标进行修改——此过程不断重复（共进行了11轮），直到信度大于90%［公式为：信度＝编

---

① 一般而言，发展概念的指标体系有两种路径，其一是寻找和利用已有的指标进行建构，其二是研究者通过探索性研究，收集足够的资料，进而构建指标体系。（风笑天：《社会研究方法》，中国人民大学出版社2001年版，第101页。）由于此前并未有社会主义核心价值观相关指标体系，因而本研究采取第二种自主构建的路径。

码结果相同的数量/（编码结果相同的数量+编码结果相异的数量）①]且不再出现新问题为止（此时认为指标体系已经相对完善且容易操作），最终建构形成社会主义核心价值观指标体系。

（二）建构原则

指标体系建构遵循四个基本原则：

第一，准确与全面。指标体系的作用是令抽象的社会主义核心价值观可把握可操作，故而应首先确保准确性。"每一种理解行动都是讲话行动的反面，因为我们必须把握那种作为话语基础的思想。"②所以在指标建构过程中，尽量避免从根植于自身观念的常识出发，对价值观概念的字面含义进行解读，而是立足权威性阐释，对价值观的内涵进行"忠实"转译，生成具有理论指引性的指标。同时，还应注意确保全面性，结合社会主义核心价值观形成与存在的特殊场景（中国特色社会主义实践），令建构形成的指标能够与经验世界中多元、丰富的客体建立起广泛映射关系。

第二，独立与联系。社会主义核心价值观所从属的国家、社会、公民个人三个层面，既是相互独立又是相互关联的，③同理，指标体系中的每一个指标也应既是独立存在的，又是相互联系的。上级指标与下级指标之间应该具有主从关系，同级指标之间应具有区分度，完整的指标体系（不仅包括各个独立的指标，还有各个独立指标之间的内在联系）应该能够反映社会主义核心价值观所承载的丰富现实意义。

第三，稳定与变化。任何社会的核心价值观，都是在实践发展与

---

① ［美］迈尔斯（Miles, M. B.）、［美］休伯曼（Huberman, A. M.）：《质性资料的分析：方法与实践》，张芬芬译，重庆大学出版社2008年版，第91页。
② ［德］施莱尔马赫：《诠释学讲演（1819—1832）》，载洪汉鼎《理解与解释——诠释学经典文选》，东方出版社2002年版，第48—49页。
③ 吴向东：《社会主义核心价值观的若干重大问题》，《北京师范大学学报》（社会科学版）2015年第1期。

第五章　治理的现代化转型：更进一步调适与治理效能提升

理论总结长期的相互转换、相互推动的过程中逐步形成与凝练出来的。① 指标体系中的一、二、三级指标是从抽象到具体递进变化的，考虑到价值观的内涵相对稳定而经验世界变动不居，指标体系中的二级指标应具有稳定性，三级指标应具有时效性和可拓展性。整个指标体系是开放的，未来可以根据外部条件的变化，对其中具体指标进行动态调整。

第四，明晰与简练。所选用的指标在语言表述上要力求朴实简洁、通俗易懂，尽力避免因用词模棱两可、含糊不清而造成歧义，进而损失准确性与可操作性。

（三）指标体系的结构与内容

根据上述目标、原则、方法，本研究拟定"社会主义核心价值观指标体系"（见表 5-2），包括国家、社会、公民个人三个层面层面（维度）下 12 个一级指标、43 个二级指标、84 个三级指标，呈现为三个维度+三个层级的基本结构。各指标分别介绍如下。

富强即民富国强，是社会主义现代化国家经济建设的价值目标，也是国家繁荣昌盛、人民幸福安康的物质基础。此外，富强也体现为国家拥有巨大的经济财富和强大的综合国力，能对他国和国家秩序产生强大的影响力。② 因此二级指标设定为政治发展、经济建设、科技进步、军事实力增强、国际地位提升、人口数量和质量的提升、区域协调发展、可持续发展和国家安全③9 个。其中，政治发展侧重于在政治建设领域的突出表现与取得的具体成就，分为 4 个三级指标：一是党的执政能力与执政水平提高，如巡视制度、党建、工青妇群团组织建

---

① 吴向东：《社会主义核心价值观的若干重大问题》，《北京师范大学学报》（社会科学版）2015 年第 1 期。
② 郭建宁：《社会主义核心价值观基本内容释义》，人民出版社 2014 年版，第 37 页。
③ 参见习近平《高举中国特色社会主义伟大旗帜　为全面建设社会主义现代化国家而团结奋斗——在中国共产党第二十次全国代表大会上的报告》，人民出版社 2022 年版。

设、群众路线等；二是党和政府机构改革深化，政府职能转变，如大部制、放管服、数字政府等；三是国家治理能力现代化，即制度优势更好转化为治理效能，如反腐败、抗击新冠疫情、脱贫攻坚等；四是一国两制、民族团结、宗教和顺，如爱国者治港、宗教同社会主义社会相适应等。经济建设分为 4 个三级指标，分别对应制度、理念、实践和效益四个不同层面：一是社会主义基本经济制度的发展完善；二是创新、协调、绿色、开放、共享新发展理念的贯彻；三是现代化经济体系的发展完善，体现在产业、市场、收入分配、区域发展等方面；四是 GDP、人均可支配收入、就业率等经济发展指标的提升。科技进步分为自然科学（基础科学和工程科学，如航天、深海、超级计算机等）以及哲学社会科学（马克思主义中国化、中国特色哲学社会科学、冷门绝学等）成果产出两个三级指标。军事实力增强分为人民军队发展和军民融合发展两个三级指标。人口数量和质量提升分为人口政策（如二胎、三孩）、教育政策（如科教兴国）、国民体育健康政策等 3 个三级指标。区域协调发展分为区域协调发展战略（如乡村振兴、西部大开发、粤港澳大湾区、长江经济带等）与区域协调发展工程（如南水北调、西气东输、北煤南运、东数西算等）两个三级指标，强调区域协同、增量发展，在兼顾公平与效率中更侧重效率。国际地位提升的三级指标具体指向成立国际组织（或在其中任重要职务）、设立国际标准、承办国际活动、维护国际秩序（如派遣维和部队）、发起国际倡议等方面。这里强调中国在国际事务中的话语权和主导权提升，是比较意义上的相对提升。可持续发展的三级指标具体指向"双碳"战略、地大物博、资源丰富和抵抗自然灾害的韧性等方面，侧重具备实现可持续发展的条件。国家安全即总体国家安全观（目前共涉及 16 个安全领域）的保障与实现。需要说明的是，如果从较为宽泛的意义上来理解，精神文化领域的发展繁荣也是"富强"的重要体现，但是从操作层面考虑，更适合将其作为文明的二级指标（精神文明），以避免重叠交叉。

第五章　治理的现代化转型：更进一步调适与治理效能提升

民主即人民当家作主，是社会主义的生命。社会主义民主是坚持党的领导、人民当家作主和依法治国的有机统一。它既是一种价值理念，又是一种制度安排，还是相应的政治实践，① 因此二级指标分解为民主理念、民主制度和民主实践3部分，分别对应3个三级指标。民主理念侧重于公开宣扬或具体活动背后所反映出的价值观念，例如一切权力属于人民，以人民为中心，人民至上，一切为了人民、一切依靠人民等。民主制度是指包括人民代表大会制度、中国共产党领导的多党合作和政治协商制度、民族区域自治制度、基层群众自治制度在内的制度体系，例如支持人大代表、政协委员建言献策等实践活动的具体制度安排。民主实践是指全体人民依法行使民主权利，参与从事如民主选举、民主协商、民主决策、民主管理、民主监督等具体活动。

文明是对人类社会发展状态的一种总体描述，是国家创造的物质财富与精神财富的总和。② 在社会主义核心价值观中，"文明"集中体现着社会主义精神文化的独特追求，以及先进生产力的发展方向。中华人民共和国成立以来，中国共产党不断探索人类文明发展规律，形成了物质文明、政治文明、精神文明、社会文明和生态文明协调发展③的文明观。

---

① 2021年10月，习近平总书记在中央人大工作会议上发表重要讲话明确指出，"民主是全人类的共同价值，是中国共产党和中国人民始终不渝坚持的重要理念。"关于如何评价一个国家民主不民主，关键"……要看制度和法律规定了什么样的政治程序和政治规则，更要看这些制度和法律是不是真正得到了执行……""我国全过程人民民主不仅有完整的制度程序，而且有完整的参与实践。"

② 郭建宁：《社会主义核心价值观基本内容释义》，人民出版社2014年版，第56页。

③ 党的十二大报告指出，我们在建设高度物质文明的同时，一定要努力建设高度的社会主义精神文明，这是建设社会主义的一个战略方针问题。党的十六大报告指出，要把发展社会主义民主政治，建设社会主义政治文明，确定为全面建设小康社会的一个重要目标。党的十六大通过的新党章也做出了建设社会主义政治文明的规定。这是我们党在全国代表大会的文件中，第一次明确地将政治文明与建设社会主义物质文明和精神文明一起，确定为社会主义现代化建设的三大基本目标。党的十七大报告在提出实现全面建设小康社会奋斗目标的新要求时，指出要建设生态文明的目标，即基本形成节约能源资源和保护生态环境的产业结构、增长方式、消费模式。生态文明建设的提出，使我国原有的三个文明系统又增添了一个新的亮点，是对"三个文明"内容的丰富。社会文明也是党的十七大提出建设的"五个文明"之一，包括社会领域的进步程度和社会建设的积极成果。

其中，"社会文明"在狭义上是指人与人之间社会关系的文明进步，而广义的社会文明是指人类社会文明进步，包括经济、政治、文化等方面。①因此，从操作角度出发，在确定文明的二级指标时，将构成"社会文明"的要素，对应到其他四个"文明"中，或对应到社会与公民个人层面的其他核心价值观（如和谐、友善等）下。综上，"文明"的二级指标最终分解为物质文明、政治文明、精神文明和生态文明4个。其中，物质文明包括两个三级指标：一是生产力进步，如人工智能、大数据、云计算、区块链、5G、3D打印等；二是物质生活的改善，如共享经济、高铁网络、移动支付、快递物流等。政治文明②包括具有普适性的执政理念（如自由平等、公正法治）和具有中国特色的制度安排（如"十三个坚持"）两个三级指标，与"富强"中的"政治发展"指标相比，政治文明不强调具体的政治建设成就，而更侧重之所以能取得成就的条件。精神文明根据"古今中外"的维度分为5个三级指标：一是传承弘扬中国共产党精神谱系（伟大建党精神、井冈山精神、抗美援朝精神、脱贫攻坚精神等）；二是弘扬中华优秀传统文化，歌颂祖国大好河山，考古发现文明遗迹等；三是吸收国外先进文化；四是建设社会主义文化强国，促进文化大发展大繁荣（如深化文化体制改革，调动广大文化工作者的主动性、积极性、创造性）；五是提升文化软实力，增强中华文化国际影响力（如入选联合国非物质文化遗产名录、建设孔子学院等）。生态文明分为两个三级指标，一是可持续的生产方式，如美丽中国建设、低碳发展等；二是可持续的生活方式，如厉行节约、反对浪费、绿色出行等，突出人与自然关系中人的主体性。

和谐是事物存在的一种辩证关系的积极展现。③具体来说，社会和

---

① 杨金海：《人类文明新形态提出的深远历史意义》，《思想理论教育导刊》2021年第7期。
② "良好的政治制度，一定是遵循政治文明一般规律而又立足于本国历史和现实国情的。"一方面，良好政治制度的构建，需要学习借鉴其他国家政治文明有益成果；另一方面，超越西方政治发展理论和政治制度模式，才能创造人类政治文明新形态，"给当代世界以重要启示"。（孙代尧：《中国政治发展新道路对人类政治文明的贡献》，《马克思主义研究》2021年第12期）
③ 郭建宁：《社会主义核心价值观基本内容释义》，人民出版社2014年版，第67页。

第五章　治理的现代化转型：更进一步调适与治理效能提升

谐是中国特色社会主义的本质属性，人与人的和谐是社会和谐的中心内容，人与自然的和谐是社会和谐的重要内容，① 世界和谐是社会和谐构想在国际上的延伸。因此二级指标分解为人的和谐、社会和谐、自然和谐和世界和谐。人的和谐分为两个三级指标，一是个人对"美好生活"（更好的教育、更稳定的工作、更满意的收入、更可靠的社会保障、更高水平的医疗卫生服务、更舒适的居住条件、更优美的环境②等）的向往得到满足；二是人与人之间融洽相处，平等友爱的关系得以实现。两者都强调国家相对个人的责任，区别在于前者侧重的是人与物的关系，后者侧重的是人与人的关系。社会和谐分为两个三级指标，一是为实现社会和谐而采取的非常态化行动，即非常态化的公共品供给，例如"扫黄打非"专项行动；二是为实现社会和谐而从事的常态化工作，即常态化的社会管理、综合治理、公共服务等。自然和谐包括人与动物和谐相处、人与自然和谐相处、人与环境良性互动（汲取但节约能源资源、开发但保护生态环境，如沙漠绿化、退耕还林、水源净化等）3个三级指标。与"生态文明"指标相比，自然和谐更侧重作为系统的自然，强调人是自然系统中的一部分，突出人与自然关系的互动性。世界和谐的三级指标体现为多边主义、和平安全、睦邻友好、互利合作等，具体表现如中外共建友好城市、"一带一路"、人类命运共同体等，虽然立足国与国关系，但是超越国别，强调"天下大同""环球同此凉热"的和谐状态。

　　自由，对民族而言指的是国家独立、民族自主；对个人而言指的是摆脱束缚、个性获得解放发展。实现人的自由而全面的发展是贯穿整个马克思主义学说的一条主线索，马克思用集体和社会的出发点代替个人权利的出发点来理解自由，提出"我们的目的是要建立社会主义制度，

---

① 戴木才：《时代的价值坐标——社会主义核心价值观简明读本》，湖南教育出版社2016年版，第109—111页。
② 《习近平在十八届中央政治局常委同中外记者见面时强调　人民对美好生活的向往就是我们的奋斗目标》，《人民日报》2012年11月16日第4版。

这种制度将……给所有的人提供充裕的物质生活和闲暇时间，给所有的人提供真正的充分的自由"①。他主张"只有在共同体中，个人才能获得全面发展其才能的手段，也就是说，只有在共同体中才可能有个人自由"。②这一理论科学阐明了实现自由的基本条件和途径，建构起超越资产阶级自由学说的自由观。基于此，社会主义核心价值观之自由价值可以从自由的条件和自由的实现两个维度进行理解。其中，自由的条件包括共同体（国家、民族、阶级、集体等）的独立自主、个人拥有充裕的物质和闲暇时间等两个三级指标；自由的实现包括个性解放与自我实现、拥有基本个人自由权利（言论自由、宗教信仰自由、人身自由、政治参与自由等）两个三级指标。

平等是一个社会历史概念，现代社会平等理念要求社会应将每个人作为平等的社会成员来对待，确保每个人的生存和发展的需求都受到同等程度的尊重和照顾。③马克思主义的平等观从对社会现实特别是生产方式的科学考察入手，批判继承了资产阶级平等观的合理因素，坚持起点平等、机会平等、结果平等的辩证统一。④因此平等的二级指标设定为起点平等、机会平等和结果平等3个。其中，起点平等是指不同性别、种族、国籍、宗教、语言、信仰等的人被平等对待；机会平等一方面是指不同个体在公民基本权利（健康、尊严、劳动、受教育、社会交往、参政议政等）方面享有平等的机会；另一方面是指不同群体享有同等质量基本公共服务，共两个三级指标；结果平等是指在收入、地位、区域、阶层等方面差距逐步缩小，实现共同富裕，与"富强"之下的三级指标"区域协调发展"相比，此处更强调存量分配，即在兼顾公平与效率中更侧重公平。

公正即社会公平和正义，是社会主义的本质体现。公正的核心是

---

① 《马克思恩格斯全集》（第二十八卷），人民出版社2018年版，第652页。
② 《马克思恩格斯选集》（第一卷），人民出版社2012年版，第199页。
③ 郭建宁：《社会主义核心价值观基本内容释义》，人民出版社2014年版，第84页。
④ 郝清杰：《走向平等》，《南京政治学院学报》2003年第3期。

第五章　治理的现代化转型：更进一步调适与治理效能提升

分配正义，社会主义核心价值观之公正指的是社会制度的公平正义。①基于此，公正的二级指标具体分为规则公平和分配正义两个。规则公平是指建立健全向上向善的社会规则体系，包括社会公序良俗、信用体系、文化观念和公共文化知识（如安全、环保等）、树立表彰先进典型等，需要注意的是，这里不包括对法律知识的宣传普及，我们将其对应到"法治"之下的三级指标"全民守法"之中；分配正义则根据习近平总书记在2021年8月17日主持召开的中央财经委员会第十次会议中，关于分配的基础性制度安排的分类，②确定为初次分配（主要是劳动收入）公正、再次分配（主要是税收、社保、转移支付等）公正、三次分配（主要是募集、捐赠、资助等慈善公益）公正，共3个三级指标。

法治是治国理政的基本方式，是实现自由平等、公平正义的可靠保障。党的二十大报告指出："全面推进科学立法、严格执法、公正司法、全民守法，全面推进国家各方面工作法治化。"③因此二级指标分解为立法、执法、司法、守法4个。其中，立法包含两个三级指标，一是科学立法，强调与法律制定有关的行为；二是法律体系完备，侧重具体法律法规本身。执法主要指行政执法，包含两个三级指标，一是严格执法，强调执法行为；二是专业中立的执法队伍，侧重行政执法队伍本身。司法主要指司法执法，包含两个三级指标，一是公正司法，强调司法行为；二是法院、检察院独立行使职权，具有权威性和公信力，侧重司法队伍建设本身。最后，根据守法主体的不同类型，将其分为3个三级指标，公民个体守法（全民守法）；④社会与市场主体守法（私法中法无禁止皆

---

① 田海平：《公正是制度之"善"——公正作为社会主义核心价值观的本质内涵》，《江苏行政学院学报》2020年第1期。
② 会议指出，要坚持以人民为中心的发展思想，在高质量发展中促进共同富裕，正确处理效率和公平的关系，构建初次分配、再分配、三次分配协调配套的基础性制度安排。
③ 习近平：《高举中国特色社会主义伟大旗帜　为全面建设社会主义现代化国家而团结奋斗——在中国共产党第二十次全国代表大会上的报告》，人民出版社2022年版，第40页。
④ 习近平：《论坚持全面依法治国》，中央文献出版社2020年版。

可为），如"负面清单"制度；政府主体守法（公法中法无授权皆禁止），如行政法、刑法、反不正当竞争法等。

爱国是指对自己祖国的热爱和忠诚。爱国主义是反映个人对祖国依赖关系的感情系统，是调整个人与祖国之间关系的行为准则体系，① 也是中华民族精神在个人层面的外化表现。当代中国，爱国主义的本质就是坚持爱国和爱党、爱社会主义高度统一②。爱国价值观可以分解为两个二级指标，一是承担公民责任和义务③，具体涵盖精神层面的爱国主义情感流露；遵守国家路线方针政策，响应党和国家号召，为国奉献、做出牺牲等立足国内的爱国主义行为；维护国家主权、安全、形象、财产等面向世界的爱国主义行为3个三级指标。二是尊重历史传承文化，具体涵盖尊重和铭记历史，尊重、缅怀和纪念英雄人物，传承中华优秀传统文化3个三级指标。需要强调，上述三级指标皆指向无组织的个体行为，不包括有组织的集体行为。

敬业是对公民职业行为准则的价值评价，要求公民忠于职守，克己奉公，服务人民，服务社会，充分体现社会主义职业精神。④ 敬业可分解为3个二级指标，其一是对职业负责任的态度和行为，三级指标对应为坚持职业理想与信念，恪守职业道德，勤奋工作、勇于创新等；其二是维护集体利益与荣誉，三级指标对应为在党组织、工作单位、工会、社团等集体中坚持集体主义原则等；其三是尊重与保护劳动，三级指标对应为尊重劳动，尊重劳动者，尊重劳动成果等。

---

① 吴潜涛、杨峻岭：《全面理解爱国主义的科学内涵》，《高校理论战线》2011年第10期。
② 《新时代爱国主义教育实施纲要》，《人民日报》2019年11月13日第6版。
③ 戴木才：《时代的价值坐标——社会主义核心价值观简明读本》，湖南教育出版社2016年版，第168页。
④ 2020年11月24日，习近平总书记在全国劳动模范和先进工作者表彰大会上的讲话中概括了劳模精神、劳动精神、工匠精神的内涵，包括爱岗敬业、争创一流、艰苦奋斗、勇于创新、淡泊名利、甘于奉献（劳模精神）；崇尚劳动、热爱劳动、辛勤劳动、诚实劳动（劳动精神）；执着专注、精益求精、一丝不苟、追求卓越（工匠精神）。同时还指出，要"贯彻好尊重劳动、尊重知识、尊重人才、尊重创造方针……弘扬劳动最光荣、劳动最崇高、劳动最伟大、劳动最美丽的社会风尚"。

第五章 治理的现代化转型：更进一步调适与治理效能提升

诚信即诚实守信，是公民道德的基石，强调诚实劳动、信守承诺、诚恳待人。可分解为3个二级指标：政务诚信、商务诚信和社会诚信。① 其一，政务诚信，主要指为政者遵纪守法、清廉正直、客观公允、实事求是、取信于民等。其二，商务诚信，主要指经商者诚信经营、依法治企、公平竞争、平等交易、依法纳税等。其三，社会诚信，包括3个三级指标，分别是自觉坚守诚信信念，即做到践行诺言、履行契约、诚实自律、守信互信等；自觉遵守社会公德，即做到表里如一、言行一致、真诚坦荡、光明磊落、开诚布公等；自觉承担社会职责和义务，即做到履行法定义务、社会责任、家庭责任等，如一些专家学者从专业出发，向社会发出积极倡议等。

友善是关于人际关系的描述性概念，强调人与人之间应互相尊重、互相关心、互相帮助。根据人际关系的作用范围，二级指标可分解为个人友善、家庭友善、社会友善和天下友善。② 个人友善即积极的自我互动③，包括自我关爱、自我教育、自我修行、自我和解、自我反思等。家庭友善即家庭（家族）内部的良性互动，如良好家风的建设与传承，具体表现为父慈子孝、夫妻恩爱、兄友弟恭等。社会友善主要是指陌生人之间的良性互动，包含3个三级指标：一是助人为乐、见义勇为、关爱弱势群体；二是与人为善、待人宽厚、推己及人；三是参与志愿活动，例如抗疫救灾、义诊支教、社区劳动等。天下友善指跨越国界、阶级、物种的友善行为，分为两个三级指标，一是尊重外国制度、文化、习俗，友善对待海外侨胞侨眷、外国友人；二是在更广泛的意义上践行人道主义，如对待难民，尊重动物、植物等其他生命。

---

① 胡锦涛：《坚定不移沿着中国特色社会主义道路前进　为全面建成小康社会而奋斗——在中国共产党第十八次全国代表大会上的报告》，人民出版社2012年版。
② 戴木才：《时代的价值坐标——社会主义核心价值观简明读本》，湖南教育出版社2016年版，第189—190页。
③ 郭庆光：《传播学教程》（第二版），中国人民大学出版社2011年版，第66—75页。

表 5-2　　　　　　　　　社会主义核心价值观指标体系

一级指标	二级指标		三级指标	
1　富强	1	政治发展	1	党的全面领导，党的执政能力与执政水平提高
			2	党和政府机构改革深化，政府职能转变
			3	国家治理体系与治理能力现代化，制度优势更好转化为治理效能
			4	一国两制、民族团结、宗教和顺
	2	经济建设	5	完善社会主义基本经济制度
			6	贯彻新发展理念
			7	建设现代化经济体系
			8	GDP、人均可支配收入、就业率等指标提升
	3	科技进步	9	自然科学成果产出
			10	哲学社会科学成果产出
	4	军事实力增强	11	建设听党指挥、能打胜仗、作风优良的人民军队
			12	军民融合发展
	5	国际地位提升	13	成立国际组织、设立国际标准、承办国际活动、维护国际秩序等
	6	人口数量和质量提升	14	二胎、三孩、优生优育政策
			15	科教兴国、人才强国、"双减"政策
			16	健康中国、体育强国战略
	7	区域协调发展	17	南水北调、西气东输、东数西算等
			18	东北全面振兴、西部大开发、粤港澳大湾区、京津冀一体化、长江经济带、雄安新区等
	8	可持续发展	19	"双碳"战略、地大物博、能源物产丰富等
	9	国家安全	20	总体国家安全观的保障与落实
2　民主	10	民主理念	21	坚持一切权力属于人民，以人民为中心，人民至上，一切为了人民、一切依靠人民
	11	民主制度	22	全面、广泛、有机衔接的人民当家作主制度体系
	12	民主实践	23	全体人民依法实行民主选举、民主协商、民主决策、民主管理、民主监督等

第五章 治理的现代化转型：更进一步调适与治理效能提升

续表

一级指标		二级指标		三级指标
3	文明	13	物质文明	24	生产力的进步
				25	物质生活的改善
		14	政治文明	26	公平正义、自由平等、民主法治的执政理念
				27	中国特色社会主义制度优势
		15	精神文明	28	开展爱国主义教育，传承弘扬中国共产党精神谱系
				29	弘扬中华优秀传统文化、歌颂祖国大好河山
				30	吸收国外先进文化
				31	建设社会主义文化强国
				32	提升文化软实力，增强中华文化国际影响力
		16	生态文明	33	可持续的生产方式
				34	可持续的生活方式
4	和谐	17	人的和谐	35	满足个人对美好生活的向往，令人安居乐业、全面发展
				36	人与人之间融洽相处、平等友爱
		18	社会和谐	37	妥善协调利益关系、正确处理社会矛盾、广泛调动社会积极因素、弘扬正能量
				38	令社会安定团结，秩序良好，激发活力与创造力
		19	自然和谐	39	人与动物和谐相处
				40	人与自然和谐相处
				41	人与环境良性互动，人对自然的还原改造
		20	世界和谐	42	多边主义，共同安全，和平稳定，合作共赢
5	自由	21	自由的条件	43	共同体独立自主
				44	拥有充裕物质、闲暇时间
		22	自由的实现	45	个性解放与发展
				46	拥有自由权利
6	平等	23	起点平等（权利公平）	47	不同性别、种族、国籍、宗教、语言、信仰等的人被平等对待
		24	机会平等（机会公平）	48	在基本权利方面，人皆享有平等机会
				49	基本公共服务均等化，全覆盖的社会保障体系
		25	结果平等	50	缩小收入、地位、区域、阶层等方面差距，抹平数字鸿沟，实现共同富裕

续表

一级指标		二级指标		三级指标	
7	公正	26	规则公平	51	向上向善的社会规则体系
		27	分配正义	52	初次分配公平
				53	二次分配公平
				54	三次分配公平
8	法治	28	立法	55	科学立法
				56	法律正义，体系完备
		29	执法	57	严格执法
				58	专业、中立的法治队伍
		30	司法	59	公正司法
				60	法院、检察院独立行使职权，具有权威性和公信力
		31	守法	61	全民守法
				62	私法中，法无禁止皆可为
				63	公法中，法无授权皆禁止
9	爱国	32	承担公民责任和义务	64	爱国主义、民族主义情感流露
				65	遵守国家路线方针政策，响应国家号召，为国奉献牺牲
				66	维护国家主权、安全、统一、形象、财产等
		33	尊重历史传承文化	67	尊重历史、铭记历史
				68	尊重英雄人物、缅怀纪念英雄人物
				69	传承中华优秀传统文化
10	敬业	34	对职业负责任的态度和行为	70	坚持职业理想与信念，恪守职业道德，勤奋工作、勇于创新
		35	维护集体利益与荣誉	71	坚持集体主义原则
		36	尊重保护劳动	72	尊重劳动，尊重劳动者，尊重劳动成果
11	诚信	37	政务诚信	73	遵纪守法、清廉正直、实事求是、取信于民等
		38	商务诚信	74	诚信经营、公平竞争、平等交易、依法纳税等

第五章　治理的现代化转型：更进一步调适与治理效能提升

续表

一级指标		二级指标		三级指标
11	诚信	39	社会诚信	75	严格遵守契约精神，坚守诚信信念，做到践行诺言、履行契约、诚实自律、守信互信等
				76	自觉遵守社会公德，做到表里如一、言行一致、真诚坦荡、光明磊落、率性而行、开诚布公等
				77	自觉承担社会职责和义务，包括履行法定义务、社会责任、家庭责任等
12	友善	40	个人友善	78	自我关爱、自我教育、自我修行、与自己和解
		41	家庭友善	79	良好家风建设与传承
		42	社会友善	80	见义勇为、助人为乐、关爱弱势群体
				81	与人为善、待人宽厚、推己及人
				82	参与志愿活动、从事慈善事业
		43	天下友善	83	尊重外国制度、文化习俗，友善对待侨胞侨眷和外国友人
				84	人道主义对待难民，尊重动物、植物等其他生命

表格来源：笔者自制。

（四）指标体系的功能与测试

指标体系的建构，连通了价值与经验，体系中的二级三级指标，即相当于为在 12 个抽象的社会主义核心价值观与其所对应的无限经验现象之间往返所提供的"阶梯"。作为对主导性价值目标和价值准绳操作化的产物，社会主义核心价值观指标体系付诸应用，既可以帮助从价值出发抵达经验，也可以帮助从经验出发抵达价值。[①] 理论上讲，它普遍适用于涉及以下认识和实践活动的任意场景：对照指标体系巩固或修正对于价值观的理解、参照指标体系设计或落实宣传或实践活动、依照指标

---

① 人的行为乃至文化现象都直接或间接牵涉或关联某种价值，这也就是韦伯所说的"价值关联"（value relevance）。（黄瑞祺：《马克思主义与社会科学方法论集》，中国社会科学出版社 2013 年版，第 20 页。）建构并形成社会主义核心价值观指标体系，就能够以之为标准，衡量特定的人的行为与文化现象，是否直接或间接牵涉或关联社会主义核心价值观——即文中所谓"抵达"，进而促进社会主义核心价值观的培育和践行。

体系识别并认证符号与仪式中的价值信息。不论哪种，皆有助于社会主义核心价值观之于引领思想观念、规范行为活动的功能的发挥。

以本研究建构"正面清单"的出发点，即上述第三种活动为例，应用社会主义核心价值观指标体系可以根据对象的不同而发挥两个方面的作用：其一，若以任意一个承载信息的客体为对象，根据指标体系能够对其进行价值认证，即判断其所承载的信息内容是否反映社会主义核心价值观，（如果是）反映的是哪种或哪几种社会主义核心价值观；其二，若以一定时空范围内承载信息的全部客体（或其代表性样本）为对象，根据指标体系对这些信息内容进行价值认证，则能够在总体上掌握该时空范围的信息内容生态特征。例如，针对某一事件或围绕某一话题而形成相关信息内容的总体特征、某一场域在特定时间序列中的信息内容生态变化、不同场域在同一时间截面上的信息内容生态差异，等等。如卡尔·曼海姆指出，"纯粹可量化的和可分析的东西本身，只是在某种明确的世界观的基础上才可能被发现。"① 上述结果所提供的，便是一个在社会主义核心价值观视角下的经验图景。理论上讲，人可以理解的信息内容都可以是应用指标体系的认证对象，不论信息内容之呈现形式是文字、图片，还是音频、视频，抑或是 VR、AR、MR 等。

接下来，本研究以互联网平台信息传播为示例场景，以人民网在新浪微博平台开设的账户为对象，基于社会主义核心价值观指标体系，人工对其在 2021 年全年发布的微博所构成之信息内容生态特征进行了描述性统计分析，目的是测试这个"正面清单"的可操作性。具体过程如下：首先使用 Python 软件，爬取人民网在 2021 年全年发布的 15642 条微博，并应用简单随机抽样的方法从中抽取 2000 条微博作为样本。然后将代表性样本随机平均分给参与指标体系建构的 10 名编码人员，编码人员在充分熟悉指标体系的基础上对微博内容进行认证编码。如表 5-2，

---

① ［德］卡尔·曼海姆：《意识形态与乌托邦》，黎鸣、李书素译，商务印书馆 2000 年版，第 171 页。

社会主义核心价值观指标体系中包括三级指标，每级指标从1开始顺次编号，所以每一个指标皆对应一个数字序号。编码人员所要做的就是根据对编码内容的理解，为其打上相应的价值标签，例如1-1-3，即代表该内容反映"富强"价值观（一级指标）中"政治发展"二级指标下的"国家治理体系与治理能力现代化"。若待编码内容未反映社会主义核心价值观（如价值无涉的内容），则编码为0-0-0。通过两两互查、随机抽检、异议编码讨论、总体校对等环节后，最终汇总有效编码2119条[1]。在对编码结果进行描述性统计之后，针对统计结果所呈现出来的信息内容生态特征进行简要分析讨论。

1. 描述性统计结果

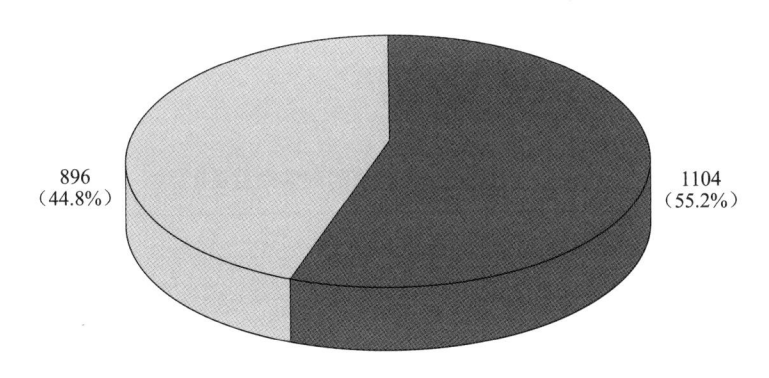

（1）反映社会主义核心价值观的微博数量及比例

图5-1 反映社会主义核心价值观的微博数量及比例（单位：个）

图示来源：笔者自制。

根据统计，全部2000条微博样本中，反映社会主义核心价值观的微博共有1104条（共编码2000个），占比55.2%；896条微博未反映社会主义核心价值观，占比为44.8%。体现出社会主义核心价值观是该场域内绝对

---

[1] 由于有的微博内容具有复合价值，会打上多重价值标签，因此最终汇总的编码数量大于样本数量。

多数意义上的主流价值观。需要说明的是，未反映社会主义核心价值观的微博包括以下几类：包含正面价值但不属于社会主义核心价值观的内容、价值无涉的中性内容、含有负面元素的内容。以下面微博为例。

【沙尘暴、大风、暴雪、道路结冰来袭】受近日冷空气影响，新疆将迎来降雪降温大风等天气。3月14日，新疆气象台连发沙尘暴、大风、暴雪和道路结冰四个预警信号。温馨提醒：注意佩戴口罩、纱巾等防尘用品；注意防寒防滑，小心驾驶。

该条微博是关于极端天气预警的纯粹新闻资讯，尽管做出"温馨提示"，但我们认为其主体内容并不包含任何价值观，因此编码为0-0-0。

(2) 单一价值和多重价值分布情况

表5-3　　　　包含单一价值和多重价值的微博数量及比例

类型	微博数量（条）	标签数量（个）	比重（%）
单标签	994	994	90
双标签	101	202	9.2
三标签	9	27	0.8
总计	1104	1223	100

表格来源：笔者自制。

在反映社会主义核心价值观的1104条微博中，存在具备多重价值的情况，编码人员对其打上了多重价值标签（最多具备三重价值）。根据统计结果，被打上单标签、双标签、三标签的微博分别为994条、101条、9条，分别占比90%、9.2%和0.8%。体现出该场域内反映社会主义核心价值观的信息内容，绝大多数具备单一价值。需要说明的是，未反映社会主义核心价值观的微博（共896条）也被打上单标签（0-0-0），但在统计结果中予以剔除。以下面微博为例说明具备多重价值的情况：

【#聂海胜高中时就有飞天梦#】6月16日，聂海胜高中同学金邦才回忆，聂海胜学习刻苦乐于助人，高中时就有一个"飞天梦"。2019年聂海胜回家时，同学们出于年龄考虑，曾劝他不要再飞了，但聂海胜说，如果能为国家做一些贡献，肯定会毫不犹豫选择再度为国家出征。

该条微博首先包含友善价值，高中时就有飞天梦，工作后梦想成真，成为航天员，传递出一种矢志不渝的精神，因此编码"12（友善）—40（个人友善）—78（自我修行）"。其次，作为航天员，即使已非适龄，仍不拒绝执行飞天任务，反映了一种敬业态度，因此编码"10（敬业）—34（对职业负责任的态度和行为）—70（坚持职业理想，恪守职业道德）"。最后，强调是"为国家做出一些贡献""为国出征"，体现出一种爱国主义精神，因此编码"9（爱国）—32（承担公民责任和义务）—65（响应国家号召，为国奉献）"。

（3）国家、社会、公民个人三个层面的价值观分布情况

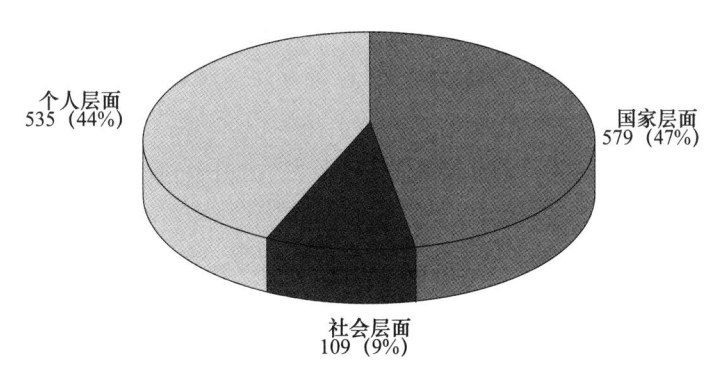

图5-2 三个层面的价值观分布情况（单位：个）

图示来源：笔者自制。

根据统计结果，在编码中被使用的全部 1223 个价值标签中，国家层面的标签数量最多，为 579 个，占总数的 47%；公民个人层面的标签略少于国家层面，共 535 个，占比 44%；社会层面的标签数量最少，为 109 个，占比 9%。体现出该场域内，反映国家层面价值观与反映公民个人层面价值观的信息内容数量接近，皆为反映社会层面价值观的信息内容数量的 5 倍左右。

（4）一、二、三级指标分布

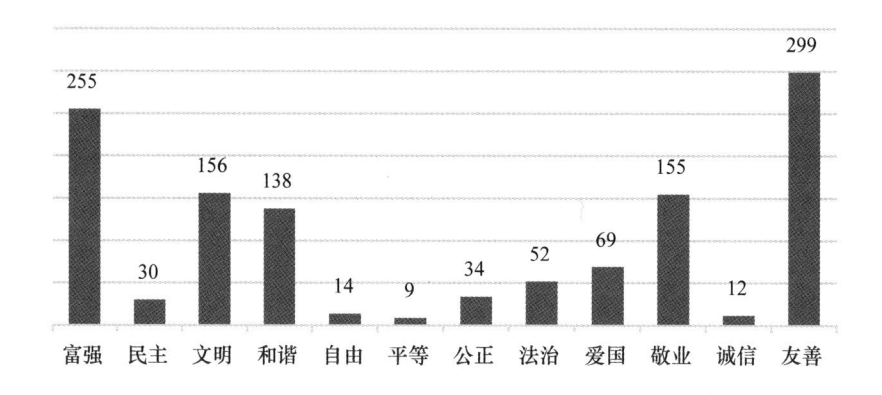

图 5-3 一级指标分布情况

图示来源：笔者自制。

对编码结果做更细致的统计，可以发现，一级指标即 12 个社会主义核心价值观中，被编码数量最多的三个指标依次为："友善"（299 个）、"富强"（255 个）、"文明"（156 个）；被编码数量最少的三个指标依次为："自由"（14 个）、"诚信"（12 个）、"平等"（9 个）。

43 个二级指标中，被编码数量最多的三个指标依次为："友善"中的"社会友善"（152 个）、"敬业"中的"对职业负责任的态度和行为"（150 个）、"文明"中的"精神文明"（130 个）；被编码数量最少的三个指标依次为："公正"中的"分配正义"（1 个）、"诚信"中的"政务诚信"（1 个）、"平等"中的"结果平等"（0 个）。

第五章 治理的现代化转型：更进一步调适与治理效能提升

```
社会友善                              152
对职业负责任的态度和行为              150
精神文明                          130
……
政务诚信    1
分配正义    1
结果平等    0
```

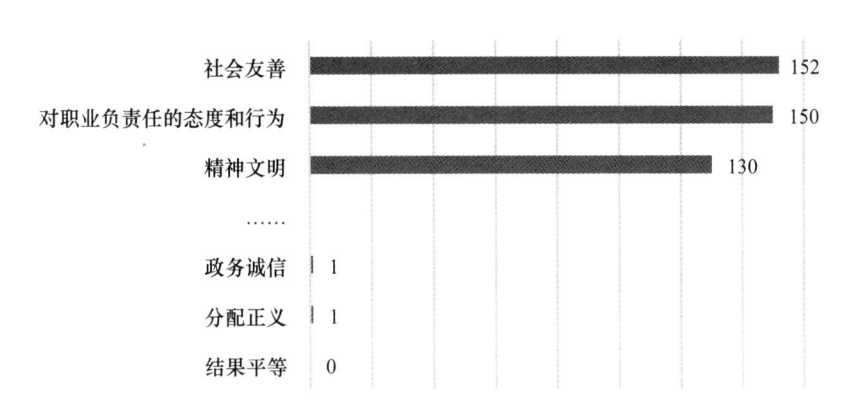

图 5-4 二级指标分布情况

图示来源：笔者自制。

84个三级指标中，被编码数量最多的五个指标依次为："敬业"中的"坚持职业理想与信念，恪守职业道德，勤奋工作、勇于创新"（150个）、"友善"中的"自我关爱、自我教育、自我修行、与自己和解"（80个）、"文明"中的"开展爱国主义教育，传承弘扬中国共产党精神谱系"（73个）、"富强"中的"自然科学成果产出"（67个）、"社会友

```
坚持职业理想与信念，恪守职业道德，勤奋工作、勇于创新   150
自我关爱、自我教育、自我修行、与自己和解             80
开展爱国主义教育，传承弘扬中国共产党精神谱系         73
自然科学成果产出                                 67
见义勇为、助人为乐、关爱弱势群体                   60
……
私法中，法无禁止皆可为                            0
三次分配公平                                    0
二次分配公平                                    0
缩小收入、地位、区域、阶层等方面差距，抹平数字鸿沟，实现共同富裕  0
拥有自由权利                                    0
可持续的生活方式                                 0
吸收国外先进文化                                 0
军民融合发展                                    0
```

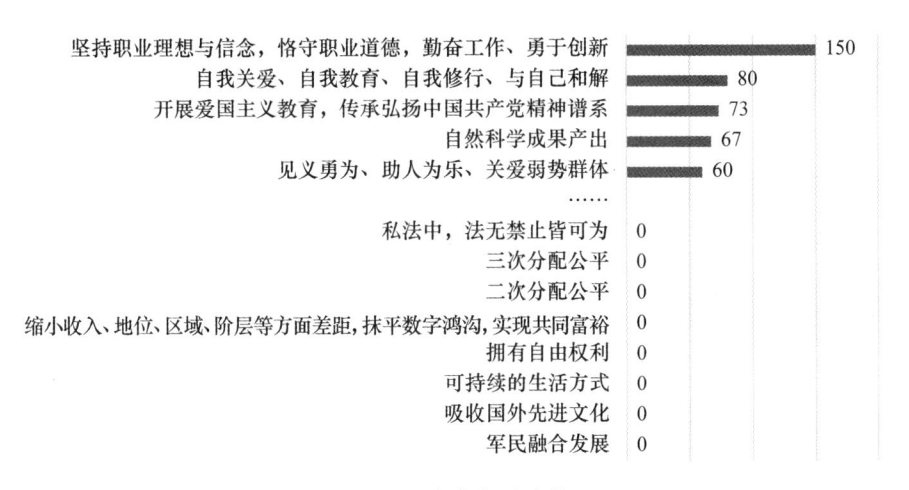

图 5-5 三级指标分布情况

图示来源：笔者自制。

· 177 ·

善"中的"见义勇为、助人为乐、关爱弱势群体"（60个）。另外，共有8个三级指标在编码中未被使用。

以上结果体现出，该场域内各个价值观的分布呈现出较高的集中度。

2. 对于描述性统计结果的分析

2021年全年，人民网微博账户的信息内容生态总体上呈现一些特征，其中有几点值得加以分析讨论。

第一，关于社会主义核心价值观是绝对多数意义上的主流价值观，应冷静且理性看待这一结果。首先，统计结果描述的是人民网账户的信息内容生态，作为主流媒体，即使在自负盈亏的压力下要迎合市场偏好，也不能卸载作为"喉舌"职责，生产并发布反映社会主义核心价值观的内容是职责所在，其数量应比非主流媒体账户所发布的数量多。其次，统计结果所描述的，是在人民网内部"把关人"与新浪微博平台安全部门的双重内容审查下可见的结果，而不是天然的结果。这意味着，含有负面元素的微博内容（例如与违法犯罪事实相关的新闻资讯），其数量要远比生产出来的数量低，毕竟未能通过双重内容审查的微博会被负向处理掉。所以理论上讲，统计结果所反映的信息内容生态特征应该是异于自然状态且优于平均水平的。如果引申讨论，即使某个场域存在一定比例未反映社会主义核心价值观的内容，也是正常的。高度同质化的社会与高度分化的社会都是不健康的，① 如有学者指出，核心价值观不应该是唯一价值观，为多元价值观的存在与传播保留一定空间是必要的。② 当然，如何在弘扬核心价值观与尊重多元价值观之间划定合理边界是值得讨论的规范性议题。

第二，关于单一价值远多于复合价值。该结果或许与新浪微博平台特征有关系，毕竟在140个中文字符的长度限制下，生产出包含丰富信

---

① ［英］约翰·汤林森：《文化帝国主义》，冯建三译，上海人民出版社1999年版；［美］弗朗西斯·福山：《大分裂——人类本性与社会秩序的重建》，刘榜离、王胜利译，中国社会科学出版社2002年版。

② 杨耕：《价值、价值观与核心价值观》，《北京师范大学学报》（社会科学版）2015年第1期。

第五章　治理的现代化转型：更进一步调适与治理效能提升

息（能够承载复合价值）的微博内容是相对困难的。尤其是以弘扬社会主义核心价值观为目的，宣传单一价值比宣传复合价值更加直接有效，[1]在有限内容中加入过多价值元素反而可能面临因语焉不详或相互削弱而损失传播效果的风险，且不利于绩效展示。但也有研究认为，在一定程度上，将承载特定价值的客体以相对含蓄、隐蔽的方式进行传播，即与多种价值观进行混合，更容易被受众所接受。[2]针对该问题，值得进一步的实证研究探索，在此不做过多讨论。总之，样本中包含单一价值的微博内容可以看出更多人为设计的痕迹，而包含复合价值的微博内容更偏向新闻资讯报道。所以统计结果所呈现的单一价值与复合价值的比例，或许在其他类型账户或平台会有所不同。

第三，关于国家层面价值观与公民个人层面价值观占绝大多数。原因可能在于，首先，人民网自身定位为"网上的《人民日报》"，是"中国共产党治国理政的重要资源和手段"，在新浪微博等社交媒体开设官方账号，传播国家层面的价值主张是其"首要政治任务和最重要的政治责任"。[3]其次，微博内容的素材来自现实社会。2021年疫情常态化，中国采用"动态清零"策略并取得突出抗疫成就，在这个特殊情境下制度优势和国家治理效能彰显，[4]为正面宣传提供了更多国家层面的素材。最后，作为人民日报社控股的上市公司，人民网在运营社交媒体账户时不可避免进行商业层面的考量，在新浪微博平台，人民网所面对的受众绝大多数是原子化的平台用户，从社会个体视角出发，发布紧贴个人生活的内容，具有更大的吸引力。[5]因此，关于微博内容的叙事方式会选择

---

[1] Huang, H., "The Pathology of Hard Propaganda", *The Journal of Politics*, Vol. 80, No. 3, 2018, pp. 1034–1038.

[2] Stockmann, D., Gallagher, M. E., "Remote Control: How the Media Sustain Authoritarian Rule in China", *Comparative Political Studies*, Vol. 44, No. 4, 2011, pp. 436–467.

[3] "人民网简介"，人民网，http://www.people.com.cn/GB/50142/420117/420317/index.html，2023年6月26日。

[4] 房宁：《抗疫斗争彰显中国制度优势》，《人民日报》2020年9月17日第9版。

[5] 刘洪久：《主流媒体办社会新闻的特色定位》，《新闻与传播研究》2004年第3期。

向履行职责与满足受众习惯的方向靠拢，导致对社会层面价值观的表达被两者"分流"，例如，为突出"三次分配公平"之于分配正义（"公正"价值观）的意义，往往会介绍一个或若干个与捐赠有关的典型事迹，而这反映的是个人层面"社会友善"的三级指标（"友善"价值观）。总之，统计结果所呈现的应该是政治逻辑与市场逻辑综合作用的结果。

本部分详细讨论了作为"正面清单"的社会主义核心价值观指标体系的建构方法和原则，介绍说明了"正面清单"的结构与具体内容，展示分析了"正面清单"如何应用及其应用结果。在跳出网络信息内容治理语境的前提下，本部分的作用主要体现为：一是说明了"正面清单"的建构是科学合理的（采用了科学的方法并进行了规范操作）；二是说明了前面提出的"正面清单"式内容建设思路是可行的（抽象的正面价值是能够操作化的）；三是说明了"正面清单"是可用且有用的（能够发挥"正面清单"式内容建设所预期的作用）。接下来将回归研究主题，详细讨论如何将"正面清单"（所训练的算法模型）嵌入互联网平台日常运营的相关工作机制中，发挥其提高治理效能的作用，进而推动治理体系更进一步的现代化转型。

三 "正面清单"应用：正面内容建设的改善方案

将"正面清单"嵌入平台信息内容产品管理流程，能够有效解决治理体系运行的现存问题（正面内容建设与负面内容监管的效果落差）。首先，对于互联网平台而言，"正面清单"是第三方提供的明确标准，解决了与"转译"相关的合法性问题，极大程度消解了自由裁量权带来的重负，也为政府提供了清晰的、可量化的监管指标，使激励生效。其次，是适应当前以平台为枢纽的信息传播特征、尊重其作为"第一责任主体"之盈利目标的治理模式。在该模式中，一是可以从社会用户生产的海量信息中"发现"满足"正面清单"的内容，而不必完全依赖主流媒体生产的正面内容"通稿",其本质是由 PGC(Professional Generated Content,专业生产内容)到 UGC(User Generated Content,用户生产内容)的供给侧改革,有助于提升正面内容认受度,实现正面内容产品的常态化"供给";二是可以根据用户偏好需求进行有针对性的分发推荐,以"搭便车"的方式(正面价值搭受欢迎内容的便车)解决"格格不入"的问题,其本质是改变信息触达用户的方式,降低正面内容的显示度,满足个性化需求;① 三是可以对分发推荐进行定量定类的精准控制,解决正面信息超量供给和同质化问题,其本质是提高治理的敏捷性,满足"时度效"的需求,避免了可能产生的信息倦怠。

(一)将算法嵌入既有内容审查流程

在正面价值识别算法模型训练完成后,可以将其嵌入平台既有的内容审查流程中,以实现对输入平台的信息中是否含有正面价值、含有哪种正面价值的自动甄别与认证。前文提及,与门户网站等早期互联网媒介不同,互联网平台场域中的信息内容生产不必须由运营者完成,后者(在生产侧)的主要工作是对海量内容进行许可认证。因此,将算法嵌入既有内容审查流程,即在原有安全审核、内容识别、质量审核基础上增加了新的价值认证程序。其作用是从海量的、由用户生产的信息中发现满足"正面清单"的内容并进行特征编码,使其在必要时可直接从内容池中索引、调用——这相较于主流媒体提供的"通稿",在客观上(以一种符合平台思维的方式)实现了正面内容供给在质(用户认受性)与量上的双重提升,我们称之为"发现"即"生产"。

经过既有内容审查的信息,是一条符合社区规则、带有类型标签、

---

① 科内兹(Kenez)认为:"宣传无法作抽象的讨论,必须同时考虑政策、宣传方法和内容。"[Kenez, P., *The Birth of the Propaganda State: Soviet Methods of Mass Mobilization* (1917 – 1929), Cambridge: Cambridge University Press, 1985, p.6.] 隐匿存在是为了约束权力,使其充分根据政策及内容,合理使用宣传方法。(叶俊:《宣传的概念:多维语境下的历史考察》,《新闻与传播研究》2015 年第 8 期。)

获得质量评级的内容产品。经过正面价值识别算法的认证，该内容产品（如满足"正面清单"）将在原有基础上增加新的、价值维度的类型标签。举例说明，假设有一条虚拟人物形象着汉服弹古筝的短视频被用户上传并进入内容识别程序后，可能会被内容识别算法打上"二次元""古风""音乐"等类型标签。在此基础上，再经过正面价值识别算法的认证，该短视频将被判断为反映了社会主义核心价值观中"文明"内涵的正面内容，进而还会被打上"文明—精神文明—弘扬中华优秀传统文化"的价值标签，然后投入特定内容池，作为平台开展正面内容建设的备择对象。

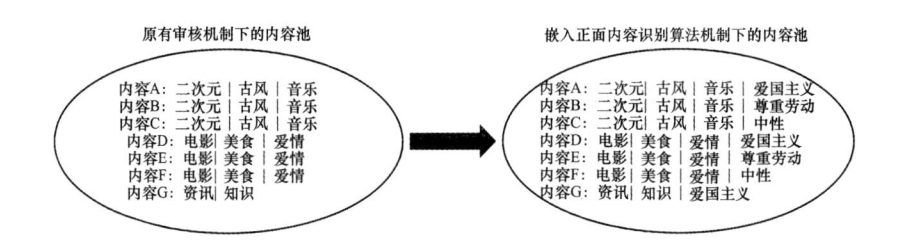

图 5-6　嵌入正面价值识别算法前后的内容审查结果对比

图示来源：笔者自制。

（二）优化特征匹配策略

如前所述，特征匹配环节决定信息流向，那么与"特征—偏好"相区别的例外匹配策略，决定了正面内容相当于构成了平台场域内的另一条信息流。而在原有类型维度的基础上，为信息内容产品增加价值维度的特征标签，实际上为正面内容的匹配提供了另一种可能性，即根据内容类型与用户偏好的相关性，就可以同时完成正面内容与用户偏好的匹配——我们称之为匹配策略的优化，其中所谓优化就是例外匹配策略向"特征—偏好"匹配策略回归，进而实现两条信息流的合并。例如，假设通过数据采集与特征描摹，平台运营者掌握一部分用户的偏好是"二次元""古风""音乐"，那么面对内容池中符合用户偏好需求的信息内容产品，和既符合用户偏好需求同时又具有正面价值的信息内容产品（如虚拟人物形象着汉服弹古筝的短视频），优先选择后者与之匹配，作为主动推送的备选项。

原有机制下响应加强正面内容建设的匹配方案

内容A：二次元｜古风｜音乐
内容B：二次元｜古风｜音乐
内容C：二次元｜古风｜音乐
内容D：电影｜美食｜爱情
内容E：电影｜美食｜爱情
内容F：电影｜美食｜爱情
内容G：资讯｜知识

用户A：二次元｜古风｜音乐
用户B：电影｜美食｜爱情

↓

新机制下响应加强正面内容建设的匹配方案

内容A：二次元｜古风｜音乐｜爱国主义
内容B：二次元｜古风｜音乐｜尊重劳动
内容C：二次元｜古风｜音乐｜中性
内容D：电影｜美食｜爱情｜爱国主义
内容E：电影｜美食｜爱情｜尊重劳动
内容F：电影｜美食｜爱情｜中性
内容G：资讯｜知识｜爱国主义

用户A：二次元｜古风｜音乐
用户B：电影｜美食｜爱情

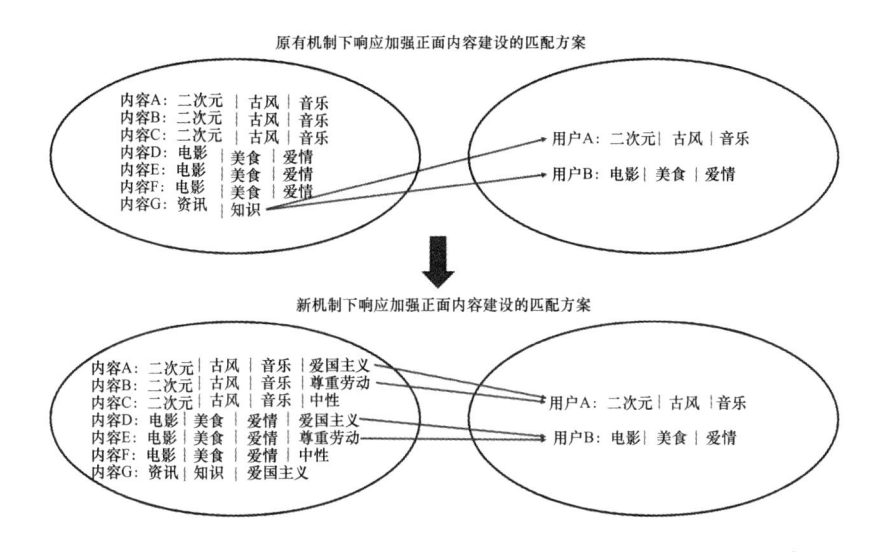

图表5-7　根据用户偏好需求匹配正面信息内容的结果对比

图示来源：笔者自制。

上述匹配的优化同时有益于互联网平台、用户和作为监管者的政府三方，从而实现帕累托改善。对互联网平台而言，匹配策略的优化能够有效化解满足用户偏好和落实监管者行政指令之间的张力，避免了原有机制下被迫损害用户体验而可能带来的用户流失风险。并且，该方案并没有给平台增加额外的成本和负担，而是让正面内容搭上按偏好与需求分发信息的便车，那么即便政府不能给平台施加强激励，平台也没有必要拒绝按照要求履行职责。对用户而言，能够在持续接收符合自身偏好信息的同时，享受更加向上、向善的网络生态环境。对政府而言，正面价值以"搭便车"的方式，随内容特征与用户偏好需求的匹配而匹配，能够变生硬机械的正面宣传为"润物细无声"，有利于提升正面内容的实际宣传效果，推进政治传播治理水平迈向新高。

(三) 分发推荐的定量定类调控

基于对海量信息内容产品中正面价值的认证编码，以及对特征匹配策略的优化，可以在分发推荐环节实现对正面内容流量分配的科学统筹与精准调控。首先，信息流的合并，令平台运营者能够将对正面信息的流量分配纳入到关于提高平台流量分配之总效率的同一个计算过程中。在综合考量个体接受与处理信息的有限容量（limited capacity）[①]以及平台的全部日流量（根据日活跃用户数量与用户日均浏览数量估算得到）基础上，将为正面内容分配的总流量维持在一个科学合理的比例，尊重平台盈利目标的同时，能够确保网民接受到"适量"正面宣传，避免信息过载和信息倦怠，提升正面内容建设的效果。其次，平台运营者可以

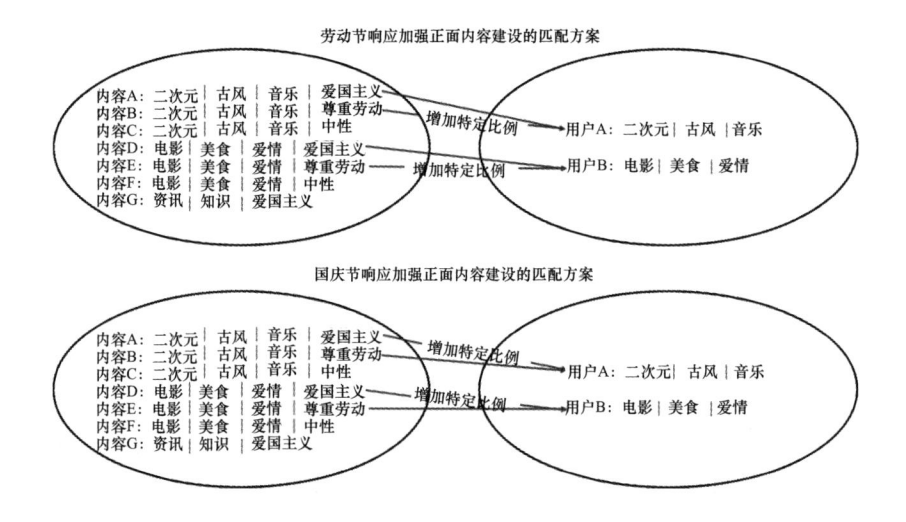

图 5-8　根据时事热点统筹调控正面内容流量分配的结果示意

图示来源：笔者自制。

[①] Lang, A., "The Limited Capacity Model of Mediated Message Processing", *Journal of Communication*, Vol. 50, No. 1, 2000, pp. 46–70.; Miller, G. A., "The Magical Number Seven, Plus or Minus Two: Some limits on Our Capacity for Processing Information", *Psychological Review*, Vol. 101, No. 2, 1994, pp. 343–352.

根据时事热点或者政府的非常态监管要求，按类型对分配给正面内容的总流量进行增量或存量调整，令正面宣传因时制宜、因事制宜。例如，可以在劳动节期间增加特定比例带有"尊重劳动"类价值标签的内容，在国庆节期间增加特定比例带有"爱国主义"类价值标签的内容等。定类调整流量除了满足平台对热点的追求，也可以使受众产生更大共鸣，促进不同面向的社会主义核心价值观全方位深入人心，进一步提升正面内容建设效果。

综上所述，"正面清单"式内容建设可以在不强制改变互联网平台效用函数的前提下，通过激励相容的机制设计和技术流程的边际调整，化解其原本面临的政治逻辑与市场逻辑之间的张力，将外赋的正面内容建设之职责内化。能够以受众喜闻乐见的方式优化平台信息内容生态，同时不违背其自身追求盈利和扩张发展的意愿。从另一个角度看，除互联网平台外，在网络信息内容治理的实际过程中，包括政府、用户（内容生产者与消费者）、广告商等多元主体都会不同程度参与其中。"正面清单"式内容建设同时也提供了易于各方接受的低成本改革方案（例如，对于政府主管部门而言，该方案提供了可度量的标准，令从价值维度对平台生态进行监测成为可能，在降低监管互联网平台企业的成本的同时，提升了对上级政府的绩效显示度），以"帕累托改进"的方式促进协同，共同营造清朗健康、正气充盈的网络空间。

结论与讨论

本书着眼于信息内容治理这个"古老"的课题，关注进入新时代之后，在受到技术化社会变革的冲击，所发生的质变及其表现出的一些新特征新趋势，尝试通过理论与实证研究呈现当前（经历质变之后的）网络信息内容治理的立体图景。重点围绕治理的内在需要、治理的外部条件、治理的体系运行、治理的结构性矛盾、治理的现代化转型五个问题进行了系统考察与深入讨论。研究的基本发现是，随着技术与社会的相互建构，互联网平台崛起并成为社会活动与互动发生的主场域以及直接调节主体。面对信息内容生产与传播的基本模式和样态发生剧变，国家主动做出调适，与互联网平台之间建立了委托—代理关系并通过向平台"发包"，促使平台运营者将外部赋予的公共性职责和指令予以转化并内嵌于内部信息流管理的特定程序和机制，实现了网络信息内容的常态化治理与互联网平台的日常运营相统一。

具体而言，研究一方面基于相关政策法规文件以及相关访谈资料，系统梳理归纳党和政府机构在网络信息内容治理工作中的分工协作关系，以及两者在运用多种治理工具向互联网平台"发包"的实践过程中的交流互动关系，揭示了在党的全面集中统一领导下，国家在网络信息内容治理中的职责履行。另一方面通过参与式观察与深度访谈打开互联网平台运行的"黑箱"，揭示了平台运营者通过内容审查、用户画像、特征匹配、分发推荐四个关键环节管理平台场域内信息流的复杂过程（互联网平台"承包"并从事网络信息内容治理工作的具体行动）。在此基础上，研究指出，目前治理效果呈现非均衡状态，虽基本实现了对包含违法、有害、不良元素的负面内容的严格监管，但在落实加强正面内容建设方面却效果欠佳。究其原因，主要是国家和互联网平台在行动逻辑上存在冲突，以至于发包制模式中的主要机制在不同程度上"失灵"，即强激励的消解、自由裁量的重负以及剩余控制权的扰动三者共同导致治理效果与预期目标存在落差。

为解决上述问题，本书提出了"正面清单"式内容建设思路，即基于《网络信息内容生态治理规定》所列出的"七鼓励"构建"正面清单"，然后以其为规则训练正面价值识别算法，并将算法嵌入互联网平台的日常经营管理流程。在新治理模式下，互联网平台可以通过"发现"实现正面内容供给升级、以"搭便车"的方式优化信息—用户特征匹配策略、定量定类统筹调控流量分配，以一种关照普通网民的权利和体验，且符合平台运营底层逻辑的低成本方案提升正面内容建设效能，促进多元主体在价值共识的基础上协同营造天朗气清、正气充盈的网络空间。

基于本研究的发现和结论，可以在理论层面开展更进一步的反思。

平台化转型被认为是当今人类社会变迁最突出的特征之一。[1] 互联网平台已广泛覆盖生活与生产的各个领域，深度渗透并参与塑造社会结构与社会过程，在充当个体之间发生联系的中介和调节主体的同时，造成社会分割与分层趋势。从更宏观的视角看，网络信息内容治理相当于是平台化社会中国家治理的一个具体场景，在该场景下形成的委托—代理关系与发包制治理模式，可以视作国家在技术化社会变革中经调适而产出的一个相对稳定的结果。作为党领导下"治国理政、定国安邦的大事"，网络信息内容治理无疑是国家积极开展调适的前沿领域，那么这个具体场景就是一个具有"关键性案例"（crucial-case）[2] 意义的场景，这

---

[1] Van Dijck, J., Poell, T., De Waal, M., *The Platform Society: Public Values in a Connective World*, New York, NY: Oxford University Press, 2018.

[2] Gerring, J., "Is There a (Viable) Crucial-Case Method?", *Comparative Political Studies*, Vol. 40, No. 3, 2007, pp. 231–253.

个结果（包括其中暴露出来的问题以及针对问题而提出的对策建议）则是一个具有一定代表性的结果，由此可以管窥全豹，有助于从更一般性的层面思考国家、市场与社会关系的新定位。①

卡尔·波兰尼在《大转型》中描绘了市场扩张与社会保护的"双向运动"，并指出自我调节的市场理念是彻头彻尾的乌托邦，"它会摧毁人类并将其环境变成一片荒野"。② 然而，与此前工业革命时代市场扩张带来的"普通民众灾难性的流离失所"③ 相比，新技术革命背景下虽然国家和社会权力加速向市场流散，④ 其呈现方式却更为隐蔽而温和，因而也更加难以唤起社会自我保护的"反向运动"——在与平台化转型相伴随的分割与分层趋势下，社会在某种程度上成为由一个个互联网平台场域内的子系统所构成的集合。这些社会子系统在平台运营者依托于人工智能算法的精细干预下呈现某种符合流量逻辑的动态均衡状态，从平台场域内绝大多数用户的角度看，平台运营者制定行为规则、构建交往规范、塑造价值生态，最终形成一套令他们习以为常又难以遁逃的生活方式。

正如屡弱无力的社会无法通过自身实现发展，受市场力量操控的社会同样需要国家介入以实现市场—社会权力的重新均衡。⑤ 然而，从某种意义上讲，新技术的发展同样相对削弱了国家的控制力和影响力。⑥

---

① 任剑涛：《政治秩序与社会规则——基于国家—社会关系的视角》，《人民论坛·学术前沿》2012年第4期。
② [匈]卡尔·波兰尼：《大转型：我们时代的政治与经济起源》，刘阳、冯钢译，浙江人民出版社2007年版，第3页。
③ [匈]卡尔·波兰尼：《大转型：我们时代的政治与经济起源》，刘阳、冯钢译，浙江人民出版社2007年版，第29页。
④ 刘金河：《权力流散：平台崛起与社会权力结构变迁》，《探索与争鸣》2022年第2期。
⑤ Nye, J. S., "The End of Cyber-Anarchy? How to Build a New Digital Order", *Foreign Affairs*, Vol. 101, No. 1, 2022, pp. 32 – 42.
⑥ 参见 Haraway, D., "A Manifesto for Cyborgs: Science, Technology, and Socialist Feminism in the 1980s", *Australian Feminist Studies*, Vol. 2, No. 4, 1987, pp. 1 – 42；蔡文之：《网络：21世纪的权力与挑战》，上海人民出版社2007年版；[美]弗雷德·特纳：《数字乌托邦》，张行舟、王芳、叶富华、余倩译，电子工业出版社2013年版；[英]苏珊·斯特兰奇：《权力流散：世界经济中的国家与非国家权威》，肖宏宇、耿协峰译，北京大学出版社2005年版。

这种情况下，如果国家自身不能做出恰当且充分的改变，也将面临力有不逮的困境，例如本书第四章所揭示的情况：尽管明确要求互联网平台运营者将其运营下的社会子系统调节到符合公共利益的目标状态（"健康清朗""正气充盈"），但是该要求可能仅在一些方面得到贯彻（负面内容监管有效），在另一些方面却不免流于形式（正面内容建设不尽如人意），即企业为满足合法性要求而建立某些制度和规章，却在日常运营中依循另一套符合效率原则的衍生规则，表现出新制度主义所谓的"松耦合"（loose coupling）现象[①]——这相当于国家虽然"到场"（甚至未曾"离场"），但在某些情境下并未真正"进场"。从这个意义上讲，本研究针对网络信息内容治理而提出的现代化转型思路，事实上也是在市场权

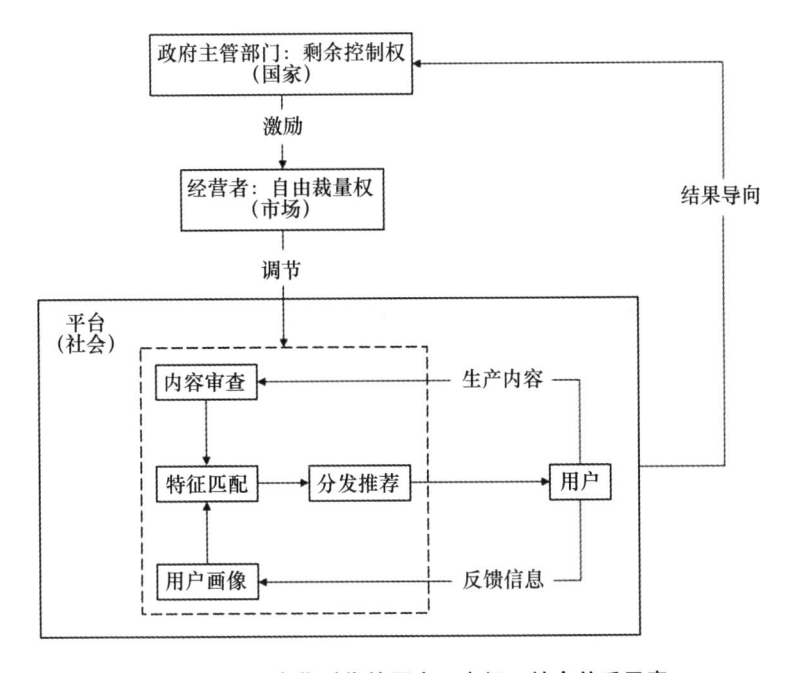

图 6-1 平台化时代的国家—市场—社会关系示意

图示来源：笔者自制。

[①] Meyer, J. W., Rowan, B., "Institutionalized Organizations: Formal Structure as Myth and Ceremony", *American Journal of Sociology*, Vol. 83, No. 2, 1977, pp. 340-363.

力持续扩张的趋势下，为国家更好地履行公共职能提供了解决方案——其与要求平台提供关闭算法推荐服务选项、上线算法备案系统并要求平台进行备案、要求平台收集用户数据要提前告知且获得同意等管制措施性质相同。不同之处在于，它代表了国家介入的另外一种"姿态"，即通过提供一套符合平台运营底层逻辑、能够有机整合入平台运营一般流程的正面内容建设方式，变外生的行政指令为内嵌的合作式技术管理方案，实现政府与平台企业的有效互动和良好协作，促进市场与社会复位，使网络空间的公共性复归。

最后，在以上讨论基础上，还必须辩证考虑国家介入的限度，即抑制其纵向扩张的天然倾向。如果国家（沿着上述清单—算法—流程的路径）过度介入互联网平台日常运营，尝试用国家逻辑替换市场逻辑，将互联网平台驯化为广义的政府"派出机构"，那么从结果上看，不仅方案的提出违背了本研究的初衷，还将令平台丧失其作为组织工具的本质特征与相对于官僚制与市场制的优势，那么运营者很可能会放弃平台制而转向其他更有利于实现运营目标的组织形制。为应对平台资本无序扩张、干扰市场与社会秩序等问题，我国在 2021 年进入了平台经济的"强监管"政策元年，在有效缓解现存问题的同时，也带来了一些部门对政策的理解和执行出现偏误而导致平台经济持续衰落的隐忧。[①] 在此之后 2022 年 12 月召开的中央经济工作会议明确提出，"要大力发展数字经济，提升常态化监管水平，支持平台企业在引领发展、创造就业、国际竞争中大显身手"，转而释放出积极信号。因此，思考讨论在平台化社会中国家—市场—社会的合理边界在哪里，国家应当如何调适与市场和社会间的关系等问题并非无稽之谈，而是具有重要现实意义。理论上讲，国家介入的上限是企业贯彻外赋职责的成本与平台制发挥双边市场效应的收益相抵消，超过这一上限，企业就会转向其他组织形制，以降低国

[①] 黄益平、邓峰、沈艳、汪浩：《超越"强监管"——对平台经济治理政策的反思》，《文化纵横》2022 年第 2 期。

家干预、增加预期收益,平台经济将因此而衰落,平台社会亦会再度变迁;国家介入的下限则是放任互联网平台发展,对市场和社会的角力不施加额外干预,逾越这一下限就会形成市场对国家的俘获,消解国家存在的合法性。更为可欲的边界应在上限与下限之间,有待于进一步的理论探讨与分析。